Beiträge zu Friedrich Nietzsche

8

BEITRÄGE ZU FRIEDRICH NIETZSCHE

Quellen, Studien und Texte
zu Leben, Werk und Wirkung
Friedrich Nietzsches

herausgegeben
von
David Marc Hoffmann

Band 8

SCHWABE VERLAG BASEL

BEITRÄGE ZU FRIEDRICH NIETZSCHE

Nietzsche im Christentum

Theologische Perspektiven
nach Nietzsches Proklamation des Todes Gottes

Herausgegeben
im Auftrag des Kollegs Friedrich Nietzsche
der Stiftung Weimarer Klassik und Kunstsammlungen
von Daniel Mourkojannis und Rüdiger Schmidt-Grépály
Redaktion Reiner Schlichting

SCHWABE VERLAG BASEL

Gedruckt mit freundlicher Unterstützung
der Beauftragten der Bundesregierung
für Kultur und Medien

Lektorat: Dieter Fuchs, Stuttgart
Namenregister: Anja Keutel

© 2004 by Schwabe AG, Verlag, Basel
Gesamtherstellung: Schwabe AG, Druckerei, Muttenz/Basel
Printed in Switzerland
ISBN 3-7965-1922-9

www.schwabe.ch

INHALT

Siglen	VII
Vorwort	IX
Werner Stegmaier *Nietzsches Theologie.* *Perspektiven für Gott, Glaube und Gerechtigkeit*	1
Eugen Biser *Der Zuspruch im Widerspruch: Nietzsches provokative Kritik* *des Christentums*	23
Gerd-Günther Grau *«Oh Zarathustra, du bist frömmer als du glaubst».* *Nietzsches christliche Kritik des Christentums*	31
Hermann Braun *Wanderer auf Erden, nicht Reisender nach einem letzten Ziel.* *Nietzsches philosophischer Abgesang auf das Christentum*	45
Hermann-Peter Eberlein *Nietzsches «Tod Gottes» und Overbecks* *«Ende des Christentums» – eine Analogie*	63
Daniel Mourkojannis *Christus oder Dionysos: Zu Karl Barths Nietzsche-Rezeption*	83
Ulrich Willers *Nietzsche und seine theologischen Interpreten.* *Erfahrungen – Einsichten – Irritationen*	99
Horst Georg Pöhlmann *Nietzsche und wir Christen.* *Versuch einer kritischen Rezeption seines Denkens*	117
Andreas Urs Sommer *Theologie nach Nietzsches* Antichrist?	131
Die Autoren	149
Namenregister	155

Siglen

AC	Der Antichrist (1888)
EH	Ecce homo (1888/89)
FW	Die fröhliche Wissenschaft (1882)
GM	Zur Genealogie der Moral (1887)
GT	Die Geburt der Tragödie (1872)
JGB	Jenseits von Gut und Böse (1886)
KSA	Sämtliche Werke. Kritische Studienausgabe in 15 Bänden, hrsg. von Giorgio Colli u. Mazzino Montinari, Berlin u. München 1980
KSB	Sämtliche Briefe. Kritische Studienausgabe in 8 Bänden, hrsg. von Giorgio Colli u. Mazzino Montinari, Berlin u. München 1986
NF	Nachgelassene Fragmente (in KSA 7–13)
OWN	Franz Overbeck, Werke und Nachlass, Stuttgart u. Weimar 1994ff.
SA	Werke in drei Bänden, hrsg. von Karl Schlechta, München 1954ff.
Za	Also sprach Zarathustra Za I: [Erster Teil] (1883) Za II: Zweiter Theil (1883) Za III: Dritter Theil (1884) Za IV: Vierter Theil (1885)

[Zur besseren Lesbarkeit sind vereinzelt vorkommende Abkürzungen aus KSA, KSB und OWN unter Eliminierung der Spitzklammern aufgelöst.]
[Zum Verständnis notwendige Erläuterungen sind innerhalb von Zitaten in eckigen Klammern eingefügt.]

Vorwort

Mit diesem Buch liegt nun der vierte, vom Kolleg Friedrich Nietzsche der Stiftung Weimarer Klassik und Kunstsammlungen herausgegebene Band einer Reihe zum Werk und zur Rezeptionsgeschichte Friedrich Nietzsches vor[1]. Dieser Band repräsentiert eine Auseinandersetzung des Kollegs mit Fragen der theologischen Reaktionen auf das Werk Nietzsches, die 1998 mit der Tagung: *Zur Theologie nach dem Tode Gottes. Nietzsche im Christentum* begann.

Für die Wahl des Themas gab es mehrere Gründe, nur zwei seien hier näher angeführt. Zum einen ging es darum, auf ein Desiderat in der Forschung, zumal der theologischen, hinzuweisen. Nietzsches Bedeutung etwa für die großen evangelischen wie katholischen Entwürfe des 20. Jahrhunderts, die von so unterschiedlichen Theologen wie Karl Barth, Paul Tillich, Albert Schweitzer oder auch von den Vertretern der Befreiungstheologie stammen, wurde im Rahmen der akademischen Theologie kaum eigens thematisiert. Die Tagung wollte daher Anstoß geben, das Phänomen der theologischen Hinterlassenschaft Nietzsches wissenschaftlich aufzuarbeiten; das ist ihr, blickt man nun zurück, gelungen.

Zum andern stellte das Kolleg Friedrich Nietzsche selbst ein Forum bereit für die bis heute andauernde und anregende Auseinandersetzung mit Nietzsche im Christentum. So sind die Aufsätze zu einem Teil historisch-systematische Erörterungen zur theologischen Rezeption Nietzsches, wie die Beiträge von *Hans-Peter Eberlein, Daniel Mourkojannis, Horst G. Pöhlmann, Andreas Urs Sommer* und *Ulrich Willers*. Zum anderen zeigen die Beiträge von *Eugen Biser, Hermann Braun, Gerd-Günther Grau* und *Werner Stegmaier*, daß man Nietzsche nicht mehr eine versteckte Christlichkeit unterstellen muß, um mit ihm über den Nutzen und Nachteil des Glaubens für das Leben ins Gespräch zu kommen. Gerade seine mühsam und unter großen Opfern erkämpfte Frei-

---

1 Entdecken und Verraten. Zu Leben und Werk Friedrich Nietzsches. Hrsg. von Andreas Schirmer und Rüdiger Schmidt, Weimar 1999. Widersprüche. Zur frühen Nietzsche-Rezeption. Hrsg. von Andreas Schirmer und Rüdiger Schmidt, Weimar 2000. Nietzsche im Exil. Übergänge in gegenwärtiges Denken. Hrsg. von Rüdiger Schmidt-Grépály und Steffen Dietzsch, Weimar 2001.

heit gegenüber einer sich zunehmend entchristlicht wähnenden, dabei aber doch christlich verbleibenden Umwelt läßt ihn schärfer, aber auch erbarmungsloser hinschauen. Dabei fallen die Unbestimmtheit und Harmlosigkeit des vorgeblich dezidiert Antikirchlichen oder gar Antichristlichen ebenso unter seine Kritik wie die Selbsttäuschungen der theologischen Wissenschaft: etwa zu glauben, man könne die Historisierung der eigenen Glaubensgrundsätze und ihrer Lebensvollzüge vorantreiben, ohne daß diese dabei selbst zum historischen Gegenstand werden und somit folgerichtig keine Grundlage mehr für eine christliche Existenzweise zu geben vermögen. Nietzsche ist also nur konsequent, wenn er in der zweiten *Unzeitgemässen Betrachtung,* anders als der von ihm wenig freundlich, aber zutreffend bezeichnete Theologentypus des «theologus liberalis vulgaris», feststellt:

Was man am Christenthume lernen kann, daß es unter der Wirkung einer historisirenden Behandlung blasirt und unnatürlich geworden ist, bis endlich eine vollkommene historische, das heisst gerechte Behandlung es in reines Wissen um das Christenthum auflöst und dadurch vernichtet. (Friedrich Nietzsche, Vom Nutzen und Nachtheil der Historie für das Leben, Absatz 7).

Daß also der Glaube auch als Gegenstand der theologischen Wissenschaft nicht gänzlich in dieses reine Wissen überführt werden darf, ist die eigentliche Herausforderung für die akademische Theologie, damals wie heute.

Daniel Mourkojannis   Rüdiger Schmidt-Grépály

Nietzsches Theologie.
Perspektiven für Gott, Glaube und Gerechtigkeit

Werner Stegmaier

«Tod ist bei Göttern immer nur ein Vorurtheil.»
Der Schatten Zarathustras

Spricht man mit Nietzsche von Gott und gar von einer ‹Theologie› Nietzsches, scheint man den Teufel zum Anwalt Gottes zu machen. Nietzsche selbst wollte eben dies, wollte als Teufel der Anwalt Gottes sein, der Anwalt Gottes gegen «die Guten und Gerechten», die sich seiner sicher glaubten. Nietzsche wußte, wovon er sprach. Im Sommer 1882 notiert er für sich: «ich habe den ganzen **Gegensatz** *einer* **religiösen Natur** absichtlich ausgelebt. Ich kenne den *Teufel* und **seine** *Perspektiven für Gott.*»[1]

In diesem Sommer 1882 ist Gott ein Schwergewicht seines Denkens. Nietzsche hatte sich in den vorausgehenden Aphorismen-Büchern, besonders in der *Morgenröthe*, schonungslos mit dem Christentum auseinandergesetzt, in dessen Geist er selbst erzogen worden war und dem er stets dankbar blieb.[2] Ihm verdankte er, wie er jetzt notiert, die Tugend, in der er «am besten geübt» sei, die «Virtuosität: das zu ertragen, was mir unangenehm ist, ihm gerecht zu sein, ja artig dagegen – Mensch und Erkenntniß».[3] Die Horizonte seines Philosophierens waren jetzt am offensten. Die *Fröhliche Wissenschaft* erschien, Nietzsche bereitete *Also sprach Zarathustra* vor. Und zugleich machte er eine beglückende Erfahrung, eine der beglückendsten in seinem sonst so gequälten Leben: er hatte sich mit Lou von Salomé zusammengefunden und konnte sich mit ihr austauschen wie mit niemandem zuvor (und auch niemandem

---
1 NF Juli – August 1882, 1 [70]; KSA 10, S. 28.
2 Dazu sind inzwischen ausführliche biographische Forschungen angestellt worden. Vgl. Johann Figl, Dialektik der Gewalt. Nietzsches hermeneutische Religionsphilosophie mit Berücksichtigung unveröffentlichter Manuskripte, Düsseldorf 1984; Martin Pernet, Das Christentum im Leben des jungen Friedrich Nietzsche, Opladen 1989; Hermann Josef Schmidt, Nietzsche absconditus oder Spurenlesen bei Nietzsche. Kindheit, 2 Bde., Berlin u. Aschaffenburg 1991.
3 NF Juli – August 1882, 1 [39]; KSA 10, S. 20.

danach). Er war, schreibt er ihr, «durch das Ereigniß, einen ‹neuen Menschen› hinzuerworben zu haben, förmlich über den Haufen geworfen worden – in Folge einer allzustrengen Einsamkeit und Verzichtleistung auf alle Liebe und Freundschaft».[4] Vieles, was er in diesen Monaten sagt, sagt er für die welterfahrene junge Russin und im Gespräch mit ihr, und sie schreibt während der Wochen, die sie gemeinsam in Tautenburg verbrachten, in ihr Tagebuch: «Wir haben stets die Gemsenstiege gewählt und wenn uns Jemand zugehört hätte, er würde geglaubt haben, zwei Teufel unterhielten sich.»[5]

Eine «religiöse Natur» im Sinne Nietzsches vereinigt eine starke Bindung an Gott mit ebenso starken Zweifeln an einer solchen Bindung. Nietzsches Zweifel an religiösen Bindungen gelten den Vorstellungen von Gott und den Wünschen an ihn, die gewöhnlich an sie geknüpft sind. Er betrachtet es als religiöse Pflicht, auch und gerade in einer religiösen Bindung sich selbst gegenüber redlich zu sein und darum die Zweifel an den eigenen Vorstellungen und Wünschen wachzuhalten. Am Grunde dieser Zweifel steht die Frage, wie man sich solche Vorstellungen und Wünsche bewußtmachen und sich gegebenenfalls von ihnen lösen und, tiefer noch, wie man Gott als Mensch überhaupt beobachten, erkennen, etwas von ihm aussagen können sollte. Wird Gott von Menschen beobachtet, erkannt, beurteilt, wird er unvermeidlich nicht nur zum Gegenstand von Vorstellungen und Wünschen, sondern auch zu einem Gegenstand der Erkenntnis unter andern, zu etwas, was Menschen wie anderes auch beobachten, erkennen und beurteilen. Ist es aber Gott, kann er kein solcher Gegenstand unter andern sein.

Die Perspektive auf Gott müßte, folgert Nietzsche, wenn sie Gott gerecht werden soll, selbst eine göttliche Perspektive und dürfte doch nicht die göttliche selbst sein – sie müßte eine gegengöttliche Perspektive sein. In der religiösen Tradition steht für eine solche gegengöttliche Perspektive der Name des Teufels: wer Gott wie Gott beobachten, erkennen, beurteilen will, wird dadurch zum Teufel. Nietzsche läßt sich davon nicht schrecken. «Der Teufel hat», wird er ein paar Jahre später in *Jenseits von Gut und Böse* (Nr. 129; KSA 5, S. 95) schreiben, «die weitesten Perspektiven für Gott, deshalb hält er sich von ihm so fern: – der Teufel nämlich als der älteste Freund der Erkenntniss.» In der philosophischen Tradition aber ist der älteste Freund der Erkenntnis der Philosoph.

---

4 Nietzsche an Lou von Salomé, 27./28. Juni 1882; KSB 6, S. 213. – Vgl. Mazzino Montinari, Chronik zu Nietzsches Leben; in: KSA 15, S. 118–131; Curt Paul Janz, Friedrich Nietzsche. Biographie, Bd. 2, München u. Wien 1978, S. 110–158.
5 Zit. nach Montinari (Anm. 4), S. 125.

Wie die religiöse Tradition läßt Nietzsche auch als Philosoph offen, wieweit Gott selbst es ist, der Teufel, Schlangen und Philosophen als seine Beobachter zuläßt. Sicher ist, daß Teufel und Schlangen in der religiösen Tradition als das schlechthin Böse galten. Sie trachteten danach, Böses in Gott zu sehen, Böses in ihn hineinzutragen, in Gott, der doch das schlechthin Gute sein sollte. Eine Beobachtung, Erkenntnis, Beurteilung Gottes ist jedoch immer in der Gefahr des Bösen. Wenn Gott als das schlechthin Gute gelten soll, wird er, philosophisch betrachtet, in der Perspektive der Unterscheidung von Gut und Böse, der Perspektive der Moral, gesehen. Soll er aber als nur gut gelten, muß dabei die eine Seite der Unterscheidung, das Böse, in der Beobachtung ausgeschlossen werden. Wird jedoch die eine Seite einer Unterscheidung ausgeschlossen, verliert auch die andere ihren Sinn; die Unterscheidung unterscheidet dann nichts mehr. Wenn also Gott gut sein soll, muß zumindest denkbar sein, daß er auch böse sein kann, und mit dieser Denkbarkeit tritt der Teufel auf.[6]

Gott selbst, wenn er sich als gut denken würde, müßte sich danach einen Teufel zugesellen, der ihn auch als böse denken kann. Nietzsche drückt das in einer Notiz vom Winter 1882/83 so aus: «Gut und Böse sind die Vorurtheile Gottes – sagte die Schlange. Aber auch die Schlange war ein Vorurtheil Gottes.»[7] Daß dies so sein müsse, ist aber natürlich wiederum ein Vorurteil der Menschen. Gut und Böse, das Menschen unterscheiden, sind stets das Gute und Böse, das *sie* unterscheiden. Daß Menschen sich verführen ließen zu glauben, sie könnten *wie Gott* Gut und Böse unterscheiden, hat sie, nach dem Bericht der Bibel, aus dem Paradies vertrieben, und sie haben nun darunter zu leiden, wie Gott Gut und Böse unterscheiden zu müssen, ohne es doch wie Gott zu können.

---

6 In jüngster Zeit haben auf eindrucksvolle Weise Hans Blumenberg und Niklas Luhmann (beide ohne unmittelbaren Bezug auf Nietzsche) die Perspektiven des Teufels auf Gott erprobt. Hans Blumenberg entfaltet, ausgehend von der These: «Der Teufel [...] ist unentbehrlich. Und weiter: Nur wegen seiner Unentbehrlichkeit gibt es ihn in der Ökonomie dessen, was der Fall ist», eine Dämonologie als historische Epistemologie (Sollte der Teufel erlöst werden? Kapitel einer Dämonologie; in: Frankfurter Allgemeine Zeitung vom 27. Dezember 1989). Nach Niklas Luhmann führt der differenztheoretische Zugang zur Theologie «auf eine faszinierende Weise» zum Teufel zurück (Die Unterscheidung Gottes; in: Luhmann, Soziologische Aufklärung, Bd. 4: Beiträge zur funktionalen Differenzierung der Gesellschaft, Opladen 1987, S. 236–253, hier S. 243; vgl. auch: Die Weisung Gottes als Form der Freiheit; in: Luhmann, Soziologische Aufklärung, Bd. 5: Konstruktivistische Perspektiven, Opladen 1990, S. 77–94, bes. S. 85, und: Die Soziologie und der Mensch; in: Luhmann, Soziologische Aufklärung, Bd. 6: Die Soziologie und der Mensch, Opladen 1995, S. 265–274, bes. S. 265f.).
7 NF November 1882 – Februar 1883, 4 [38]; KSA 10, S. 119.

So aber könnte es um so mehr ein Vorurteil und eine Anmaßung sein, Gott selbst nach der Unterscheidung von Gut und Böse beobachten zu wollen, Gott, der den Menschen die Fähigkeit dazu ausdrücklich abgesprochen hat.

So aber wäre es dann auch ein Vorurteil und eine Anmaßung, ihn als schlechthin gut zu betrachten; und darauf aufmerksam zu machen, dies könnte, folgert Nietzsche weiter, der göttliche Sinn der Teufel und Schlangen sein. «Die Zeit», notiert er im Sommer/Herbst 1882, «ist da, in der der Teufel der Advokat Gottes sein muß: wenn anders er selber fortbestehen will.»[8] Wenn der Teufel böse ist, weil er Gott nach beiden Seiten der Unterscheidung von Gut und Böse beobachtet und dies ja nicht gegen Gottes Willen tun kann, dann könnte das bedeuten, daß die Unterscheidung von Gut und Böse als solche böse ist, und sie könnte dann nicht nur im Blick der Menschen auf Gott, sondern auch im Blick der Menschen aufeinander böse sein. Auf diese Weise könnte der Teufel mit Billigung Gottes den Menschen dazu verhelfen, den Menschen gerechter zu werden: indem sie mit der Unterscheidung von Gut und Böse vorsichtiger werden.

Nietzsches Zeit war eine Zeit scharfer Religionskritik, und Nietzsche gilt als der, der ihre Religionskritik am wirkungsvollsten zum Abschluß gebracht hat. Am geschlossensten hat er seine Kritik des Christentums in seiner «Streitschrift» *Zur Genealogie der Moral* dargelegt.[9] Kurz bevor er sie niederschrieb, hielt er fest: «Im Grunde ist ja nur der moralische Gott überwunden.»[10] Im Sommer/Herbst 1882 formuliert er noch deutlicher: «Ihr nennt es die Selbstzersetzung Gottes: es ist aber

---

8 NF Sommer – Herbst 1882, 3 [1] 10; KSA 10, S. 55.
9 Zu Nietzsches religionspsychologischem und religionssoziologischem Ansatz («psychologische» und nationale «Gottbildung») vgl. NF Frühjahr 1888, 14 [124–130]; KSA 13, S. 305–313. Es handelt sich um Vorarbeiten zur *Götzen-Dämmerung* und zu *Der Antichrist.* – Unter den neueren Arbeiten zu Nietzsches Religionskritik aus christlich-theologischer Sicht behandelt Dieter Henke (Gott und Grammatik. Nietzsches Kritik der Religion, Pfullingen 1981) Nietzsches Sprachkritik als Tiefenschicht seiner Religionskritik. Johann Figl (vgl. Anm. 2) arbeitet aus ihr eine philologisch-philosophische Hermeneutik der Religion heraus (vgl. dazu die Kritik von Jörg Salaquarda in: Nietzsche-Studien 16 [1987], S. 490–497). Nietzsches Einfluß auf die christliche Theologie im anglo-amerikanischen Sprachraum stellt David Booth heraus (Nietzsche's Legacy in Theology's Agendas; in: Nietzsche-Studien 21 [1992], S. 290–307). Eric Blondel (Nietzsche: Le cinquième Evangile?, Paris 1980) gewinnt Nietzsches Kritik des überlieferten Christentums ein bibelnäheres und tieferes Christentum ab (vgl. dazu die Kritik von Georges Goedert in: Nietzsche-Studien 12 [1983], S. 510–512).
10 NF Sommer 1886 – Herbst 1887, 5 [71] 7 (Lenzer-Heide-Entwurf vom 10. Juni 1887); KSA 12, S. 213); vgl. NF August – September 1885, 39 [13]; KSA 11, S. 624: «die *Widerlegung* Gottes, eigentlich ist nur der moralische Gott widerlegt.»

nur seine Häutung: – er zieht seine moralische Haut aus! Und ihr sollt ihn bald wiedersehn, jenseits von gut und böse.»[11] Was anderen als Abschluß erschien, war für ihn ein neuer Anfang.

Religionskritiker wie Schopenhauer und Feuerbach hatten Religion durch Moral ersetzen wollen; je weniger die Religion sie überzeugte, desto mehr erwarteten sie von der Moral.[12] Nietzsche dagegen vermutete, daß die Religion, die sie kritisierten, auf der Moral aufruhte und daß es diese Moral war, die sich in einem «Auflösungsprozeß» befand.[13] «Die Religionen», notiert er im späteren Nachlaß, «gehn an dem Glauben der Moral zu Grunde: der christlich-moralische Gott ist nicht haltbar: folglich ‹Atheismus› – wie als ob es keine andere Art Götter geben könne.»[14] Und er fügt hinzu: «An sich hat eine Religion nichts mit der Moral zu thun: aber die beiden Abkömmlinge der jüdischen Religion sind beide *wesentlich* moralische Religionen, solche, die darüber Vorschriften geben, wie gelebt werden *soll* und mit Lohn und Strafe ihren Forderungen Gehör schaffen.»[15] Setzte man mit der Kritik also bei der Moral an, so konnte das bedeuten, daß Religion auf neue Weise möglich wurde, daß, was Schopenhauer seines erklärten Atheismus' wegen nicht habe sehen können, wieder «unendliche Arten des Anders-sein-könnens, selbst des Gott-sein-könnens» möglich wurden.[16] Von einem neuen Denken der Religion müßte dann wiederum ein neues Denken der Moral ausgehen. Nietzsche notiert im Sommer 1882: «*Advocatus diaboli* [–] Neue Vorstellungen von Gott und Teufel. [...] Wir müssen uns von der Moral befreien, *um moralisch leben zu können.*»[17]

Damit wird die Aufgabe deutlich, die Nietzsche sich stellte. Die Götter, wie Menschen und Völker sie sich vorgestellt haben, sind moralische Götter, Götter *ihrer* Moral; man kann ihre Moralen an ihren Göttern und ihre Götter an ihren Moralen erkennen; sie haben ihre Moralen vergöttlicht und ihre Götter moralisiert. Eine Kritik der Vergöttlichung der Moral und der Moralisierung Gottes könnte darum zu einer

---

11 NF Sommer – Herbst 1882, 3 [1] 432; KSA 10, S. 105.
12 Vgl. NF Ende 1886 – Frühjahr 1887, 7 [3]; KSA 12, S. 255: «Wer Gott fahren ließ, hält um so strenger am Glauben an die Moral fest.» – Eberhard Jüngel (Deus qualem Paulus creavit, Dei negatio. Zur Denkbarkeit Gottes bei Ludwig Feuerbach und Friedrich Nietzsche. Eine Beobachtung; in: Nietzsche-Studien 1 [1972], S. 286–296), sucht zu zeigen, daß Nietzsche in seinem theologischen Denken in der Spur Feuerbachs bleibt.
13 NF Sommer 1886 – Herbst 1887, 5 [71] 2 (Lenzer-Heide-Entwurf vom 10. Juni 1887); KSA 12, S. 212.
14 NF Herbst 1885 – Herbst 1886, 2 [107]; KSA 12, S. 114.
15 NF Herbst 1885 – Herbst 1886, 2 [197]; KSA 12, S. 164.
16 NF Herbst 1887, 9 [42]; KSA 12, S. 355.
17 NF Juli – August 1882, 1 [32]; KSA 10, S. 17.

neuen Sicht nicht nur der Religion, sondern auch der Moral, zu einer neuen Moral im Umgang mit Moral führen. Nietzsche stellt nicht die Religion als solche oder die Moral als solche in Frage. Er hat stets angenommen, daß Menschen, auch er selbst, ohne beide nicht leben können. In Frage stellt er das gewohnte Verhältnis von Religion und Moral. Moral wurde insbesondere in der europäischen Tradition zum Kriterium der Religion; moralische Normen galten und gelten als Maßstäbe der Auslegung der Religion und der Heiligen Schriften, auf die sie sich stützt. Müßte statt dessen nicht, schon nach der Erzählung vom Sündenfall und noch mehr nach den Evangelien, Religion das Kriterium für Moralen sein? Nietzsche sucht einen Gott zu denken, der dies denkbar macht.[18]

Im Nachlaß des Sommers 1882 bringt er seine Perspektiven für Gott, Glaube und Gerechtigkeit auf vier knappe Thesen, die ich den folgenden Ausführungen zugrunde legen werde:[19]

(1.) «Der Freigeist als der religiöseste Mensch, den es jetzt giebt.»
(2.) «Gott hat Gott getödtet.»
(3.) «Die Moral starb an der Moralität.»
(4.) «Der gläubige Mensch ist der Gegensatz des religiösen Menschen.»

Nietzsche geht es in seiner ‹Theologie›, seinem Denken Gottes, um einen neuen, fremden Gott, einen Gott nicht mehr der Moral und der Religion, sondern einen Gott *des Denkens* der Moral und der Religion, einen Gott des Denkens selbst. Seine Theologie ist, wie könnte es anders sein, eine philosophische Theologie, sein Gott ein neuer Gott der

---

18 Die Studien von Reinhard Margreiter (Ontologie und Gottesbegriffe bei Nietzsche. Zur Frage einer ‹Neuentdeckung Gottes› im Spätwerk, Meisenheim am Glan 1978) und Rainer Bucher (Nietzsches Mensch und Nietzsches Gott. Das Spätwerk als philosophisch-theologisches Programm, Frankfurt am Main, Bern u. New York 1986 [Theol. Diss. Würzburg 1985]) scheinen an Nietzsches Intention vorbeizugehen. Margreiter findet bei Nietzsche eine «Ontologie» als Darstellung «reiner Transzendentalität», die keinen Platz für irgendeinen Gott lasse. Bucher versteht «Wille zur Macht» als metaphysischen Begriff und «Kategorie realisierter Authentizität» (S. 26) und entwickelt von da aus eine Theologie Nietzsches; in der Gott ein «starker Gott des Willens zur Macht» und «die Person schlechthin» ist (S. 271). Reinhart Maurer (Thesen über Nietzsche als Theologen und Fundamentalkritiker; in: Nietzsche-Studien 23 [1994], S. 102–122) stellt Nietzsches «Fundamentalkritik» des «chiliastisch-illusorischen Humanismus» zuerst des Christentums, dann von dessen «Säkularisaten» Liberalismus und Sozialismus als «Alternativpotential» einen «spiritualistischen Realismus des Werdens» zur Seite, der erst den «wirklichen Menschen» erkennen lasse.
19 NF Juli – August 1882, 1 [74–77]; KSA 10, S. 30.

Philosophie. Doch diese Philosophie ist selbst neu und fremd; nach der Religionskritik des neunzehnten Jahrhunderts neu und fremd nicht zuletzt darin, daß sie auch wieder ein Denken Gottes, wieder ‹Theologie› sein will.[20] So ist denn auch diese Theologie befremdlich – und doch ganz naheliegend: Nietzsches «Neuigkeit» ist, wie er sagen wird,[21] daß Gott selbst «ein Philosoph» ist, und das kann wohl nur heißen: daß Philosophen, die sich, wie Nietzsche, dem Äußersten im Denken aussetzen, zum Philosophieren einen Gott brauchen, der ihnen dazu verhilft und der das nur kann, wenn er selbst Philosoph ist.

Gott ist, für einen Philosophen, ein Gedanke von Menschen, den sie denken, um leben zu können. Der Gott, den Nietzsche denkt, um das Äußerste denken zu können, das er zu denken versucht, ist ein «Gegen-Begriff»[22] zum jüdisch-christlichen Gott, soweit dieser zu einem Gott der Moral geworden ist. Als Gegen-Begriff zum jüdisch-christlichen Gott aber ist er nicht ohne diesen und nur von ihm her zu denken. Nietzsche, der Altphilologe und Bewunderer der Griechen, denkt ihn als «Dionysos». Er hat «das Dionysische» schon früh, in seiner *Geburt der Tragödie aus dem Geist der Musik*, «dem Apollinischen» entgegengestellt. Zuletzt erklärt er den «*Begriff des Dionysos*» zum Zentrum seines *Zarathustra*[23] und macht «Dionysos» nun zum Gegen-Begriff des «Gekreuzigten».[24]

Nietzsche suchte zuletzt nach «starken Gegen-Begriffen»; er habe, notiert er, «diese starken Gegen-Begriffe nöthig, die *Leuchtkraft* dieser Gegen-Begriffe, um in jenen Abgrund von Leichtfertigkeit und Lüge hinabzuleuchten, der bisher Moral hieß».[25] Sie sind nicht wieder theoretische Begriffe, die falsche durch wahre Begriffe ersetzen sollen. Sie sollen statt dessen stutzig machen, aufstören, empören, kurz: wirken; sie sind pragmatische Begriffe in dem Sinn, daß sie andere Begriffe in Bewegung bringen. Das geschieht nicht ohne Gefahr; kein Umdenken, zumal bei Grundbegriffen der Moral und der Religion, geschieht ohne Gefahr. Nietzsche wollte die Philosophie als Gefahr. Er notiert zu seinen «Gegen-Begriffen»: «Wir machen aus ihr [der Philosophie] eine Gefahr, wir verändern ihren Begriff, wir lehren Philosophie als *lebensgefährlichen* Begriff.»[26]

---

20 Im zwanzigsten Jahrhundert wird dies, auf wieder neue Weise, ebenso für die Philosophien Heideggers und Wittgensteins gelten.
21 Siehe Abschnitt 4.
22 NF Oktober 1888, 23 [3] 3; KSA 13, S. 603.
23 EH. Also sprach Zarathustra, 6; KSA 6, S. 344.
24 EH. Warum ich ein Schicksal bin, 9; KSA 6, S. 374.
25 NF Oktober 1888, 23 [3] 3; KSA 13, S. 603.
26 NF Oktober 1888, 23 [3] 2; KSA 13, S. 602.

Als pragmatische Gegen-Begriffe sollen Nietzsches Begriffe von Gott, Glaube und Gerechtigkeit helfen, anders zu denken und zu leben, als es in den Jahrtausenden jüdisch-christlicher Tradition möglich war, ohne selbst wieder als wahre Begriffe aufzutreten. Sie sollen, wie ich zeigen will, helfen,

1. zur Freiheit für andere Moralen, zu einer Moral im Umgang mit Moral, zu kommen,
2. das «Chaos» als «Gesammtcharakter der Welt» wahrzunehmen und zu ertragen,
3. sich dem Macht-Charakter des Lebens, einschließlich der Moral, zu stellen, und
4. seine Begriffe von der Moral, vom Leben und von Gott nicht zur Ruhe kommen, nicht dogmatisch, nicht selbstgerecht werden zu lassen.[27]

1. «Der Freigeist als der religiöseste Mensch, den es jetzt giebt.»

Die erste der vier genannten Thesen hat Nietzsche selbst in einer weiteren Notiz aus dieser Zeit ausführlich erläutert:

> «Warum liebe ich die **Freigeisterei**? Als letzte Consequenz der bisherigen Moralität. *Gerecht* sein gegen Alles, über Neigung und Abneigung hinweg, sich selber in die Reihe der Dinge einordnen, *über sich* sein, die *Überwindung und der Muth* nicht nur gegen das Persönlich-Feindliche, Peinliche, auch in Hinsicht auf das Böse in den Dingen, *Redlichkeit*, selbst als Gegnerin des Idealismus und der Frömmigkeit, ja der Leidenschaft, sogar in Bezug auf die Redlichkeit selber; *liebevolle Gesinnung* gegen Alles und Jedes und guter Wille, seinen *Werth* zu entdecken, seine Berechtigung, seine Nothwendigkeit. *Auf Handeln verzichten* (Quietismus) aus Unvermögen zu sagen: ‹es soll anders sein› – in Gott ruhen, gleichsam in einem *werdenden* Gotte.
> Als **Mittel** *dieser* Freigeisterei erkannte ich die *Selbstsucht* als nothwendig, um nicht in die Dinge hinein verschlungen zu werden: als Band und Rückhalt. Jene Vollendung der Moralität ist nur möglich in einem Ich: insofern es sich lebendig, gestaltend, begehrend, schaffend verhält, und in jedem Augenblick dem Versinken in die Dinge widerstrebt, erhält es sich seine Kraft, immer mehr Dinge in sich aufzunehmen und in sich versinken zu machen. Die Freigeisterei ist also im Verhältniß zum Selbst und zur Selbstsucht ein Werden, ein Kampf zweier Gegensätze, nichts Fertiges, Vollkommenes, kein Zustand: es ist *die Einsicht der Moralität, nur vermöge ihres Gegentheils sich in der Existenz und Entwicklung zu erhalten.*»[28]

---

27 Zu den Abkömmlingen von Nietzsches neuem Denken Gottes vgl. Steven E. Ascheim, After the Death of God: Varieties of Nietzschean Religion; in: Nietzsche-Studien 17 (1988), S. 218–249. Anregend für eine große Vielfalt von «counter-religions» wirkten vor allem die prophetische Gestalt Zarathustra und seine «Lehren» vom Übermenschen und der ewigen Wiederkehr des Gleichen. Vgl. zu diesen «Lehren» Werner Stegmaier, Friedrich Nietzsche: *Also sprach Zarathustra*; in: Stegmaier, Interpretationen. Hauptwerke der Philosophie. Von Kant bis Nietzsche, Stuttgart 1997.
28 NF Juli – August 1882, 1 [42]; KSA 10, S. 20f.

«Freigeisterei» beginnt nach diesem Entwurf mit der «Virtuosität», von der oben die Rede war, dem «*Gerecht* sein gegen Alles, über Neigung und Abneigung hinweg». Nietzsche bestimmt sie nun als «letzte Consequenz der bisherigen Moralität». Danach überwindet ein Freigeist die herkömmliche Moral nicht, indem er sie mißachtet, sondern indem er sie erfüllt. Nietzsche geht davon aus, daß alles, was lebt, stets abschätzen muß, worauf es sich einlassen darf und worauf nicht, und darum auf alles, was geschieht, unmittelbar mit «Neigung und Abneigung» reagiert. In der unmittelbaren Reaktion mit Neigung und Abneigung sieht Nietzsche auch den Ursprung der Moral, genauer: der Moralen; denn verschiedene Lebensbedingungen werden unter dieser Hinsicht zu verschiedenen Moralen führen. Menschen beurteilen danach das, was ihnen entgegenkommt, als gut, und was sie abstößt, als böse; sie interpretieren unwillkürlich ihre Neigungen und Abneigungen moralisch, sowohl was Personen als auch was Dinge betrifft.[29] Am bedeutsamsten aber sind für Menschen andere Menschen. Indem sie einander moralisch beurteilen, entscheiden sie darüber, ob sie sich weiter aufeinander einlassen wollen oder nicht.

Mag die Unterscheidung nach Gut und Böse die erste und schnellste sein, sie ist doch auch die einschneidendste. Denn sie betrifft stets die Person als ganze: wen man moralisch ablehnt, den schließt man ganz aus dem weiteren Verkehr aus. Moral, die doch vor «Persönlich-Feindlichem, Peinlichem» zurückhalten soll, wird dadurch selbst polemisch: halten andere für gut, was man selbst für böse hält, oder für böse, was man selbst für gut hält, so ist man geneigt, diese anderen selbst für böse zu halten.

Verfeinert sich jedoch die Moral, wird ihr das selbst zum Problem. Sie legt dann nahe, die «Consequenz» daraus zu ziehen und «über Neigung und Abneigung» überhaupt hinwegzukommen, Feindseligkeit weder gegen andere zu empfinden noch bei ihnen zu erregen – moralisches Diskriminieren auf beiden Seiten zu erübrigen, indem man «sich selber in die Reihe der Dinge einordnet».

Wenn moralisches Unterscheiden selbst moralisch bedenklich wird, entsteht eine Moral im Umgang mit Moral. Nietzsche spricht hier von «*liebevoller Gesinnung* gegen Alles und Jedes». Sie kann sich als Höflichkeit, Takt, Vornehmheit, Güte und schließlich als Liebe äußern. Höf-

---

29 Vgl. Gerhard Schmidtchen, Der Mensch – die Orientierungswaise. Probleme individueller und kollektiver Verhaltenssteuerung aus sozialpsychologischer Sicht; in: Der Mensch als Orientierungswaise? Ein interdisziplinärer Erkundungsgang, Freiburg u. München 1982, S. 169–216.

lich verhält sich, wer sich wie am Hof verhält, wer den andern als einen Höheren behandelt und ihm nicht seine spontanen Urteile über Gut und Böse zumutet. Taktvoll ist, wer sich so auf einen anderen einstellt, daß er *dessen* moralische Vorstellungen nicht tangiert. Vornehm denkt, wer Gutes tun kann, ohne Gutes zu erwarten, wer in moralischen Dingen nicht auf Gegenseitigkeit drängt. Als gütig erweist sich, wer darüber hinaus andere in ihren anderen moralischen Vorstellungen anerkennen und sogar bestärken kann. Und wer liebt, übergeht moralische Unterscheidungen überhaupt, beweist bei allem, was der andere tut, «guten Willen, seinen *Werth* zu entdecken, seine Berechtigung, seine Nothwendigkeit».

Moral im Umgang mit Moral verlangt in jeder dieser Formen, die moralischen Vorstellungen anderer als ebenso berechtigt wie die eigenen ansehen zu können. Das setzt, so Nietzsche, «Redlichkeit» voraus, Redlichkeit gerade gegenüber den eigenen moralischen Vorstellungen. Dies um so mehr, je stärker man sich für sie einsetzt, je mehr sie zu «Idealismus», «Frömmigkeit», «Leidenschaft» werden; denn je stärker man sich für sie einsetzt, desto mehr verliert man die Distanz zu ihnen. Redlichkeit ist schließlich «sogar in Bezug auf die Redlichkeit selber» vonnöten; denn man kann und darf sich ihrer nie sicher sein, will man nicht Gefahr laufen, in Selbstgerechtigkeit zu verfallen.

Die «letzte Consequenz» aus alldem aber wäre, so Nietzsche: «Auf Handeln verzichten (Quietismus) aus Unvermögen zu sagen: ‹es soll anders sein›». Wer sagt, ‹es soll anders sein›, wer etwas anders haben will, als es ist oder geschieht, nimmt sich aus «der Reihe der Dinge» aus und rechtfertigt das mit seinen moralischen Vorstellungen. Will er aber, daß irgendetwas anders ist, so muß er zuletzt wollen, daß alles anders ist, denn, so Nietzsche, alles hängt mit allem zusammen. Das Nichts-andershaben-Wollen wird zum Kern von Nietzsches religiösem Denken.[30] In einem Brief an Lou von Salomé nennt er es seine «fatalistische ‹Gott-Ergebenheit›» – ‹Gott-Ergebenheit› in Anführungszeichen;[31] später wird er es «amor fati» nennen.[32] In dem zitierten Entwurf heißt es: «in Gott ruhen, gleichsam in einem *werdenden* Gotte.»

Dies scheint doppelt paradox – ein «*werdender* Gott», in dem man «ruhen» kann. Nietzsche versucht mit diesem Gedanken die Gerechtig-

---

30 Vgl. NF Frühjahr – Sommer 1888, 16 [44]; KSA 13, S. 501; Nietzsche an Georg Brandes, 23. Mai 1888; KSB 7, S. 317–319; EH. Warum ich so klug bin, 9; dazu Werner Stegmaier, Philosophie der Fluktuanz. Dilthey und Nietzsche, Göttingen 1992, S. 344 u. 363f.
31 Nietzsche (aus Naumburg) an Lou von Salomé (in Stibbe), 18. Juni 1882; KSB 6, S. 206.
32 Vgl. FW, 276; EH. Warum ich so klug bin, 10.

keit zu Ende zu denken. Ein «werdender Gott» ist danach ein Gott, den man in nichts festlegen kann, auch und gerade nicht durch moralische Bestimmungen, die zuletzt immer die eigenen sind. Er ist darum kein Gott, in dem man sich ausruhen kann. Denn wenn man sich zum Handeln genötigt sieht, um etwas im eigenen Sinn zu verändern, dann erinnert jener werdende Gott daran, daß es immer die eigenen moralischen Vorstellungen sind, durch die man zum Handeln genötigt wird, und daß man sich darum nicht schon bei ihnen beruhigen darf. «Ruhen» kann man im Denken dieses Gottes paradoxerweise nur dann, wenn er die eigenen moralischen Vorstellungen nicht zur Ruhe kommen, nicht fest werden, nicht selbstgerecht werden läßt. Die Ruhe in diesem Gott ist die dauernde Beunruhigung der eigenen moralischen Vorstellungen.

Dies ist das Ziel. So paradox wie das Ziel muß auch das «Mittel» sein, um es zu erreichen. Jenes Ruhen in Gott verlöre alle Distanz zu den Dingen, würde zum mystischen «Versinken» in sie, wenn es nicht einen «Rückhalt» hätte – den Rückhalt in den eigenen moralischen Vorstellungen. Weil sie drängen, etwas anders haben zu wollen, als es ist, sind sie – und nur sie – es, die immer neu für Distanz zu den Dingen sorgen. Ihre, wie Nietzsche es nennt, «Selbstsucht» ist darum ihrerseits «nothwendig». Er geht so weit, in dieser Selbstsucht der moralischen Vorstellungen den Ursprung des «Ich» gegenüber den Dingen zu vermuten, das «Ich» von Anfang an als moralisches Ich zu denken.[33] Das moralische Ich bleibt die Voraussetzung der religiösen «Freigeisterei». Sie besteht nicht in einem «Versinken in die Dinge», sondern umgekehrt in der «Kraft, immer mehr Dinge in sich aufzunehmen und in sich versinken zu machen», sich für sie aufzuschließen und ihnen gerecht zu werden. So ist sie sinnvoll nur «im Verhältniß zum Selbst und zur Selbstsucht» einer Moral; nur dann ist sie «ein Werden, ein Kampf zweier Gegensätze», der Moral, die sich für etwas «Fertiges, Vollkommenes» halten will und muß, und der Religion, die sie «nichts Fertiges, Vollkommenes» sein, nicht zu einem «Zustand» werden läßt. Insofern ist, wie Nietzsche seinen Entwurf schließt, religiöse Freigeisterei «*die Einsicht der Moralität, nur vermöge ihres Gegentheils sich in der Existenz und Entwicklung zu erhalten*».

---

33 Vgl. JGB, 11, 16 u. 19 sowie NF Ende 1886 – Frühjahr 1887, 7 [4] (KSA 12, S. 264–270), wo Nietzsche im Zusammenhang einer Auseinandersetzung mit Kant den Begriff einer «moralischen Ontologie» einführt. Zum Näheren vgl. Werner Stegmaier, Ontologie und Nietzsche; in: Nietzsche und die philosophische Tradition, hrsg. von Josef Simon, Bd. 1, Würzburg 1985, S. 46–61 (Nietzsche in der Diskussion).

Nietzsche hat zuletzt, in *Der Antichrist*, «mit einiger Toleranz im Ausdruck», wie er vorausschickt, auch Jesus selbst «‹freien Geist›» genannt.[34] Im Sommer 1882 notiert er sich «*Lucas, 6,4. alte Hdschr.*»:[35] «‹Jesus sah Jemanden am Sabbat arbeiten und sagte zu ihm: *wenn du weißt, was du thust, so bist du selig*; wenn du's aber nicht weißt, so bist du verflucht und ein Übertreter des Gesetzes.›» Wenig später, in einer Zusammenstellung von Aphorismen für Lou von Salomé, legt er die Stelle selbst aus: «Jesus sagte zu den Menschen: ‹liebt Gott, wie ich ihn liebe, als sein Sohn: was geht uns Söhne Gottes die Moral an!›» Und er schickt voraus: «Jesus von Nazareth liebte die Bösen, aber nicht die Guten: der Anblick von deren moralischer Entrüstung brachte selbst ihn zum Fluchen. Überall wo gerichtet wurde, nahm er Partei gegen die Richtenden: er wollte der Vernichter der Moral sein.»[36]

2. «*Gott hat Gott getödtet.*»

Nietzsches Religionskritik ist die Kritik des «religiösesten Menschen, den es jetzt giebt» an der Moral, die die Religion für sich beansprucht.[37] Auch der Satz, der mit ihr am meisten verbunden wird, «Gott ist todt», ist so zu verstehen. Im berühmten Aphorismus Nr. 125 der *Fröhlichen Wissenschaft*, durch den er prominent geworden ist,[38] spricht ihn Nietzsche nicht im eigenen Namen aus. Er erzählt statt dessen eine Geschichte, in der ein «toller Mensch» «am hellen Vormittage eine Laterne anzündete, auf den Markt lief und unaufhörlich schrie: ‹Ich suche Gott! Ich suche Gott!›» Der tolle Mensch *sucht* Gott; er sucht ihn bei den Umstehenden, «welche nicht an Gott glaubten», und erregt damit «ein grosses Gelächter». Aber als er drohend auf sie eindringt: «‹*Wir haben ihn getödtet, – ihr und ich! Wir Alle sind seine Mörder!*›», werden sie doch still und blicken befremdet auf ihn.

Nietzsche erzählt auch diese Geschichte nicht als seine Geschichte, sondern als eine, die er «gehört» hat und die allen eigentlich längst bekannt sein müßte: «Habt ihr nicht», beginnt er den Aphorismus, «von

---

34 AC, 32; KSA 6, S. 204.
35 NF Juli – August 1882, 1 [26]; KSA 10, S. 15. Griech. Text vgl. Nestle/Aland, Novum Testamentum Graece, Stuttgart [26]1979, 10. Druck 1988, S. 171.
36 NF Sommer – Herbst 1882, 3 [1] 67 u. 68; KSA 10, S. 61.
37 Vgl. Hubertus Busche, Religiöse Religionskritik beim frühen Hegel und beim späten Nietzsche; in: Nietzsche und Hegel, hrsg. von Mihailo Djurie und Josef Simon, Würzburg 1992, S. 90–109.
38 Vgl. die Vorstufen von FW, 125 in NF Herbst 1881, 12 [77], [157] u. [202] (KSA 9, S. 590, 603 u. 611), 14 [14], [25] u. [26] (KSA 9, S. 626 u. 631f.).

jenem tollen Menschen gehört, der [...]». Er gibt sie als eine Geschichte vom Hörensagen aus, die noch nicht einmal einen Autor hat und bei der er es offenbar auf Tatsachen und Wahrheit nicht ankommen lassen will. Er überläßt es auf diese Weise dem Leser selbst, ob er sie für wahr halten und wie er sie verstehen will. Wer ihr dann ohne weiteres entnimmt, daß Gott tot ist (oder sich darüber empört, daß Nietzsche das sagen konnte), muß sich dessen selbst schon sehr sicher sein. Denn er hat dann offenbar überlesen, daß die Geschichte von Zuhörern erzählt, die sich ihrerseits sehr sicher waren, daß Gott tot ist, in dieser Sicherheit aber gerade durch den bizarren Auftritt eines seltsamen Menschen irritiert werden.

Nietzsche geht es offenbar nicht um den Tod Gottes, der, nach der Religionskritik des achtzehnten und neunzehnten Jahrhunderts, längst als sicher galt, sondern um die Gewißheit, die man darüber haben kann. Wenn es aber, fragt er weiter, keine Gewißheit über das geben kann, dessen man sich am sichersten war, sei es nun, daß Gott tot ist oder lebt, welche Gewißheit kann es dann überhaupt noch geben? Die Zuhörer in der Geschichte, die gegen Gott längst gleichgültig sind, glauben eine Gewißheit zu haben, die nicht zu teilen ihnen «toll», «verrückt» und auch schon amüsant erscheint. Der tolle Mensch ist toll, weil er ihre Gewißheiten nicht teilt, und er führt sich toll auf, um dies zu zeigen. Das heißt dann aber, daß er in Sachen Gewißheit bereits einen Schritt weiter gegangen ist.

Nietzsche läßt ihn nicht nur sagen: «Gott ist todt!», sondern hinzusetzen: «Wir haben ihn getödtet!» Was ist das für ein Gott, den Menschen töten können? Ein Gott, den Menschen töten können, kann nur ein Gott sein, den Menschen selbst geschaffen haben. Es geht Nietzsche um dieses Schaffen und Töten Gottes durch die Menschen und die Verantwortung, die sie dafür tragen; es ist «die Grösse dieser That», nach der er den tollen Menschen vor allem fragen läßt. Er bereitet den Aphorismus mit der Erzählung vom Hörensagen sorgfältig durch eine Reihe von Aphorismen im eigenen Namen vor, die von den «Schatten Gottes» handeln. Die Reihe beginnt folgendermaßen:

> «Nachdem Buddha todt war, zeigte man noch Jahrhunderte lang seinen Schatten in einer Höhle, – einen ungeheuren schauerlichen Schatten. Gott ist todt: aber so wie die Art der Menschen ist, wird es vielleicht noch Jahrtausende lang Höhlen geben, in denen man seinen Schatten zeigt. – Und wir – wir müssen auch noch seinen Schatten besiegen!»[39]

---

39 FW, 108; KSA 3, S. 467.

Der Gedanke Gottes habe es, stellt Nietzsche in den folgenden Aphorismen dar, den Menschen möglich gemacht, in der Welt eine Ordnung zu sehen, die ihnen half, ihr Leben zu bestehen. Diese Ordnung schloß nicht nur die theologischen Begriffe von Gott, Glaube und Gerechtigkeit, sondern auch die philosophischen und wissenschaftlichen Begriffe von der Natur und der Erkenntnis der Natur und die ethischen Begriffe vom Menschen und seiner Freiheit zu moralischem Handeln ein, die im Zusammenhang miteinander vom europäischen Denken in Jahrtausenden erworben wurden. Gott garantierte die Ordnung *dieser* Begriffe; er war der Gott *dieser* Ordnung. Er ersparte es den Menschen, im «Gesammtcharakter der Welt [...] in alle Ewigkeit Chaos» sehen zu müssen.[40] Nietzsche legt es in seinem ganzen Werk darauf an, zu zeigen, wie die Begriffe, die Gott garantierte, den Menschen dienten, um ihnen ein Leben nach ihren Vorstellungen zu ermöglichen. Über die Welt, die Freiheit und Gott selbst sagten sie darum nichts aus. Man müsse im Gegenteil annehmen, so Nietzsche, daß Menschen über die Welt, über Gott und zumal über sich selbst nichts denken und sagen können, was unabhängig von den Bedingungen und Bedürfnissen ihres Lebens wäre.

Eben dies aber war nun, am Ende des neunzehnten Jahrhunderts, denkbar geworden. Damit hatte dieser Gott seine Zeit gehabt. Man konnte ihn nun entbehren, weil man die Ordnung des Lebens inzwischen durch die Wissenschaft einerseits und durch Recht, Politik und Moral andererseits gewährleistet glaubte, die mit so erstaunlichem Fortschritt das Leben in Europa zunehmend leichter, erträglicher, sicherer machten. Der «Auflösungsprozeß» der «christlichen Moral-Hypothese», den Nietzsche im späteren Werk als «europäischen Nihilismus» gedeutet hat,[41] schloß für ihn jedoch nicht nur die Grundlagen der

---

40 FW, 109; KSA 3, S. 468.
41 Der Begriff «Nihilismus» taucht bei Nietzsche zunächst im Nachlaß vom Sommer 1880 (4 [103] u. [108]; KSA 9, S. 125 u. 127), im veröffentlichten Werk erst im V. Buch der *Fröhlichen Wissenschaft* (Nr. 346) auf. Kurz vor der Niederschrift der *Genealogie der Moral* verfaßt Nietzsche am 10. Juni 1887 in Lenzerheide einen Entwurf (NF Sommer 1886 – Herbst 1887, 5 [71]; KSA 12, S. 211–217) mit dem Titel «Der europäische Nihilismus», in dem er sich über die Zusammenhänge seines Denkens im ganzen klar zu werden sucht. – Zur Herkunft des Begriffs «Nihilismus» und zu seinem Sinn bei Nietzsche vgl. Elisabeth Kuhn, Nietzsches Quelle des Nihilismus-Begriffs; in: Nietzsche-Studien 13 (1984), S. 253–278, und Kuhn, Friedrich Nietzsches Philosophie des europäischen Nihilismus, Berlin u. New York 1992 (Monographien und Texte zur Nietzsche-Forschung, Bd. 25). Zur Herkunft des Begriffs und seinen Sinn über Nietzsche hinaus vgl. Wolfgang Müller-Lauter und Wilhelm Goerdt, Nihilismus; in: Historisches Wörterbuch der Philosophie, Bd. 4, Basel u. Darmstadt 1984, Sp. 846–854, ferner Der Nihilismus als Phänomen der Geistesgeschichte in der wissenschaftlichen Diskussion unseres Jahrhunderts, hrsg. von Dieter Arendt (Wege der Forschung, Bd. 360),

Moral, sondern auch der Wissenschaft, des Rechts und der Politik im europäischen Denken ein; die Gewißheiten, die hier möglich waren, basierten ebenfalls auf der Ordnung des «alten Gottes».[42] Er glaubte darum nicht daran, daß Wissenschaft und Politik den «alten Gott» ersetzen könnten. Statt dessen erwartete er eine «lange Fülle und Folge von Abbruch, Zerstörung, Untergang, Umsturz» im zwanzigsten und dem folgenden Jahrhundert, eine «ungeheure Logik von Schrecken», deren «Lehrer und Vorausverkünder» zu sein sich jeder scheuen müsse.[43]

Wenn in den Notizen vom Sommer 1882 die These nicht lautet «Gott ist todt» oder «Wir haben ihn getödtet», sondern «Gott hat Gott getödtet», so erklärt eine bald folgende Notiz, wie das gemeint sein könnte: «Gott erstickte an der Theologie; und die Moral an der Moralität.»[44] Nietzsche scheint dabei nicht nur an die historische Bibel-Kritik des achtzehnten und neunzehnten Jahrhunderts zu denken, mit der die Theologie selbst an der Religionskritik ihrer Zeit teilnahm, sondern an die Theologie von Anfang an, sofern sie versucht hatte, auch dem Evangelium eine Lehre von der Ordnung des Lebens abzugewinnen, deren sich jedermann gewiß sein konnte und die zu jener «christlichen Moral-Hypothese» wurde, die nun das Schicksal des Nihilismus erlitten hatte.[45]

Nietzsches letzte Schrift *Der Antichrist* ist eine Schrift vor allem gegen diese Lehre. In ihrem Zentrum versucht er das Evangelium Christi im Sinne seiner religiösen Freigeisterei, also jenseits aller Lehren von Gut und Böse zu verstehen. Er vermutet dort im «Typus Jesus», seiner «Seligkeit im Frieden», seiner «Sanftmuth», seinem «Nicht-feind-sein-*können*», einen unüberwindlichen «Widerwille gegen jede Formel,

---

Darmstadt 1974. – Zu den Schlußfolgerungen, die Nietzsche aus dem europäischen Nihilismus für die Ethik zieht, vgl. Werner Stegmaier, Ethik vor der Herausforderung des Nihilismus. Zu Nietzsches Lenzer-Heide-Entwurf (im Druck).

42 FW, 343. – Das Programm der (später so genannten) Politischen Theologie ist darin mitgedacht. Vgl. daneben Martin Heidegger, Nietzsches Wort ‹Gott ist tot› (1943); in: Heidegger, Holzwege, Frankfurt am Main 1950, S. 193–247. Günter Figal entwirft von Heideggers Nietzsche-Deutung aus eine «Philosophie als hermeneutische Theologie» (Philosophie als hermeneutische Theologie. Letzte Götter bei Nietzsche und Heidegger; in: ‹Verwechselt mich vor allem nicht!› Heidegger und Nietzsche, hrsg. von Hans-Helmuth Gander, Schriftenreihe der Martin-Heidegger-Gesellschaft, Bd. 3, Frankfurt am Main 1994, S. 89–107).

43 FW, 343; KSA 3, S. 573. – Vgl. NF Sommer 1886 – Herbst 1887, 5 [71] 11, 12 u. 14 (Lenzerheide-Entwurf); KSA 12, S. 215–217.

44 NF Sommer – Herbst 1882, 3 [1] 7; KSA 10, S. 54.

45 Zu den Antworten der katholischen und evangelischen Theologie auf Nietzsche im zwanzigsten Jahrhundert vgl. Peter Köster, Nietzsche-Kritik und Nietzsche-Rezeption in der Theologie des 20. Jahrhunderts; in: Nietzsche-Studien 10/11 (1981/82), S. 615–685.

jeden Zeit- und Raumbegriff, gegen Alles, was fest, Sitte, Institution, Kirche ist». Er habe allein ein «Leben in der Liebe, in der Liebe ohne Abzug und Ausschluss, ohne Distanz» gewollt: «die Unfähigkeit zum Widerstand wird hier Moral» (Nr. 29; KSA 6, S. 199). Jesus gehe alles Beweisen-Wollen ab, ihm fehle alle Dialektik, seine «*Erfahrung* ‹Leben›, wie er sie allein kennt, widerstrebt bei ihm jeder Art Wort, Formel, Gesetz, Glaube, Dogma», sein «Glaube formulirt sich auch nicht – er *lebt*» (Nr. 32; KSA 6, S. 203f.), er ist, so Nietzsche, «eine neue *Praktik*, die eigentlich evangelische Praktik» (Nr. 33; KSA 6, S. 205). Die evangelische Praktik aber ist nach Nietzsche der Verzicht auf die Unterscheidung nach Gut und Böse, die Diskriminierung durch Gut und Böse – Jesus geht zu den am meisten Verachteten, den Huren und Zöllnern. «*Nicht* sich wehren, *nicht* zürnen, *nicht* verantwortlich-machen ... Sondern auch nicht dem Bösen widerstehen, – ihn *lieben* ...» (Nr. 35; KSA 6, S. 208).

So wird für Nietzsche das «‹widerstehe nicht dem Bösen› das tiefste Wort der Evangelien, ihr Schlüssel in gewissem Sinne» (Nr. 29; KSA 6, S. 200). Er versteht es als Aufforderung zu einer Moral im Umgang mit Moral. «Nicht ein ‹Glaube›», schreibt er, «unterscheidet den Christen: der Christ handelt, er unterscheidet sich durch ein *andres* Handeln. Daß er dem, der böse gegen ihn ist, weder durch Wort, noch im Herzen Widerstand leistet» (Nr. 33; KSA 6, S. 205). Und er setzt hinzu: «das echte, das ursprüngliche Christenthum wird zu allen Zeiten möglich sein ...» (Nr. 39; KSA 6, S. 211).[46]

3. «*Die Moral starb an der Moralität.*»

Wenn die «christliche Moral-Hypothese», zu der das «ursprüngliche Christenthum» im europäischen Denken wurde, jahrtausendelang in Geltung war, muß sie in Nietzsches Sicht eine Existenzbedingung Europas gewesen sein. Sie kann nicht widerlegt werden. Nietzsche notiert

---

46 Weitere Hinweise bei Uwe Kühneweg, Nietzsche und Jesus – Jesus bei Nietzsche; in: Nietzsche-Studien 15 (1986), S. 382–397. Eine noch immer brauchbare Zusammenstellung von Quellen für Nietzsches «Typus Jesus» gibt Ernst Benz, Nietzsches Ideen zur Geschichte des Christentums und der Kirche, Beihefte der Zeitschrift für Religions- und Geistesgeschichte 3, Leiden 1956. Benz selbst findet bei Nietzsche vor allem Gehässigkeit gegen das Christentum. Zur theologischen «Interpretationsgeschichte» von Nietzsches Jesus-Deutung vgl. Ulrich Willers, ‹Aut Zarathustra aut Christus›. Die Jesus-Deutung Nietzsches im Spiegel ihrer Interpretationsgeschichte: Tendenzen und Entwicklungen von 1900–1980; in: Theologie und Philosophie 60 (1985), S. 239–256 u. 418–442.

im Sommer 1882: «Existenz-Bedingungen kann man nicht widerlegen: man kann sie nur – *nicht haben!*»[47]

Eine Moral kann man schon deshalb nicht widerlegen, weil man, würde man es versuchen, von denen, die sie teilen, sogleich für unmoralisch erklärt und also gar nicht weiter angehört werden würde. Eine Moral kann darum nur an ihrer eigenen Moralität «sterben», sich nur durch sich selbst aufheben. Nietzsche hat in seiner *Genealogie der Moral* skizziert, wie die «Selbstaufhebung» der europäischen Moral sich vollzogen haben könnte:[48] Sie tritt ein, wenn sie erkennen muß, daß sie selbst dem entspringt, wogegen sie sich richtet. Das heißt, in groben Zügen: Die Moral, die das europäische Denken geleitet hat, versteht sich als kritische Instanz der Macht; sie beansprucht ein «Vorrecht vor jeder Macht»,[49] das Recht, Macht moralisch zu rechtfertigen oder zu verwerfen. Als Moral will sie selbst keine Macht, sie weiß sich erhaben über alle Macht und allein der Wahrheit verpflichtet, ihr Wille zur Wahrheit ist seit Sokrates ihr Kriterium, ihre Moralität. Doch eben dieser Wille zur Wahrheit, der im Verlauf von zwei Jahrtausenden zu einem Bedürfnis nach Wahrheit wurde, mußte die europäische Moral schließlich zur Einsicht bringen, daß auch er ein Wille zur Macht war – der Wille zur Macht derer, die sonst keine Macht haben, also der Wille zur Macht von Ohnmächtigen.

Mit allen Mitteln seiner Genealogie zeigt Nietzsche, daß die europäische Moral sich in all ihren Äußerungen als ein solcher Wille zur Macht von Ohnmächtigen, von Leidenden beschreiben läßt, denen diese Moral half, über ihr Leiden hinwegzukommen, und damit zur ihrer Existenz-Bedingung wurde. Macht sie sich dies aber klar, so verliert sie ihre Existenzberechtigung, die Kritik der Macht, und also ihren Glauben an sich selbst – sie stirbt an ihrer Moralität.

Aber damit stirbt, so Nietzsche, nicht nur irgendein Glaube, an dessen Stelle ein anderer treten könnte. Mit dem Glauben an die Wahrheit seiner Moral ist Europa der Glaube an die Wahrheit überhaupt, mit dem Glauben an den einen Sinn des Daseins der Glaube an einen Sinn des Daseins überhaupt verlorengegangen. So ist es nihilistisch geworden.

---

47 NF Juli – August 1882, 1 [2]; KSA 10, S. 9.
48 Vgl. aber auch schon NF Juli – August 1882, 1 [28]; KSA 10, S. 15f. – Zum Näheren vgl. Werner Stegmaier, Nietzsches ‹Genealogie der Moral›. Werkinterpretation, Darmstadt 1994 (mit ausführlichem Literaturverzeichnis).
49 GM, III, 23; KSA 5, S. 396.

4. «*Der gläubige Mensch ist der Gegensatz des religiösen Menschen.*»

Religion gerät so in einen Gegensatz zum Glauben überhaupt, soweit Glauben ein Glauben an etwas, ein Etwas-für-gewiß-Halten als Existenz-Bedingung ist. Kann, ist Nietzsches Frage, die Frage seiner ‹Theologie›, Religion ohne Glauben, Gott ohne Glauben an Gott gedacht werden? Dies müßte ein Gott jenseits von Gut und Böse sein, ein Gott nicht einer Moral, sondern eines Denkens, das über die Moral hinaus denken kann. Ein solcher Gott, eine solche Religion könnte dann umgekehrt Kriterium für Moralen sein. Nietzsche versucht einen solchen Gott im «Begriff des Dionysos» zu denken.

Der gläubige Mensch ist für Nietzsche der Gegensatz des religiösen Menschen, sofern der Glaube ein «*Verlangen nach Gewissheit*» einschließt, nach etwas «‹Festem›, an dem er nicht gerüttelt haben will, weil er sich daran *hält*». Glaube ist, so gesehen, nicht eine «Kraft», sondern eine «Schwäche», und «wie viel einer *Glauben* nöthig hat, um zu gedeihen», ist nach Nietzsche ein «Gradmesser» seiner Schwäche. «Umgekehrt wäre», so Nietzsche, «eine Lust und Kraft der Selbstbestimmung, eine *Freiheit* des Willens denkbar, bei der ein Geist jedem Glauben, jedem Wunsch nach Gewissheit den Abschied gibt». Dies wäre «der freie Geist par excellence».[50]

Wer jedem Wunsch nach Gewißheit den Abschied geben kann, ist geübt, so Nietzsche in seiner berühmten Charakteristik des freien Geistes, die er hier einfügt, «auf leichten Seilen und Möglichkeiten sich halten zu können und selbst an Abgründen noch zu tanzen».[51] In diesem Bild erkennt der freie Geist auch seinen Gott. Im Sommer 1882 notiert Nietzsche: «Ich würde nur an einen Gott glauben, der zu tanzen verstünde.» – ein Satz, den er dann Zarathustra in den Mund legt und der so zu einem seiner berühmtesten Sätze wurde.[52]

Was dies bedeutet, hat er später schärfer in Begriffe zu fassen versucht. Im Herbst 1887 notiert er, die ganze Härte des Gedankens erprobend:

> «Der neuere Mensch hat seine idealisierende Kraft in Hinsicht auf einen *Gott* zumeist in einer wachsenden *Vermoralisirung desselben* ausgeübt – was bedeutet das? Nichts Gutes, ein Abnehmen an Kraft des Menschen –

---

50 FW, 347; KSA 3, S. 581–583.
51 Ebenda, S. 583.
52 NF Sommer – Herbst 1882, 3 [1] 137; KSA 10, S. 69; Za I. Vom Lesen und Schreiben. – Die Rede von Gott in *Also sprach Zarathustra* verfolgt Markus Meckel, Der Weg Zarathustras als der Weg des Menschen. Zur Anthropologie Nietzsches im Kontext der Rede von Gott im ‹Zarathustra›; in: Nietzsche-Studien 9 (1980), S. 174–208. Für Meckel ist bei Nietzsche der ‹Tod Gottes› definitiv.

An sich wäre nämlich das Gegentheil möglich: und es giebt Anzeichen davon. Gott, gedacht als das Freigewordensein von der Moral, die ganze Fülle der Lebensgegensätze in sich drängend und sie in göttlicher Qual *erlösend, rechtfertigend*: – Gott als das Jenseits, das Oberhalb der erbärmlichen Eckensteher-Moral von ‹Gut und Böse›. Dieselbe Art Mensch, welche nur ‹gutes Wetter› wünscht, wünscht auch nur ‹gute Menschen› und überhaupt gute Eigenschaften, – mindestens die immer wachsende Herrschaft des Guten. Mit einem überlegenen Auge wünscht man gerade umgekehrt die immer größere *Herrschaft des Bösen*, die wachsende Freiwerdung des Menschen von der engen und ängstlichen Moral-Einschnürung, das Wachsthum der Kraft, um die größeren Naturgewalten, die Affekte in Dienst nehmen zu können ...»[53]

Menschen können immer nur eine Vorstellung von Gott haben, und sie bilden sie aus ihrer Moral, ihren Wünschen an das Leben heraus als ihr Ideal. Aber man kann dies, so Nietzsche, nun wissen – und darum versuchen, Gott nicht mehr nur aus, sondern bewußt auch entgegen den eigenen Wünschen zu denken, nicht mehr nur als Gott dessen, was man für gut, sondern auch als Gott dessen, was man für böse hält. Im Hinblick auf Gut und Böse gedacht, wäre dies ein Gott «als das Freigewordensein von der Moral, die ganze Fülle der Lebensgegensätze in sich drängend und sie in göttlicher Qual *erlösend, rechtfertigend*».

Im Sommer 1882 versucht er, diese «Lebensgegensätze» in Begriffen von Gott und Teufel, von Gott und Teufel einer Moral zu denken. Jedes Ich, notiert er, «will seinen Gott gebären und alle Menschheit ihm zu Füßen sehen».[54] Es will ein «Ideal bilden, d.h. seinen Teufel zu *seinem* Gotte *umschaffen*. Und *dazu* muß man erst seinen Teufel geschaffen haben.»[55] Nietzsche geht von «heroischen» Menschen aus, Menschen, die bereit sind, in ihrer Moral bis zum Äußersten, bis zum Umschlag des Guten in das Böse und – manchmal auch – des Bösen in das Gute zu gehen, und diesen Umschlag bewußt erfahren. An ihnen wird deutlich, «in wiefern jeder geschaffene Gott sich wieder einen Teufel schafft. Und das ist *nicht* der, aus dem er entstanden ist. (Es ist das *benachbarte* Ideal, mit dem er *kämpfen* muß)».[56] In der «Umschaffung des Teufels in Gott» und dem Schaffen eines neuen Teufels aus diesem Gott bewegt sich die Moral, bleibt immer in Unruhe: sie steigert sich, ohne sich zu verhärten.[57]

---

53 NF Herbst 1887, 10 [203]; KSA 12, S. 580f.
54 NF Juli – August 1882, 1 [20]; KSA 10, S. 14.
55 NF Juli – August 1882, 1 [61]; KSA 10, S. 26.
56 NF Juli – August 1882, 1 [43] 10; KSA 10, S. 21f.
57 Vgl. NF Juli – August 1882, 1 [24] 10; KSA 10, S. 14: «Das Leben eines heroischen Menschen enthält die abgekürzte Geschichte mehrerer Geschlechter in Bezug auf Vergottung des Teufels. Er macht den Zustand des Ketzers, der Hexe, des Wahrsagers, des Skeptikers, des Schwachen, des Gläubigen und Überwältigten durch.»

So denkt Nietzsche Gott als Beunruhigung, als Unruhe der Moral, die ohne diesen Gott fest und hart zu werden droht. Ein solcher Gott würde es für ihn möglich machen, «den Menschen zu lieben»: «Den Menschen zu lieben *um Gottes Willen* – das war bis jetzt das vornehmste und entlegenste Gefühl, das unter Menschen erreicht worden ist.»[58] Man hat die Schlußformel seines *Ecce homo* – «*Dionysos gegen den Gekreuzigten*»[59] – in der Regel als die letzte und äußerste Kampfansage des «Antichristen» Nietzsche gegen Christus gelesen.[60] Vielleicht ist sie nur die Verdeutlichung eines Begriffs durch einen andern. Das griechische «antì» bedeutet in der Tat nicht nur Gegnerschaft und Gegenüberstellung, sondern auch Stellvertretung, Gleichstellung und Überbietung, und in *Ecce homo* sagt Nietzsche eigens: «[I]ch bin, auf griechisch, und nicht nur auf griechisch, der *Antichrist* ...» (in der Vorstufe fehlt sogar das «und nicht nur auf griechisch»).[61] «Dionysos» ist bei Nietzsche nicht einfach ein anderer Gott, sondern ein anderer «Begriff», er spricht vom «*Begriff des Dionysos*».[62]

Dieser «*Begriff des Dionysos*» ist dennoch ein merkwürdiger, widersprüchlicher Begriff: «Dionysos» – ein griechischer Gott, der den Griechen ursprünglich fremd war, ein Gott, der lebte und starb, nicht nur einmal, sondern immer wieder, der immer neue Kräfte in den Menschen weckte, sie in Entzückung versetzte und rasend machte, so rasend, daß sie ihn selbst zerrissen, also kein wohlunterschiedener Gegenstand des Denkens. Sein «Begriff» ist für Nietzsche vielmehr ein Begriff für das Denken selbst, das Denken, das nichts anderes tut und nichts anderes tun kann als Unterscheidungen zu machen und Unterscheidungen wieder aufzuheben.

Auch Hegel hat das Denken schon in dieser Weise begriffen und ebenfalls «bacchantisch» genannt.[63] Nietzsches «Neuigkeit» ist, «daß Dionysos ein Philosoph ist, und daß also auch Götter philosophiren».

---

58 JGB, 60; KSA 5, S. 79.
59 EH. Warum ich ein Schicksal bin, 9; KSA 6, S. 374.
60 Vgl. Karl Löwith, Nietzsches antichristliche Bergpredigt (1962); in: Löwith, Sämtliche Schriften, Bd. 6, Stuttgart 1987, S. 467–484; Jörg Salaquarda, Der Antichrist; in: Nietzsche-Studien 2 (1973), S. 91–136; Salaquarda, Dionysos gegen den Gekreuzigten. Nietzsches Verständnis des Apostels Paulus; in: Zeitschrift für Religions- und Geistesgeschichte 26 (1974), S. 97–124, wiederabgedruckt in: Nietzsche, Wege der Forschung, hrsg. von Jörg Salaquarda, Bd. 521, Darmstadt 1980, S. 288–322.
61 EH. Warum ich so gute Bücher schreibe, 2; KSA 6, S. 302, Vorstufe KSA 14, S. 483. – Zum Näheren vgl. Stegmaier, Philosophie der Fluktuanz, (Anm. 30), S. 361ff.
62 EH. Also sprach Zarathustra, 6; KSA 6, S. 345. – Zu Nietzsches Spiel mit dem Mythos Dionysos vgl. Karl Reinhardt, Nietzsches Klage der Ariadne; in: Reinhardt, Vermächtnis der Antike. Gesammelte Essays zur Philosophie und Geschichtsschreibung, hrsg. von Carl Becker, Göttingen 1960, S. 310–333.

Er soll der «grosse Zweideutige und Versucher» sein, der seinem Jünger «immer um viele Schritte» voraus ist,[64] der dort, wo der Jünger sich seine Begriffe zurecht- und festgelegt hat, bereits wieder über sie hinausgedacht hat. Es ist der Gott des Philosophierens, wie Nietzsche es versteht.

Wo Nietzsche den «Begriff des Dionysos» näher bestimmt,[65] nimmt er in ihn die wichtigsten herkömmlichen Bestimmungen Gottes auf. Er nennt ihn «*die höchste Art alles Seienden*» und «definirt» diese höchste Art alles Seienden als «tiefste», «umfänglichste», «nothwendigste», «seiende», «weiseste» und «sich selber liebendste» Seele. Aber er fügt all diesen Bestimmungen auch ihre Gegensätze hinzu – Dionysos kann ebenso die oberflächlichsten Masken annehmen, «irren und schweifen», «sich mit Lust in den Zufall» stürzen, «ins Wollen und Verlangen» wollen, «sich selber» fliehen und sich von der «Narrheit am süssesten» zureden lassen. Nietzsche läßt die Gegensätze bewußt nebeneinander stehen. Der Begriff des Dionysos soll der sein, *durch den* alles übrige begriffen werden kann, ohne daß *er selbst* begriffen werden kann. Gegen jeden Begriff, unter den er gefaßt wird, könnten andere geltend gemacht werden, unter die er ebensogut gefaßt werden könnte. Nietzsche spricht darum zuletzt auch nicht mehr in Begriffen, sondern in Dichtungen von Dionysos, den *Dionysos-Dithyramben*.[66] Er denkt Gott so, daß niemand sich seiner sicher sein kann.

---

63 Vgl. Georg Wilhelm Friedrich Hegel, Phänomenologie des Geistes, Vorrede (Hegel, Werke, Bd. 3 hrsg. von Eva Moldenhauer und Karl Markus Michel, Frankfurt am Main 1970, S. 46). – Zur vielfachen Beschäftigung mit dem Dionysischen in der Romantik, insbesondere bei den Brüdern Schlegel, vgl. Ernst Behler, Die Auffassung des Dionysischen durch die Brüder Schlegel und Friedrich Nietzsche; in: Nietzsche-Studien 12 (1983), S. 335–354.
64 JGB, 295; KSA 5, S. 238, vgl. NF April – Juni 1885, 34 [181]; KSA 11, S. 481–483. Die ‹fröhliche Wissenschaft› («gai saber») erscheint hier als «Philosophie des Dionysos»; das Fragment schließt mit dem Satz «Also sprach zu mir Dionysos».
65 EH. Also sprach Zarathustra, 6; KSA 6, S. 343ff.
66 Vgl. zu deren Interpretation Wolfram Groddeck, Friedrich Nietzsche – ‹Dionyos-Dithyramben›, 2 Bde., Berlin u. New York 1991 (Monographien und Texte zur Nietzsche-Forschung, Bd. 23).

Der Zuspruch im Widerspruch:
Nietzsches provokative Kritik des Christentums[1]

Eugen Biser

Nietzsches Kritik am christlichen Gottes- und Moralbegriff will nicht verrechnet werden mit einem herkömmlichen Atheismus, der sich mit der bloßen Negation des Gegenstandes, den er bestreitet, zufriedengibt. Vielmehr mündet Nietzsches Atheismus in eine provokative Kritik am Christentum. Denn seine radikale Infragestellung dessen, was die christliche Theologie zu Gott und dem Leben meint, verbindlich vorgeben zu können, treibt diese selbst voran.

Zwar verfiel Nietzsche nicht selten in die Tonart eines militanten Atheismus. Doch sah er seine Hauptaufgabe keineswegs darin, den Gottesglauben, auf dessen Spuren er allenthalben stieß, zu beseitigen, um in Sachen des Atheismus, wie er sich in der *Morgenröthe* ausdrückt, endlich «reinen Tisch zu machen».[2] Vielmehr steht sein Atheismus primär im Dienst seiner Christentumskritik, so wie diese ihrerseits im Zentrum seiner Kulturkritik steht. Er betreibt seine Kritik des christlichen Gottesbegriffs nicht um ihrer selbst willen, sondern in der Absicht, damit den verklammernden Schlußstein aus dem Systemgebäude des Christenglaubens herauszubrechen. Daß er ausgerechnet auf diese Weise den christlichen Glauben und seine Theologie wieder zukunftsfähig gemacht hat, ist Nietzsches Zuspruch im Widerspruch. Wie dieser im einzelnen aussieht, kann einmal mehr die Interpretation des Aphorismus «Der tolle Mensch» zeigen.

Im Grunde steht es schon für den Verfasser der *Fröhlichen Wissenschaft* (von 1882) fest, daß dem Christentum nur auf dem Weg eines von zwei Seiten her gleichzeitig geführten Zangenangriffs beizukommen sei. Es muß in seiner «Genealogie» erfaßt und damit auf jene Elemente hin durchsichtig gemacht werden, die den Keim der Vernichtung in sich tragen. Gleichzeitig aber muß das Systemgebäude der christlichen Wahr-

---

1 Die hier wiedergegebenen Ergebnisse sind bereits eingeflossen in Eugen Biser, Nietzsche für Christen: eine Herausforderung, Leutesdorf 2000 (vgl. dort S. 28–37).
2 M, 95; KSA 3, S. 87.

heit aufgebrochen und durch einen möglichst zentralen Stoß zum Einsturz gebracht werden. Da der Verfasser der *Fröhlichen Wissenschaft* im Christentum vor allem den in Jahrhunderten gewachsenen «letzten Römerbau»[3] erblickt, ist sein Angriffswille zunächst auf diese zweite Strategie gerichtet. Im *Antichrist*, seiner letzten und schärfsten Attacke auf das Christentum, bringt er diese Strategie auf die ebenso einfache wie aggressive Formel: «*Ein* Begriff hier weg, eine einzige Realität an dessen Stelle – und das ganze Christenthum rollt in's Nichts!»[4]

Der das ganze christliche System verklammernde Zentralbegriff ist für Nietzsche aber eindeutig der Gottesbegriff, der deshalb um jeden Preis aus dem Römerbau der Dogmen und Institutionen herausgebrochen werden muß. Denn die christliche Moral könnte nicht wie das Damoklesschwert eines «kategorischen Imperativs» über der Menschheit hängen, wenn sie nicht in Gott ihre letzte Sanktion, ihren «kategorischen Imperator» hätte. In der Idee eines alles leitenden und überschauenden Gottes ist der «größte Einwand gegen das Sein» zur Weltherrschaft gelangt. Diese Herrschaft muß gebrochen werden.

Der erste Schritt dazu besteht in der – von Ludwig Feuerbach übernommenen – Einsicht, daß die Machtfülle Gottes aus Akten menschlicher Selbstverarmung hervorging. Weil es der Menschheit an Mut zu sich selbst gebrach, trat sie ihre höchsten und heiligsten Attribute an die Fiktion eines über ihr stehenden Gottes ab. Deshalb ist alles daran gelegen, diese Attribute wieder für ihren ursprünglichen Besitzer zu reklamieren, und das besagt, sie für die Menschheit zurückzugewinnen. Die «Sünde» der Selbstverarmung muß durch die «Tugend» der Selbstaufwertung und Selbstüberbietung wettgemacht werden. Denn es gibt einer Nachlaßnotiz zufolge keine schönere Apologie des Menschen als das Vorhaben, «all die Schönheit und Erhabenheit», die er an die «eingebildeten Dinge» ausgeliehen hatte, für ihn «als sein Eigentum und Erzeugnis» zurückzufordern. Tatsächlich versteht es Nietzsche als sein zentrales Programmziel, der Menschheit wieder zu ihrem an Gott abgetretenen Reichtum zu verhelfen. Am eindringlichsten formuliert er dieses Ziel in dem Aphorismus «Excelsior!», der zunächst die «Entsagung» beschwört, die der sich Gott verweigernde Mensch auf sich nimmt, dann aber in seinem Schlußbild deutlich macht, daß der Mensch nur auf dem Weg dieses scheinbaren Verzichts zu seiner vollen Größe gelangt. Schon im Nachlaß hatte Nietzsche gefragt: «Aber wohin fließen

---

3 FW, 358; KSA 3, S. 602.
4 AC, 39; KSA 6, S. 212.

denn zuletzt alle Flüsse des Großen und Größten am Menschen? Giebt es für sie allein keinen Ozean?» Und er hatte darauf geantwortet: «Sei dieser Ozean, so giebt es einen.»[5] Jetzt schließt er seine Aufforderung zum Gottesverzicht mit dem Bild. «Es giebt einen See, der es sich eines Tages versagte, abzufliessen, und einen Damm dort aufwarf, wo er bisher abfloss: seitdem steigt dieser See immer höher.» Und er entschlüsselt dieses Bild mit dem Satz: «vielleicht wird der Mensch von da an immer höher steigen, wo er nicht mehr in einen Gott *ausfliesst*.»[6]

Doch setzt Nietzsche die Gottesleugnung nicht nur nach Art eines an die Menschheit gerichteten Postulats voraus; er geht auch davon aus, daß sich der Gottesglaube im Grunde längst überlebt hat und an ihm allenfalls noch wider besseres Wissen festgehalten wird. Gerade darin besteht aber eine unerwartet große Schwierigkeit. Denn von nichts ist der Mensch so schwer abzubringen wie von seinen Vorurteilen. In diesem Interesse ruft er schon in der *Morgenröthe* die «vielleicht zehn bis zwanzig Millionen Menschen unter den verschiedenen Völkern Europa's, welche nicht mehr ‹an Gott glauben›», dazu auf, einander «ein Zeichen» der Verständigung und Präsenz zu geben.[7]

Die entscheidende Anstrengung aber unternimmt er in diesem Zusammenhang mit dem Aphorismus «Der tolle Mensch». Wenn er seinen Studienfreund Carl von Gersdorff im Blick auf seinen *Zarathustra* davor warnt, sich durch die «legendenhafte Art dieses Büchleins» täuschen zu lassen, da sich hinter seinen schlichten und seltsamen Worten «*tiefster Ernst*» und seine «*ganze Philosophie*» verberge, so gilt diese Warnung bereits hier.[8] Denn die Gleichnissprache des Textes ist nicht nur in der Überzeugung gewählt, daß das Christentum am besten mit seinen eigenen Waffen geschlagen werden könne; sie verrät zugleich eine erstaunliche Einfühlung in Sinn und Wirkweise der Gleichnisse Jesu. Ja, man kann sagen, daß in der langen Geschichte der meist mißlungenen Versuche, eine Bildgeschichte nach dem Modell der Gleichnisse Jesu zu erzählen, Nietzsche der erste ist, dem dieser Versuch überzeugend gelang.[9]

---

5 NF Dezember 1881 – Januar 1882, 16 [9]; KSA 9, S. 660.
6 FW, 285; KSA 3, S. 528.
7 M, 96; KSA 3, S. 87f. Vgl. dazu den Abschnitt «Ein Zeichen der Verständigung» in Eugen Biser, Die Entdeckung des Christentums, Freiburg 2000, S. 375–384.
8 Nietzsche an Gersdorff, Ende Juni 1883; KSB 6, S. 386.
9 Es sei nicht verschwiegen, daß für den Verfasser selbst umgekehrt die Beschäftigung mit der Gleichniserzählung vom «tollen Menschen» zum Schlüssel für die Welt der Gleichnisse wurde; dazu Eugen Biser, Die Gleichnisse Jesu, München 1965, sowie seine Erörterung der Gleichnissprache Jesu in: Theologische Sprachtheorie und Hermeneutik, München 1970, und in seinem Jesusbuch: Der Freund, München 1989, S. 122–150.

Das kommt nicht zuletzt darin zum Vorschein, daß sich der Nietzsche-Text am besten unter der Voraussetzung erschließt, daß man ihn als ein in seinen Gegensinn verkehrtes Gleichnis liest. Denn wie die Gleichnisse Jesu darauf ausgehen, die Hörer zur Sinnesumkehr zu bewegen, zielt der tolle Mensch, der am hellen Vormittag, mit einer Laterne in der Hand, die gottlosen Marktsteher durch seinen Ruf «Ich suche Gott!» verunsichert, darauf ab, die Adressaten seiner bohrenden Fragen zum Bewußtsein der Ungeheuerlichkeit – und Folgenschwere – des von ihnen verübten, aber nicht von ferne begriffenen Gottesmordes zu führen. Und wie die Gleichnisse Jesu die Sinnesumkehr nur zu dem Zweck betreiben, den Hörern ein Vorgefühl des ihnen verkündeten Gottesreiches zu vermitteln, stellt auch der tolle Mensch seinen Adressaten in Aussicht: «Es gab nie eine grössere That, – und wer nur immer nach uns geboren wird, gehört um dieser That willen in eine höhere Geschichte, als alle Geschichte bisher war!»[10] Den Weg zu dieser Einsicht bahnt er seinen Zuhörern dadurch, daß er ihnen durch eine ganze Kaskade von Fragen die ungeheure «Veränderung» deutlich macht, die der von ihnen verübte Gottesmord nach sich zog:

> «Wie vermochten wir das Meer auszutrinken? Wer gab uns den Schwamm, um den ganzen Horizont wegzuwischen? Was thaten wir, als wir diese Erde von ihrer Sonne losketteten? Wohin bewegt sie sich nun? Wohin bewegen wir uns? Fort von allen Sonnen? Stürzen wir nicht fortwährend? Und rückwärts, seitwärts, vorwärts, nach allen Seiten? Giebt es noch ein Oben und ein Unten? Irren wir nicht wie durch ein unendliches Nichts? Haucht uns nicht der leere Raum an? Ist es nicht kälter geworden? Kommt nicht immerfort die Nacht und mehr Nacht? Müssen nicht Laternen am Vormittage angezündet werden? Hören wir noch Nichts von dem Lärm der Todtengräber, welche Gott begraben? Riechen wir noch Nichts von der göttlichen Verwesung? – auch Götter verwesen! Gott ist todt! Gott bleibt todt! Und wir haben ihn getödtet!»

Ein Blick in die – bis auf den ersten Einfall rekonstruierbare – Entstehungsgeschichte dieses Textes lehrt, daß das Bild der von ihrer Sonne losgeketteten Erde von Nietzsche buchstäblich erst in letzter Stunde, beim Diktat des Druckmanuskripts, eingefügt wurde, während vorher von der «ewig festen Linie» die Rede war, die mit dem Tod Gottes verschwunden sei. Das aber ist eindeutig eine Fortführung des Bildgedankens von dem weggewischten Horizont, der sich dadurch als formbestimmend erweist. Mit ihm knüpfte Nietzsche, auch wenn das nirgendwo ausdrücklich wird,[11] an die große Tradition der spekulativen Gotteslehre

---

10 FW, 125; KSA 3, S. 481. Dort auch das folgende Zitat.
11 Eine ironische Anknüpfung liegt allenfalls in dem «Leier-Lied» vor, das Zarathustras Tiere zu seiner Aufmunterung anstimmen: «‹[...] In jedem Nu beginnt das Sein; um jedes Hier rollt sich die Kugel Dort. Die Mitte ist überall. Krumm ist der Pfad der Ewigkeit.›» (Za III. Der Genesende, 2; KSA 4, S. 273).

an, konkret gesprochen an die Tradition, die sich mit dem «ontologischen Gottesbeweis» verbindet. An diese Tradition sah er sich durch zwei Umstände verwiesen. Einmal durch das Begriffsbild von der «ewig festen Linie», das auf Tertullian zurückgeht und ihm durch das Studium des Kirchenschriftstellers Arnobius bekannt geworden war.[12] Sodann – und vor allem – durch seine Quelle. Denn zu den Überraschungen, die der scheinbar aus einer glücklichen Eingebung hervorgegangene Aphorismus bereithält, gehört außer der Tatsache, daß er einen komplizierten Entstehungsprozeß durchlief, auch die andere, daß er sich an einem – von Nietzsche sorgfältig verheimlichten – Modell orientiert.

Es handelt sich, wie schon der französische Theologe Henri de Lubac erkannte, um Heinrich Heines ironischen Bericht über Immanuel Kants Kritik der Gottesbeweise, den er in seinem geist- und spottsprühenden Essay *Zur Geschichte der Religion und Philosophie in Deutschland* (von 1834) erstattet. An der Zentralstelle seines Referats spricht er davon, daß Kant unter den himmlischen Leibgarden Gottes, den Gottesbeweisen also, ein schreckliches Massaker angerichtet habe, daß er die gesamte Besatzung über die Klinge springen ließ und daß der Oberherr der Welt seitdem unbewiesen in seinem Blute liege. Doch fügt er dem die erstaunliche Behauptung hinzu, daß diesem Blutbad gerade der wichtigste Beweis, der ontologische, der über René Descartes und Anselm von Canterbury bis auf Augustinus zurückgeführt werden könne, unbeschädigt entronnen sei. Das aber kam der Feststellung gleich, daß Kant trotz allen spekulativen Scharfsinns nur halbe Arbeit geleistet habe.

Wenn je einmal, mußte sich Nietzsche durch diese These herausgefordert fühlen. Denn sie behauptete, daß gerade der wichtigste Pfeiler des Gottesglaubens den von ihm registrierten Verfall des Christentums überstanden habe. Das konnte ihn zwar an seiner Grundüberzeugung, daß der christliche Gottesglaube längst ausgehöhlt sei, und an dem darauf abgestimmten Verfahren nicht irremachen. Doch zeigte es ihm, wo bei dem Versuch, den Zentralbegriff herauszubrechen, angesetzt werden mußte. Ansatzstelle mußte demgemäß der streng formal gefaßte Grundgedanke des ontologischen Beweises sein, der Gott das «Unüberdenklich-Größte» nannte. Deshalb lautete die Ausgangsfrage des tollen Menschen in der Vorskizze:

---

12 Unter den Resten von Nietzsches Bibliothek, die im Stadtschloß von Weimar untergebracht ist, findet sich auch die von Nietzsche sorgfältig durchstudierte Ausgabe *Des Afrikaner's Arnobius sieben Bücher wider die Heiden. Aus dem Lateinischen übersetzt und erläutert von Franz Anton von Besnard*, in der er die erwähnte Tertullian-Stelle angestrichen hatte.

«Wohin ist Gott? Haben wir denn das Meer ausgetrunken? Was war das für ein Schwamm, mit dem wir den ganzen Horizont um uns auslöschten? Wie brachten wir dies zu Stande, diese ewige Linie wegzuwischen, auf die bisher alle Linien und Maße sich zurückbezogen, nach der bisher alle Baumeister des Lebens bauten, ohne die es überhaupt keine Perspektive, keine Ordnung, keine Baukunst zu geben schien?»[13]

Unbeschadet dessen, was sich aus der Gleichnisgestalt des Textes ergibt, kann man feststellen, daß er in spiegelverkehrter Weise auch der Argumentation des anselmischen Gottesbeweises folgt. Wie dieser vom Formalbegriff des «Göttlich-Größten» auf dessen Existenz schließt, erwartet der tolle Mensch von der Tötung Gottes den Eintritt in eine «höhere Geschichte, als alle Geschichte bisher war».

Was zu tun bleibt, ist nur noch ein Akt der Offenlegung. Und der muß auf zwei Foren erfolgen. Zuerst auf dem Markt der Ungläubigen, die mit ihrer Gottlosigkeit das Attentat auf den heiligsten Besitz der Welt vollzogen, ohne sich Rechenschaft darüber zu geben, daß sie damit allen Konstrukten, den ideellen wie den sozialen, den Boden entzogen haben. Dann aber muß die Veröffentlichung der Tatsache, daß es um den Gottesglauben geschehen ist, auch im christlichen Binnenraum erfolgen. Deshalb dringt der «tolle Mensch» im Epilog seiner Geschichte in «verschiedene Kirchen» ein, um darin sein «Requiem aeternam deo» anzustimmen. Die Rechtfertigung seines Verhaltens wirkt ebenso konsequent wie aufschlußreich: «Was sind denn diese Kirchen noch, wenn sie nicht die Grüfte und Grabmäler Gottes sind?» (KSA 3, S. 482). Von der neuzeitlichen Absage an Gott ist auch das Christentum, so sehr es sich in seinem Selbstverständnis dagegen zur Wehr setzen mag, mitbetroffen. Es gilt nur noch, auch in seinem ureigenen Bereich deutlich zu machen, daß es längst schon zur hohlen Ruine geworden ist. In diesen Gedanken mündet die Parabel vom «tollen Menschen» aus. Insofern spricht Nietzsche in ihr – und nicht erst im *Antichrist* – das Schlußwort seiner Kritik des Christentums.

Dieses kann allerdings nicht dessen Destruktion zum Ziel haben. Zu stark ist die Verflechtung mit theologischen Denkweisen und Verkündigungsformen. Tatsächlich beobachtete schon Karl Jaspers, daß es bei Nietzsche mitten im Kampf immer wieder zu einer Art Stillstand kommt, «wenn er den Gegner mit einbezieht, sich gleichsam in ihn verwandelt, ihn nicht vernichten will, sondern seine Fortdauer wünscht, auch sogar die Fortdauer des Christentums».[14] Diese Beobachtung trifft

---

13 NF Herbst 1881, 14 [25]; KSA 9, S. 631. Vorstufe in KSA 14, S. 654.
14 Karl Jaspers, Nietzsche und das Christentum, München 1963, S. 73; zum Folgenden Mazzino Montinari, Zarathustra vor Also sprach Zarathustra; in: Montinari, Nietzsche lesen, Berlin 1982, S. 79–91.

gerade auch auf den in der *Fröhlichen Wissenschaft* geführten Angriff zu. Denn aus dem gleichen Zeitraum stammt die dialogisch gehaltene Nachlaßnotiz: «Ihr nennt es die Selbstzersetzung Gottes: es ist aber nur seine Häutung: – er zieht seine moralische Haut aus! Und ihr sollt ihn bald wiedersehn, jenseits von gut und böse.»[15]

Und in dieselbe Richtung deutet die mit flüchtigen Schriftzeichen hingeworfene Nachlaßstelle, die sich zu dem Vorwurf steigert: «Ihr macht es euch zu leicht, ihr Gottlosen! Gut, es mag so sein, wie ihr sagt: die Menschen haben Gott geschaffen – ist dies ein Grund, sich nicht mehr um ihn zu kümmern?»[16] Die Sorge um die Größe des Menschen schließt also die Sorge um Gott nicht aus.

---

15 NF Sommer – Herbst 1882, 3 [1]; KSA 10, S. 105.
16 NF Herbst 1881, 12 [202]; KSA 9, S. 611.

«Oh Zarathustra, du bist frömmer als du glaubst».
Nietzsches christliche Kritik des Christentums

Gerd-Günther Grau

Vorbemerkung. – Wenn ich über Nietzsche spreche oder schreibe, dann geht es mir nie um eine neue Interpretation des Philosophen, sondern stets um die philosophischen Probleme, die er behandelt – hier also um die religiöse Frage aus der Sicht der christlichen Antwort, die ich mit ihm und durch ihn erörtere. Schließlich hatte ich Nietzsche, wie auch seinen christlichen Antipoden, Kierkegaard, gleichsam durchgemacht, bevor ich die Texte beider Denker las und ihre Verwandtschaft verstand. «Zuletzt kann Niemand aus den Dingen, die Bücher eingerechnet, mehr heraushören, als er bereits weiss. Wofür man vom Erlebnisse her keinen Zugang hat, dafür hat man kein Ohr.»[1]

Zum Titel. – Genau genommen paßt mein Titel nicht so ganz in das Thema unserer Tagung; aber es mag nützlich und wichtig sein, erst einmal die Voraussetzungen für sie zu klären, sich noch einmal die Grundlagen für Nietzsches Kritik des Christentums in Erinnerung zu rufen, bevor wir uns mit den theologischen Reaktionen auf sie befassen. Nach dem Titel der Tagung soll ja wesentlich «Nietzsche im Christentum» verhandelt werden; mein Vortrag möchte zunächst das Christliche in Nietzsche herausarbeiten. Darauf spielt schon der Obertitel an – das Zitat befindet sich bekanntlich im IV. Teil des *Zarathustra*, worin Zarathustra dem «letzten Papst» begegnet, der ja nun, nach Nietzsches Gegenbotschaft, «ausser Dienst» ist.[2] In seiner Verzweiflung macht er sich (mit vielen anderen «höheren Menschen» aus dem «Rest Gottes unter Menschen») auf die Suche nach dem «Frömmsten aller Derer, die nicht an Gott glauben», Zarathustra. Beide haben große Not, sich mit ihrer jeweiligen «Gottlosigkeit» abzufinden; aber der Klage des Papstes über die «Heimlichkeit» des deus absconditus begegnet Zarathustra sogleich mit dem tiefsten Argument, das Nietzsche, durchweg übersehen, in seiner

---
1 EH. Warum ich so gute Bücher schreibe, 1; KSA 6, S. 299f.
2 Za IV. Ausser Dienst; KSA 4, S. 324f.; vgl. auch Za IV. Die Begrüssung.

Kritik vorbringt – er verweist auf die Antwortlosigkeit des Glaubens, der den Menschen auf die eigene Interpretation seiner Folgerungen und Forderungen verweist, aber jeden Fehlgriff bedroht. Wir wissen nicht nur nicht, ob das Christentum recht hat, wir wissen nicht einmal, was «das Christliche» bedeutet.

> «Er war auch undeutlich. Was hat er uns darob gezürnt, dieser Zornschnauber, daß wir ihn schlecht verstünden! Aber warum sprach er nicht reinlicher?
> Und lag es an unsern Ohren, warum gab er uns Ohren, die ihn schlecht hörten? War Schlamm in unsern Ohren, wohlan! wer legte ihn hinein?»

Genau diese Anklage ist es, die den Papst zu seiner Feststellung bewegt:

> «oh Zarathustra, du bist frömmer als du glaubst [...] Ist es nicht deine Frömmigkeit selber, die dich nicht mehr an einen Gott glauben lässt?»

Es ist also eine christliche, zumindest eine religiöse Kritik, die Nietzsche am Christentum übt; diese Kritik ist jedoch ihrerseits noch doppelsinnig, weil sie zugleich dem strengen rigorosen Glauben wie dem säkularisierten Abfall von ihm gilt, sich – mit Kierkegaard gesprochen – ebenso gegen das Christentum wie gegen die Christenheit richtet. Dabei beklagt der Philosoph am Christentum – dem Christentum eines Tertullian, Pascal und Kierkegaard – eben die umfassende Lebensverneinung, deren Mißachtung er der Christenheit, vor allem der Kirche, vorhält; beide Versionen stehen insofern im Gegensatz zu den Intentionen Jesu, als dieser jegliche Verneinung, aber auch jede Anpassung an die Welt zurückgewiesen habe.

Um mit Nietzsches Verurteilung eines säkularisierten und institutionalisierten Christentums zu beginnen, so steht Nietzsches Verachtung derjenigen Kierkegaards kaum nach; bei Marx findet sich fast wörtlich dieselbe Anklage:

> «*Wen* verneint denn das Christenthum? *was* heisst es ‹Welt›? Daß man Soldat, daß man Richter, daß man Patriot ist; daß man sich wehrt; daß man auf seine Ehre hält; daß man seinen Vortheil will; daß man *stolz* ist ... Jede Praktik jedes Augenblicks, jeder Instinkt, jede zur *That* werdende Werthschätzung ist heute antichristlich: was für eine *Missgeburt von Falschheit* muss der moderne Mensch sein, daß er sich trotzdem *nicht schämt*, Christ noch zu heissen! – – –»[3]

Als genuines Christentum läßt Nietzsche dagegen nur dessen lebensverneinende Einstellung gelten, die er allein als ernstzunehmenden Gegner ansieht; sein Angriff auf diesen könne durchaus ein «Beweis des Wohlwollens, unter Umständen der Dankbarkeit» sein, für den die Betroffenen Verständnis haben sollten – «die ernstesten Christen sind mir

---

3 AC, 38; KSA 6, S. 211.

immer gewogen gewesen».[4] Christen, denen die Absurdität der christlich-religiösen Interpretation ebenso einsichtig ist wie die Unbedingtheit der damit verbundenen moralisch-religiösen Forderung; die sich aber auch der Gefahr bewußt sind, daß der überhöhte Anspruch zur höchsten Bedrohung werden kann, womit das humane Anliegen, die therapeutische Funktion des Glaubens (E. Biser) verspielt wäre.

> «‹Humanitäre› Segnungen des Christenthums! Aus der humanitas einen Selbst-Widerspruch, eine Kunst der Selbstschändung, [...] eine Verachtung aller guten und rechtschaffnen Instinkte herauszuzüchten! – Das wären mir Segnungen des Christenthums!»[5]

Zwischen beiden Positionen des Christentums, seiner radikalen und seiner säkularisierten Form, steht, wie angedeutet, die Person Jesu, die Nietzsche aus seinem «Fluch» und aller Verachtung herausnimmt, mit größtem Respekt behandelt und als Vorbild eines religiös realisierten Lebens beschreibt. Jaspers spricht gar von einer Selbst-Identifizierung mit dem Gegner, den der Philosoph gelegentlich als (jüdischen) Repräsentanten für eine «*neue Liebe*, die tiefste und sublimste aller Arten Liebe»[6] charakterisiert. Allerdings habe der Stifter des Christentums weder einen «neuen Glauben» gefordert noch die «Seligkeit [...] an Bedingungen geknüpft»; vielmehr sollte durch ihn ein «neuer Wandel», die «eigentlich evangelische Praktik» zu einem «Himmelreich» als «Zustand des Herzens» führen, in dem mit der «‹Sünde› [...] jedwedes Distanz-Verhältniss zwischen Gott und Mensch abgeschafft» worden sei. Eine wahrhaft «*frohe Botschaft*», die weder eines Dogmas noch einer Kirche bedürfe, nicht an das Verdikt von Lohn und Strafe gebunden und auf ein «Jenseits» am Ende der Zeit ausgerichtet, sondern durch ein «von dem Zeitbegriff erlöstes [...] Symbol» gewährleistet sei, das als zeitlos ewiges Leben realisiert werden könne.

> «Was heisst ‹frohe Botschaft›? Das wahre Leben, das ewige Leben ist gefunden – es wird nicht verheissen, es ist da, es ist *in euch*: als Leben in der Liebe, in der Liebe ohne Abzug und Ausschluss, ohne Distanz.»
> «Das ‹Reich Gottes› ist nichts, das man erwartet; es hat kein Gestern und kein Übermorgen, es kommt nicht in ‹tausend Jahren› – es ist eine Erfahrung an einem Herzen; es ist überall da, es ist nirgends da ...».[7]

Die Verkehrung des Evangeliums in ein «Dysangelium», der frohen in eine bedrohende Botschaft, legt Nietzsche dann vor allem Paulus zur Last; mit seinem «Instinkt-Hass gegen die Realität» habe der Apostel,

---
4 EH. Warum ich so weise bin, 7; KSA 6, S. 275.
5 AC, 62; KSA 6, S. 252f.
6 GM, I, 8 KSA 5, S. 268.
7 AC, 29, 33f.; freigestellte Zitate: KSA 6, S. 200 u. S. 207.

entsetzt über den Kreuzestod, den transzendenten Anspruch (wieder) so hoch angesetzt, daß die «Erlösung» allererst erworben werden müsse, aber auch verspielt werden könne. Damit seien dann nicht nur die «völlig unevangelischen Begriffe» von Lohn und Strafe, «Wiederkunft» und «jüngstes Gericht» erneut im Glauben festgeschrieben, sondern dieser auch als Folge bloßen «Ressentiments», einer «Rache» an den Bedingungen des Lebens ausgewiesen.[8] Wie nun eine exklusive, aber nicht allgemein belegbare Wahrheit – «Die Wahrheit ist Nichts, was Einer hätte und ein Andrer nicht hätte» – jeden Zweifel zur Sünde werden ließe, so drohe der Glaube zu einem «Nicht-wissen-*wollen*, was wahr ist» zu werden; ein «faustgrobes Verbot zu denken», das oft genug zu einem «Veto gegen die Wissenschaft» geführt habe. Ebenso müsse die jenseitige Orientierung des Glaubens jede eigenmächtige Behebung von «Nothständen» als «Sünde» verdächtigen, womit am Ende die sinngebende Bewältigung der Lebenssituation sich in ihr Gegenteil vertieft erfahrener und praktizierter Sinnlosigkeit verkehren würde: «*So* zu leben, daß es keinen *Sinn* mehr hat, zu leben, *das* wird jetzt zum ‹Sinn› des Lebens ...» Umgekehrt führe die dezidierte Prätention des Absoluten zu eben dem Richteramt, das auch der tradierte Glaube erst von «des Menschen Sohn» erwarten dürfe – «‹richtet nicht!› sagen sie, aber sie schicken Alles in die Hölle, was ihnen im Wege steht». Und Nietzsche gibt ausdrücklich den Vorwurf der Hybris zurück, um zugleich die Anmaßung der «kleinen Leute» zu rügen, welche der verzweifelten Bemühung um letzte Wahrheit Hohn spreche.

> «Die Erfahrung aller strengen, aller tief gearteten Geister lehrt *das Umgekehrte*. Man hat jeden Schritt breit Wahrheit sich abringen müssen, man hat fast Alles dagegen preisgeben müssen, woran sonst das Herz, woran unsre Liebe, unser Vertrauen zum Leben hängt. Es bedarf Grösse der Seele dazu: der Dienst der Wahrheit ist der härteste Dienst.»[9]

Diese bekannten Äußerungen Nietzsches sind vielfach theologisch und philosophisch diskutiert worden – die Deutungen reichen vom «Mißverstehen» über eine gewisse «Affinität» bis zur erwähnten heimlichen Identifizierung mit den Anfängen;[10] daß sie sich biblisch nicht ohne weiteres belegen lassen, ist evident, kirchengeschichtlich mag sich mancher Vorwurf bestätigt haben. Nietzsche wurde zu seiner Antithese von Jesus und Paulus wohl durch die Darstellung der paulinischen Anthropologie

---

8 AC, 30, 31; EH. Warum ich so weise bin, 6.
9 AC, 50; KSA 6, S. 230; vgl. insgesamt: AC, 43–53 und Unzeitgemässe Betrachtungen. Vom Nutzen und Nachtheil der Historie für das Leben, 8.
10 Übersicht bei Peter Köster in: Nietzsche-Studien 10/11 (1981/82), S. 615ff.

des Theologen Hermann Lüdemann[11] angeregt, dessen Buch ihm Franz Overbeck 1880 geschickt hatte – der Name scheint theologischen Zündstoff zu bergen. Ich habe diese Ausführungen deshalb hier noch einmal herausgestellt, weil ich auf eine durchweg übersehene (oder übergangene) Konsequenz aufmerksam machen möchte, die der Philosoph daraus zieht, um die Differenz am Ursprung des Christentums und von ihm her die Schwierigkeiten des Glaubens zu erklären. So fragwürdig immerhin seine konstruierte «Psychologie des Erlösers» sein mag, so bedenkenswert erscheint dagegen die «*echte* Geschichte des Christenthums», die er daraus rekonstruiert.[12] Derart, daß Nietzsche hier, vermutlich ebenfalls durch Overbeck, jetzt dessen eigene Erwägungen *Über die Christlichkeit unserer Theologie* (1873), angeregt, im wesentlichen die These Albert Schweitzers von der «ausgebliebenen Parusie» vorwegnimmt; erst die Verlagerung der zeitlich aktualisierbaren «Seligkeit» in die «Auferstehung» am Ende der Zeit habe die eigentliche «Realität des Evangeliums eskamotirt».[13]

So behauptet die erste Aussage des hier zu analysierenden Aphorismus 39 im *Antichrist* dezidiert, daß es «im Grunde [...] nur Einen Christen» gab, der am Kreuz starb; mit ihm aber auch das «Evangelium» einer Aufhebung des Gesetzes, das am Ende der Zeit entfallen konnte, aber in der zeitlichen Situation weiterhin unerläßlich schien, allenfalls durch die Befreiung von seinem Zwang ermäßigt, die der Philosoph aus Jesu Botschaft herausliest. Übrigens sieht auch der theologische Gegenspieler Nietzsches, der dänische Theologe Kierkegaard, die «christlichen Bedingungen» bei keinem Vertreter des Glaubens erfüllt, möchte daher «2000 Jahre» Christenheit «wegschaffen», um das genuine Christentum durch die «Gleichzeitigkeit» mit seinem Stifter zu regenerieren – dessen «christliche Praktik» Nietzsche ebenfalls «heute noch» denkbar, «für *gewisse* Menschen sogar nothwendig» erscheint, wenn er sie auch für sich ablehnt: «das echte, das ursprüngliche Christenthum wird zu allen Zeiten möglich sein ... *Nicht* ein Glauben, sondern ein Thun, ein Vieles-*nicht*-thun vor Allem, ein andres *Sein* ...» Doch die Parallele geht noch weiter, indem der Theologe nun seinerseits die «ganze Schwierigkeit» der Glaubensrealisierung «damit» begründet, «daß Christi Wie-

---

11 Jörg Salaquarda, Dionysos gegen den Gekreuzigten. Nietzsches Verständnis des Apostels Paulus; in: Zeitschrift für Religions- und Geistesgeschichte XXVI (1974), S. 97–124, bes. S. 101f.; vgl. auch Salaquarda (Hrsg.), Nietzsche, Darmstadt 1980, S. 321f.
12 AC, 28, 39 (24); Zitate: KSA 6, S. 198 u. 211.
13 Albert Schweitzer, Geschichte der Leben-Jesu-Forschung (1906), Tübingen ⁶1951, bes. Kap. 21. – AC, 33, 41; Zitate: KSA 6, S. 215.

derkunft als nahe bevorstehend vorausgesagt wird und noch nicht eingetreten ist» – um freilich das rigorose Gesetz des weitgehenden Lebensverzichts erneut zu etablieren, das Nietzsche als «Dysangelium» empfindet.[14] In einer früheren Aufzeichnung war auch der Philosoph auf die Situation der ausgebliebenen Parusie und die damit verbundene Erneuerung des unerfüllbaren Gesetzes explizit und ausführlich eingegangen, wobei Paulus dann doch die eher vermittelnde Rolle spielt, um die er sichtlich ringt.

> «Den ersten Christen lag der Gedanke an ewige Qualen ganz fern, sie dachten ‹vom Tode› *erlöst* zu sein und erwarteten von Tag zu Tage eine Verwandlung und nicht mehr ein Sterben. [...] Paulus wusste nichts Besseres seinem Erlöser nachzusagen, als daß er den Zugang zur Unsterblichkeit für Jedermann *eröffnet* habe, – er glaubt noch nicht an die Auferstehung der Unerlösten, ja, in Folge seiner Lehre vom unerfüllbaren Gesetze und vom Tode als Folge der Sünde argwöhnt er, im Grunde sei bisher Niemand [...] unsterblich geworden; jetzt erst *beginne* die Unsterblichkeit ihre Thore aufzuthun».[15]

Die Anklänge an die genannte Theorie sind deutlich genug, auch wenn sie in den Texten eher beiläufig und nur einmalig auftreten; aber es sollte doch zu denken geben, daß von beiden Seiten, der vehementen Absage an den Glauben und seiner rigorosen Verteidigung, auf diese Erklärung zurückgegriffen wird. Danach würde das «Mißverständnis», von dem Nietzsche das Christentum getragen wähnt, darin gründen, daß man eine endgeschichtliche Vision auf die geschichtlich invariante Situation übertragen hätte; doch eine «Religion des Augenblicks» (Kierkegaard) ist zunächst gar nicht darauf ausgerichtet, ein Leben in der Zeit als Lehre zu leiten und als Gebot zu lenken. Auch wenn man den Fortgang der Geschichte nicht als Widerlegung des womöglich irrtümlich auf ihr Ende gerichteten Glaubens ansieht, wird das religiöse Leben erneut von dem Gesetz bestimmt, dessen eigenmächtige Aufhebung man sich nicht zutraut. Und das lebenslange Ringen Kierkegaards um einen Ausgleich zwischen dem «absoluten Telos» und den «relativen Zielen» zeigt, wie schwer es dem «redlichen» Glauben fällt, die Forderung der Ewigkeit zu respektieren, ohne sich den Anforderungen der Zeit zu entziehen, die Verheißung jener mit der Erfüllung dieser in Einklang zu bringen. Für den Gläubigen wird das damit gegebene Problem um so brisanter, je mehr er begreift, daß er die «ewige Seligkeit» auf ein «Historisches» gründen soll, «was nur entgegen seinem Wesen historisch werden konnte» – aber auch unbegreiflich historisch geblieben ist. Noch einmal

---

14 AC, 39; KSA 6, S. 211ff.. – Søren Kierkegaard, Gesammelte Werke, Düsseldorf u. Köln 1950ff., Der Augenblick, S. 328; Die Tagebücher, Bd. 3, S. 242.
15 M, 72; KSA 3, S. 70f.

erweist sich die religiös angelegte Koinzidenz beider Denker darin, daß Nietzsche die Verlagerung der Seligkeit auf das Jenseits nur als «schrecklich absurde Antwort» verstehen, während Kierkegaard dieser Wendung allein mit einem «absurden» Glauben begegnen kann – mit dem freilich die religiöse Forderung ebenso unlegitimierbar wie unlimitierbar wird, sich gegen das Leben richten muß, das sie tragen soll.[16]

«Wenn man das Schwergewicht des Lebens *nicht* in's Leben, sondern in's ‹Jenseits› verlegt – *in's Nichts* –, so hat man dem Leben überhaupt das Schwergewicht genommen» – das Nietzsche dann allerdings selbst alsbald in die Ewige Wiederkehr hineinlegt, um dem Zeitlich-Vergänglichen doch den Stempel des Ewigen aufzuprägen. Offensichtlich mochte der Philosoph vom absoluten Anspruch für die Sinngebung nicht lassen, dessen Prinzip er im Willen zur Macht aufgedeckt hatte; dieser soll zwar – nach Zarathustras Darstellung – in einer «Selbst-Ueberwindung» zugunsten des eigenen Ideals gründen, tendiert aber dazu, den «Gehorsam» zu überziehen, sich und andere dem eigenen Gesetz zu unterwerfen.[17] Ein solches «Streben nach Auszeichnung» hatte Nietzsche schon vorher (in der *Morgenröthe*) bei Paulus bemerkt, dessen Seele, wie die eines Dante und Calvin, vielleicht «einmal in die schauerlichen Geheimnisse solcher Wollüste der Macht eingedrungen» sein könnte; zugleich werde der Apostel jedoch, wie Luther, zum «Vernichter des Gesetzes», das Leben und Glauben eher gefährdet als trägt.[18]

Ich bin hier so ausführlich auf diesen bei Nietzsche, wie überhaupt, selten beachteten Aspekt – der Endzeit, deren Übertragung auf die Zeit das Gesetz wieder heraufbeschwört, dessen Aufhebung den Glauben befreien soll – eingegangen, weil ich ihn als entscheidend für die Glaubensfrage ansehe – die gegenwärtige interkonfessionelle Diskussion um die Rechtfertigungslehre bestätigt es. Ich möchte aber zugleich damit zeigen, wie tief Nietzsche – gewollt oder ungewollt, bewußt oder unbewußt – in die religiöse Problematik des christlichen Glaubens eingedrungen ist, dessen «Erlösung» er nur insofern als «mißlungen» befürchtet, wie sie seine letzten Fragen – nach dem Verhältnis von zeitlichem und ewigem Anspruch, zeitlicher Erfüllung des Lebens und Erfüllung der Lebenszeit – nicht lösen konnte. Wer die Texte kennt, weiß

---

16 AC, 39, 41. – Kierkegaard, Gesammelte Werke, Abschliessende unwissenschaftliche Nachschrift zu den Philosophischen Brocken, S. 113, 273ff.
17 AC, 43; KSA 6, S. 217; Za I. Von tausend und Einem Ziele; Za II. Von der Selbst-Ueberwindung; KSA 4, S. 146f.
18 M, 113; KSA 3, S. 102ff.

ohnehin, wie schwer der Philosoph an dem «großen Ereignis» zu tragen hatte, das er als den «Tod Gottes» verstand, womit nach menschlichem Verständnis doch zunächst lediglich der geschichtlich unleugbare Tatbestand bekundet ist, daß die christlich-religiöse Idee ihre Trag- und Prägekraft verloren hat; man wünschte sich diese Erschütterung für so manchen leichtfertigen oder vermessenen Umgang mit dem Glauben wie mit dem Unglauben – «in jeder Religion ist der religiöse Mensch eine Ausnahme» (KSA 3, S. 484).

Der Anschaulichkeit halber seien die Texte verkürzt zitiert:

> «*Der tolle Mensch*. – Habt ihr nicht von jenem tollen Menschen gehört, der am hellen Vormittage eine Laterne anzündete, auf den Markt lief und unaufhörlich schrie: ‹Ich suche Gott! Ich suche Gott!› [...] ‹Wohin ist Gott? rief er, ich will es euch sagen! *Wir haben ihn getödtet,* – ihr und ich! Wir Alle sind seine Mörder! Aber wie haben wir dies' gemacht? Wie vermochten wir das Meer auszutrinken? Wer gab uns den Schwamm, um den ganzen Horizont wegzuwischen? Was thaten wir, als wir diese Erde von ihrer Sonne losketteten? Wohin bewegt sie sich nun? Wohin bewegen wir uns? [...]›»[19]

Auch persönlich äußert der Philosoph seine Betroffenheit über den Verlust des transzendenten Ansprechpartners und einer letzten Geborgenheit in der endlichen Wiederkehr des Vergänglichen – die schon Kohelet beklagt, ohne den Glauben ganz aufzugeben –, wo mit der «Vernunft die Liebe», mit dem «Vergelter» der «Verbesserer letzter Hand» verloren wäre.

> «*Excelsior!* – ‹Du wirst niemals mehr beten, niemals mehr anbeten, niemals mehr im endlosen Vertrauen ausruhen [...] es giebt für dich keinen Vergelter, keinen Verbesserer letzter Hand mehr – es giebt keine Vernunft in dem mehr, was geschieht, keine Liebe in dem, was dir geschehen wird [...]›»[20]

Man hüte sich also, Nietzsches Angriff auf das Christentum und den christlichen Glauben, auch wenn er vor überzogenen Provokationen, am Ende vor einem «Fluch» nicht zurückschreckt, als eine leichtfertige und frevelhafte Blasphemie abzutun; wie kaum einem der dezidierten Gegner des Christentums, aber auch nur wenigen seiner Apologeten, ist ihm bewußt, was die Wahrheit, aber auch, was die Unwahrheit der christlichen Botschaft für den Menschen bedeuten würde. «Wir *fürchten* uns Alle vor der Wahrheit» – will sagen: vor dem Tatbestand, den wir als Wahrheit, nach Maßgabe unserer geschöpflichen Ausrüstung mit Vernunft, erkennen können. Sogar Kierkegaard weiß genau, daß «zutiefst in der Gottesfurcht auf wahnwitzige Weise die launenhafte Willkür lauert», welche befürchtet, daß «sie selbst den Gott hervorgebracht hat», zumal in einer Religiosität, die

---

19 FW, 125; KSA 3, S. 480f.
20 FW, 285; KSA 3, S. 527.

von einer «Beängstigung bis zum Wahnsinn» getragen ist.[21] Da wird man es Nietzsche nicht verübeln können, wenn auch er die Gottesidee als «Menschen-Werk und -Wahnsinn» vermutet, die Priester «in Banden falscher Werthe und Wahn-Worte» befangen wähnt, aber doch mit ihnen leidet, sein «Blut auch noch in dem ihren geehrt wissen» will:

>«‹Hier sind Priester: und wenn es auch meine Feinde sind, geht mir still an ihnen vorüber und mit schlafendem Schwerte!
>Auch unter ihnen sind Helden; Viele von ihnen litten zuviel –: so wollen sie Andre leiden machen. [...]›»[22]

Sollte auch Nietzsche zuviel gelitten haben, wenn er sich schließlich weigert, auf eine bloße «Muthmaassung» hin die «Zeit [...] hinweg, und alles Vergängliche nur Lüge» sein zu lassen? «Gott ist eine Muthmaassung: aber wer tränke alle Qual dieser Muthmaassung, ohne zu sterben?» Dabei läßt ihn schon die Preisgabe des Gesetzes in die Nähe des «Wahnsinns» geraten, den er dann «für verunglückte Heilige» so beredt beschreibt, aber letztlich als einen Akt der Befreiung ansieht – gerade weil ihm bewußt ist, daß der Mensch über Höhe und Inhalt der Forderung selbst befinden muß, deren Gesetz ihm nach Herkunft und Geltung verborgen bleibt, was ihn zu immer neuer Verschärfung der Bedrohung treibt.

>«Wer wagt es, einen Blick in die Wildniss bitterster und überflüssigster Seelennöthe zu thun, in welchen wahrscheinlich gerade die fruchtbarsten Menschen aller Zeiten geschmachtet haben! Jene Seufzer der Einsamen und Verstörten zu hören: ‹Ach, so gebt doch Wahnsinn, ihr Himmlischen! Wahnsinn, daß ich endlich an mich selber glaube! [...]›»[23]

Ein umfassendes Verständnis für Nietzsches Auseinandersetzung mit dem Christentum läßt sich nur gewinnen, wenn man ein weiteres Lehrstück des Philosophen heranzieht, das ebenfalls erstaunlich wenig beachtet worden ist – die These von der «Selbstaufhebung» aller «grossen Dinge»: «Alle grossen Dinge gehen durch sich selbst zu Grunde, durch einen Akt der Selbstaufhebung: so will es das Gesetz des Lebens, das Gesetz der *nothwendigen* ‹Selbstüberwindung› im Wesen des Lebens». Gemeint ist der Sachverhalt, daß alle Entwürfe endgültiger Interpretation und unbedingter Gesetze eben dem «Willen zur Wahrheit» erliegen, den ihre «intellektuelle Sauberkeit» fordert und historisch gefördert hat; dies freilich nur – was Nietzsche nicht besonders erwähnt, weil

---
21 EH. Warum ich so klug bin, 4; KSA 6, S. 287. – Kierkegaard, Gesammelte Werke, Philosophische Brocken, S. 43; Die Schriften über sich selbst, S. 86.
22 Za I. Von den Hinterweltlern; KSA 4, S. 35; Za II. Von den Priestern; KSA 4, S. 117.
23 Za II. Auf den glückseligen Inseln; KSA 4, S. 109ff.; M, 14; KSA 3, S. 28.

er es für unverzichtbar hält –, soweit sie einen absoluten Anspruch für ihre Ideen und Ideale erheben. Mag dabei der Wille zur Macht seinen Anspruch innerlich oder äußerlich überziehen, gegen sich oder andere erheben, er zerstört in jedem Falle das humane Anliegen, das seine Sinngebung tragen soll – «immer ergeht zuletzt an den Gesetzgeber selbst der Ruf: ‹patere legem, quam ipse tulisti.›» Diesen Prozeß – von dem jeder ideologische Anspruch bedroht ist – entdeckt Nietzsche am Christentum, das zunächst, «als Dogma» rationalisiert, «an seiner eignen Moral» im Willen zur Wahrheit «zu Grunde» gegangen, dann jedoch deren «letzter Tugend», der intellektuellen Redlichkeit, erlegen sei; man kann zwanglos die erste Phase der katholischen Position, die zweite der lutherischen Entwicklung zuschreiben, bei der sie der Philosoph an der Auflösung des Glaubens durch die deutsche protestantische Philosophie eingehend darstellt. Nur die Preisgabe des Willens zur rationalen Wahrheit könnte, ganz biblisch gedacht, den Glauben als solchen bewahren, der dann allerdings auf allgemeine Gültigkeit verzichten, nicht mit Zwang oder Drohung verbreitet werden dürfte; zugleich müßte sich der Mensch mit der ihm erkennbaren Wahrheit über seine Situation abfinden.

> «Dergestalt gieng das Christenthum *als Dogma* zu Grunde, an seiner eignen Moral; dergestalt muss nun auch das Christenthum *als Moral* noch zu Grunde gehn, – wir stehen an der Schwelle *dieses* Ereignisses. Nachdem die christliche Wahrhaftigkeit einen Schluss nach dem andern gezogen hat, zieht sie am Ende ihren *stärksten Schluss*, ihren Schluss *gegen* sich selbst; dies aber geschieht, wenn sie die Frage stellt ‹*was bedeutet aller Wille zur Wahrheit?*›»[24]

Charakteristisch für den Prozeß der Selbstaufhebung – deren geschichtliche Entwicklung die persönliche Reflexion widerspiegelt, von der sie vorangetrieben wird – ist es, daß die Destruktion nicht von außen, durch den Gegner, sondern von innen her, aus dem Glauben selbst heraus, geschieht, wider besseres Wissen und Wollen, oft genug im Bestreben vertiefter Begründung vollzogen wird. Man kann geradezu von einem negativen Hegelianismus sprechen, an dessen Ende nicht die Erkenntnis der Wahrheit des Absoluten, vielmehr umgekehrt die Einsicht in die Unfähigkeit der Vernunft steht, das Absolute als Wahrheit zu erkennen. Für das Christentum schreibt Nietzsche diese Entwicklung vor allem den Deutschen zu, die durch Luthers Aufstand gegen die Kirche und die von der Reformation inaugurierte protestantische Philosophie diesen Prozeß in Gang gesetzt und mit seinem eigenen Angriff abgeschlossen hätten.

---

24 GM, III, 27; KSA 5, S. 408ff.

«Aber was das Wunderlichste ist: Die, welche sich am meisten darum bemüht haben, das Christenthum zu halten, zu erhalten, sind gerade seine besten Zerstörer geworden, – die Deutschen.»[25]

Schon in der Vorrede zur *Morgenröthe* stellt der Philosoph fest, daß die neuzeitliche Aufhebung der Moral – welche die der Religion übergreift – letztlich nur, aber dezidiert «aus Moralität» geschehen sei; durch die Menschen des «Gewissens», welche damit der «deutschen Logik» des «*quia absurdum*» eine Absage erteilten, wenn denn die Moral weder durch ein theologisches noch durch «logisches ‹Jenseits›» gestützt werden könne – sie empfanden «eben die Angreifbarkeit einer moralischen Ordnung der Dinge von Seiten der Vernunft zu stark».[26] Im letzten, nachträglich verfaßten Buch der *Fröhlichen Wissenschaft* verfolgt Nietzsche dann die Selbstaufhebung des christlichen Glaubens geschichtlich weiter, die er, wie angedeutet, durch Luthers «Bauernaufstand des Geistes» eingeleitet sieht; gerade weil der Reformator die Wahrheitsfrage erneut stellte und die ganze Wucht des zur Unbestimmbarkeit aufgehobenen Gesetzes regenerierte, habe er die innere Zerstörung vorangetrieben, welche die Kirche mit ihrem «*Luxus* von Skepsis und Toleranz» zu verhindern gewußt habe – man wird an Dostojewskis «Großinquisitor» erinnert.[27]

In dem vorhergehenden langen Aphorismus geht Nietzsche mit einem Beitrag «Zum alten Probleme: ‹was ist deutsch?›» ausführlich der Zerstörung des Glaubens durch die Philosophie nach, die mit der Begrenzung der Rationalität auf den Menschen zugleich den rationalen Anspruch auf absolute Wahrheit untergraben habe: von Leibniz' Ansatz der unbewußten Vorstellungen über den Kantischen Kritizismus, der nur mehr «das Fragezeichen selbst [...] anbeten» durfte, bis hin zu Hegels Entwicklungsgedanken, welcher das Absolute lediglich durch seine relativierende Aufhebung in der bzw. die Geschichte aufsuchen konnte. Da ist es nur noch ein Schritt, der zu Schopenhauers Pessimismus führte, mit dem der «unbedingte redliche Atheismus» die letzte Konsequenz aus der «Ungöttlichkeit des Daseins» zog; Nietzsche will dann nur den immer noch daran leidenden Pessimismus «der Schwäche» durch einen solchen «der Stärke» ersetzen.[28] Doch der Philosoph sieht sich damit keineswegs als den endgültigen Zerstörer des christlich-religiösen Ideals an, versteht sich vielmehr als «Erbe» des abendländischen Ringens

---

25 FW, 358; KSA 3, S. 602f.
26 M. Vorrede, 3f.; KSA 3, S. 14f.
27 FW, 358; KSA 3, S. 602f.
28 FW, 357; KSA 3, S. 597ff.; GM, III, 25; KSA 5, S. 402ff.; GT. Versuch einer Selbstkritik, 1; KSA 1, S. 12.

um absolute Wahrheit, die sich als Wahrheit des Absoluten ausweist: «auch wir Erkennenden von Heute, wir Gottlosen und Antimetaphysiker, auch wir nehmen *unser* Feuer noch von jenem Brande, den ein Jahrtausend alter Glaube entzündet hat, jener Christen-Glaube, der auch der Glaube Plato's war, daß Gott die Wahrheit ist, daß die Wahrheit *göttlich* ist ...» So gewiß Nietzsches Atheismus letztlich ein Agnostizismus ist, so gewiß steht er «demgemäss *nicht* im Gegensatz zu jenem Ideale, wie es den Anschein hat; er ist vielmehr nur eine seiner letzten Entwicklungsphasen, eine seiner Schlussformen und inneren Folgerichtigkeiten, – er ist die Ehrfurcht gebietende *Katastrophe* einer zweitausendjährigen Zucht zur Wahrheit, welche am Schlusse sich die *Lüge im Glauben an Gott* verbietet».[29]

Wie tief Nietzsche der religiösen Situation verbunden ist, vor die das Christentum den Menschen stellt, mag zuletzt noch einmal an den frappanten Parallelen deutlich werden, die sich zwischen den Äußerungen des Philosophen und den vehementen Klagen eines alttestamentarischen Glaubensstreiters aufzeigen lassen, zu dem auch Kierkegaard «seine Zuflucht» nimmt, um «die Grenzstreitigkeiten gegen den Glauben» bestehen zu können – «er nimmt seine Zuflucht zu Hiob». Man übersieht oft, daß es in der Parabel des Alten Testaments nicht allein, nicht einmal primär um die gängigen Themen der tradierten Theodizee-Problematik, der Vereinbarkeit einer höchsten Güte mit den physischen und moralischen Übeln von Mensch und Welt geht. Vielmehr beklagt Hiob vor allem die eingangs von Zarathustra festgestellte Antwortlosigkeit des Glaubens, der den Menschen aufs höchste fordert, ihn aber mit seinen Fragen allein läßt, auf die eigene Interpretation verweist, jede «direkte Mitteilung» (Kierkegaard) über Forderung und Verfehlung verweigert. Ich möchte das als die Hiob-Situation des religiösen Denkens bezeichnen, das, der Ununterscheidbarkeit von subjektiver Projektion und persönlicher Reaktion ausgesetzt, die Antwort nicht zu erkennen vermag, die es im Wort nicht eindeutig verstehen kann.[30]

«Alle Religionen [...] nehmen es erstaunlich *leicht* mit der Verpflichtung, die Wahrheit zu sagen; sie wissen noch Nichts von einer *Pflicht Gottes*, gegen die Menschheit wahrhaftig und deutlich in der Mittheilung zu sein.» (Nietzsche)[31]

---

29 GM, III, 24, 27; KSA 5, S. 401 (mit Verweis auf FW, 344) u. 409.
30 Kierkegaard, Gesammelte Werke, Die Wiederholung, S. 68ff. (Hiob-Briefe) – weitere Parallelen in den Hiob-Kapiteln der Bücher des Verfassers.
31 M, 91; KSA 3, S. 84f.

«Ob auch im Recht, ich fände keine Antwort,
müßt noch um Gnade meinen Feind anflehn;
Gäb er wohl Antwort, wenn ich zu ihm riefe?
Er würde doch mein Schreien nicht verstehn.» (Hiob)[32]

Am Ende wird der Hiob der biblischen Geschichte zwar auf seine geschöpfliche Gebrechlichkeit verwiesen, die ihm sehr wohl bewußt ist, aber doch im «Gewitter» seiner Existenz einer Antwort gewürdigt, ja sogar gegen die theologischen Freunde bestätigt: «Das Geheimnis an Hiob, der Nerv, die Idee ist: daß Hiob trotz alledem recht hat» (Kierkegaard). Nietzsche bleibt dagegen in der geschichtlichen Situation nur der geheime Wunsch, er könnte in allen Punkten Unrecht gehabt haben und eine klare Widerlegung erfahren.

«Mir besteht mein Leben jetzt in dem *Wunsche*, daß es mit allen Dingen *anders* stehn möge, als ich sie begreife; und daß mir Jemand *meine* ‹Wahrheiten› unglaubwürdig mache.»[33]

«Belehret mich, so will ich gerne schweigen!
Bin ich im Irrtum, ei, so tut mir's kund!
Wie süß sind ehrliche, gerade Worte,
doch was beweist mir Rüg aus eurem Mund?»[34]

---

32 Hiob 30,20; Das Gedicht von Hiob und seinen drei Freunden, übers. von Gustav Hölscher, Wiesbaden 1948, S.76.
33 Nietzsche an Franz Oberbeck, 2. Juli 1885; KSB 7, S. 63.
34 Hiob 6,14; Hölscher (Anm. 32), S. 28.

Wanderer auf Erden, nicht Reisender nach einem letzten Ziel.
Nietzsches philosophischer Abgesang auf das Christentum

Hermann Braun

> «Man muß sehr human sein, um zu sagen ‹ich weiß das nicht›, um sich Ignoranzen zu *gönnen* ...»[1]

1. Einleitung

Der Wanderer auf Erden ist ein altes Sinnbild für den Lauf des menschlichen Lebens. Der Wanderer ist kein Reisender – und schon gar nicht nach einem letzten Ziel, heißt es bei Nietzsche.[2] Hat er recht? Der Reisende macht sich auf, um ein bestimmtes Ziel – das Reiseziel – zu erreichen. Ein «Wanderziel» kennt die Sprache nicht. Wohl gibt es die «Zielwanderung», aber dabei wird dem Wandern etwas auferlegt, was ihm äußerlich ist. Solange der Reisende nicht am Ziel anlangt, ist er auf der «Durchreise».

Unschwer lassen sich in dem Typus des Reisenden, der auf ein letztes Ziel ausgeht, die Züge des christlichen Pilgers erkennen.[3] Die klassische Schilderung des Pilgrims, des *peregrinus*, mit seinen für die Christen urbildlichen Zügen, finden wir bei dem Kirchenvater Augustin, in seiner

---

1 NF Frühjahr 1888, 14 [179]; KSA 13, S. 363.
2 Der Titel des Aufsatzes ist ein freies Zitat aus dem Aphorismus 638 von *Menschliches, Allzumenschliches I*. Das Zitat lautet wörtlich: «*Der Wanderer*. – Wer nur einigermaassen zur Freiheit der Vernunft gekommen ist, kann sich auf Erden nicht anders fühlen, denn als Wanderer, – wenn auch nicht als Reisender *nach* einem letzten Ziele: denn dieses giebt es nicht. Wohl aber will er zusehen und die Augen dafür offen haben, was Alles in der Welt eigentlich vorgeht; desshalb darf er sein Herz nicht allzufest an alles Einzelne anhängen; es muss in ihm selber etwas Wanderndes sein, das seine Freude an dem Wechsel und der Vergänglichkeit habe» (KSA 2, S. 362f.).
3 Vgl. Karl Löwith, Nietzsches Philosophie der ewigen Wiederkehr des Gleichen, Stuttgart 1956, S. 34f.

Doctrina christiana (I, 8f.). Das Bild des Pilgers ist dort normativ. Es beruht auf der Unterscheidung von *frui* (genießen) und *uti* (gebrauchen). *Frui* – das ist einer Sache um ihrer selbst willen zugetan sein, ihr in Liebe anhängen. Gebrauchen (*uti*), das den Christen erlaubt ist, darf nicht Lebenszweck sein, sondern der Gebrauch soll über sich hinaus auf das hin tendieren, was einer liebt – wenn es denn ein Liebenswertes ist.

In dieser Definition Augustins wird deutlich, daß auch das Gebrauchen nichts Apartes mit einem Eigenrecht ist, sondern in sich nur dann rechtens, wenn es das *frui* als Leitziel immer schon in sich trägt.

Wer in der Pilgerschaft auf Erden zum Beispiel Fahrzeuge in Gebrauch nimmt, um schneller voranzukommen, der tut es, um aus dem Elend und der Misere (dem Jammertal) zum Vaterland durchzudringen, in dem ewige Glückseligkeit (*beatitudo*) ihn erwartet. Das sichtbar Geschaffene, sagt Augustin in Anspielung auf Römer 1,20, das uns umgibt, ist nur ein Mittel, das wir gebrauchen. Wir dürfen bei ihm nicht – falscher Lebenssüße (*suavitas*) anheimfallend – genießerisch verweilen.

Das lateinische Wort *suavitas* bildet mit seinem Wohllaut die Verführung verbal ab, die in endlicher Lust liegen kann. Der Kirchenvater war ja auch darin erfahren. Verständlich ist von daher, daß er die *suavitas* sogleich und schulmeisterlich als «falsch» (*falsa*) abqualifiziert.

Der Pilger muß wissen, daß er sich mit der Hingabe an die hinfällige Anmut des Endlichen der wahren Glückseligkeit entfremden würde. Er würde vergessen, daß – solange er unterwegs ist – in dem hienieden Erfahrbaren und materiell Präsenten die spirituelle *beatitudo* hindurchscheint. Dieses spirituelle Ziel anvisierend, weiß der Pilger, daß er auf Erden wie im fremden Lande reist (also ein *peregrinus* ist).

Solches Reisen wird bei Augustin zur Metapher für das menschliche Leben, das beim Auf-die-Welt-Kommen sich vom Herrn entfernt, und dessen geheime Sehnsucht auf das letzte Ziel der Lebensreise wachzuhalten ist, die nicht mit dem Tode endet, sondern mit der Rückkehr in die ewige Heimat (*patria*), in das Vaterland der Christen.

Ein *letztes* Ziel gibt es nicht. Das ist Nietzsches Begründung dafür, daß nicht das Leitbild des Reisens, sondern des Wanderns auf Erden dem menschlichen Leben entspricht. Diese Entsprechung scheint nicht normativ zu sein. Nietzsche denkt offenbar, daß mit der Emanzipation der Vernunft, also mit der neuzeitlichen Aufklärung, das Lebensgefühl der Erdbewohner von sich auf den «Wanderer» als adäquaten Ausdruck seiner Existenz gestimmt ist. Es ist zu prüfen, ob das zutrifft.

Den Satz über den Wanderer können wir, was seinen Ort und Rang im Denken angeht, mit dem ersten Satz von Kants «Beschluß» der *Kritik der praktischen Vernunft* vergleichen:

«Zwei Dinge erfüllen das Gemüt mit immer neuer und zunehmender Bewunderung und Ehrfurcht, je öfter und anhaltender sich das Nachdenken damit beschäftigt: der bestirnte Himmel über mir und das moralische Gesetz in mir. Beide darf ich nicht in Dunkelheiten verhüllt, oder im Überschwenglichen, außer meinem Gesichtskreise, suchen und bloß vermuten, ich sehe sie vor mir und verknüpfe sie unmittelbar mit dem Bewußtsein meiner Existenz» (Akademie-Ausgabe, Bd. V, S. 161f.).

Es wird mit dem «Wanderer» eine elementare Ausgangslage benannt, wie sie Kant darlegt. Beide – der bestirnte Himmel und das moralische Gesetz – sind für den kritischen Aufklärer Kant anthropologisch konstante Befindlichkeiten. Sie gehören zur *conditio humana*, kontemplativ im Aufblick zum Himmel, meditativ im Einblick durch Selbstbesinnung repräsentierbar.

Wenn wir Kant vergleichend ins Blickfeld rücken, wird erkennbar, daß Nietzsches «Wanderer auf Erden» – als Konstrastbild zu Kant – dem christlichen *peregrinus* nahesteht; fern vom kontemplativen Ansatz der Weltbetrachtung, fern von der «Stellung des Menschen im Kosmos», wie sie Pascal im Fragment 72 der *Pensées* als erster unter nachkopernikanischen Bedingungen beschrieb.

Die Nähe Nietzsches zu Augustin bekommt Tiefenschärfe, wenn wir bedenken, mit welchen Gegnern der Kirchenvater sich seinerzeit in seiner (Schöpfungs-)Theologie auseinanderzusetzen hatte. Die kosmologische Alternative, die ihm vor Augen stand, war die (stoische) Lehre von der ewigen Wiederkehr des Gleichen:

«Die Philosophen dieser Welt glaubten die Streitfrage (um die Entstehung der Welt im ganzen) nicht anders auflösen zu können oder zu sollen, als daß sie Zeitumläufe einführten und behaupteten, daß sich in der Natur der Dinge stets das Gleiche erneuert und wiederholt habe, und daß auch fernerhin die kommenden und vergehenden Weltperioden unaufhörlich ihre Kreise ziehen würden, sei es daß diese Umläufe sich bei fortbestehender Welt abspielen, sei es auch, daß die in gewissen Zwischenräumen entstehende und vergehende Welt immer wieder dasselbe, als wär' es neu, hervorbringt, was längst schon war und auch künftig sein wird» (*De civitate Dei*, Liber XII,14).

Abgesehen von der Kritik der planvollen, auf einen Endzweck ausgerichteten Weltschöpfung, die in der stoischen Kosmologie (*huius mundi* = diesseitig, innerweltlich orientiert) enthalten ist, kommt es Augustin darauf an, wie die unsterbliche Seele (*anima immortalis*) in den Lauf der Welt involviert ist.

Der ewige Kreislauf der Dinge läßt der Seele nur den Wechsel zwischen falscher Glückseligkeit (*falsa beatitudo*) und wahrem Elend (*vera miseria*). Die Glückseligkeit wird falsch genannt, weil sie ohne Aussicht auf ewige Heimat zu unablässiger Rückkehr ins Elend der Endlichkeit verurteilt ist. Die Welt – als Kreislauf des Werdens und Vergehens verstanden – würde so mit der unsterblichen Seele ein *ludibrium*, ein

Possenspiel, veranstalten. Diese Lehre ist nach Augustinus eine *doctrina insana* – von falschen und trügerischen Weltweisen (*falsis sapientibus fallacibusque*) ausgetüftelt (*comperta*). Durch eine *doctrina sana*, d.h. durch die biblische Lehre von der Erschaffung der Welt, wird sie richtiggestellt.[4]

Nietzsches Denken steht mit der Leugnung eines letzten Ziels und dem Leitbild des Wanderns auf Erden nur scheinbar außerhalb der Alternative *Schöpfung* oder *ewige Wiederkehr des Gleichen*. Der Wanderer, ohne Ziel zwar, will «zusehen und die Augen dafür offen haben, was Alles in der Welt eigentlich vorgeht; desshalb darf er sein Herz nicht allzufest an alles Einzelne anhängen; es muss in ihm selber etwas Wanderndes sein, das seine Freude an dem Wechsel und der Vergänglichkeit habe» (KSA 2, S. 363).

Der Text wechselt vom Optativ (will die Augen offen haben) über den schwächeren und stärkeren Imperativ (darf sein Herz nicht ans Einzelne hängen – es muß in ihm etwas Wanderndes sein). Der Optativ (die Augen offen haben für die Welt) entspricht dem Bild des Wanderers, wie es uns allen vertraut ist. Die imperativischen Auflagen entsprechen ihm nicht. Der Wanderer nämlich, ohne festes Ziel, beendet die Wanderung, wenn ihn die Müdigkeit überkommt und er Rast und Ruhe sucht.

Der Lust zum Verweilen und dem natürlichen Bedürfnis nach Rast hält Nietzsche ein innerliches Weiterwandern entgegen – eine Rastlosigkeit, der auch noch auferlegt ist, Freude am permanenten Wechsel zu haben. Freude aber ist nichts, was sein muß. Freude kommt auf oder bleibt aus. Sie verträgt so wenig einen Imperativ wie die Liebe.

Um den Ertrag dieser einleitenden Beobachtungen zusammenzufassen: Nietzsche belebt, im Unterschied zu Kant, die altchristliche Grundfigur zur Deutung des menschlichen Lebens im Kontrastpaar Wanderer – Reisender. Er versieht den Typus des Wanderers, der sich ohne festes Ziel zur Erkundung der Welt aufmacht, mit dem Signum der Rastlosigkeit und verpflichtet ihn auf den Genuß des permanenten Wechsels. Der ruhelose Wanderer wird zum Reisenden, dem das Ziel (vorläufig?) ge-

---

4 In diesem Zusammenhang muß sich Augustin aber auch mit einem Schriftzeugnis auseinandersetzen, dem Prolog des Buches Kohelet (Ecclesiastes, 1,4–11), in dem es heißt: «Was gewesen, dasselbe wird sein, und was geschehen, wird geschehen: Nichts Neues gibt es unter der Sonne» (1,9). Der Prolog zum Kohelet nennt 1,2 das Generalthema: Vanitas. Augustin wendet sich gegen Leute, die diese Worte auf einen Umlauf aller Dinge beziehen wollen. Der Prediger spreche von der Geschlechterfolge, vom Kreisen der Sonne und dem Lauf der Gewässer. Andere Interpreten bezögen den Satz ‹Nichts Neues unter der Sonne› auf die Vorherbestimmung Gottes, in der alles schon so gut wie geschehen ist.

nommen ist. Er wird zum Pilger, der sich dem Vertrauten entfremdet, auf den aber keine neue Heimat wartet. Das deutet auf Nähe und Ferne zum Christentum, innerhalb eines Spannungsbogens, den die Augustinische Auslegung menschlicher Existenz erzeugt.

Soweit die Interpretation des Titelzitats. Warum im Untertitel Nietzsches Denken ein «Abgesang» auf das Christentum genannt wird, ergibt sich aus dem nun zu Referierenden und wird folgerichtig erst am Ende klar.

Es lassen sich aus der Interpretation des Titelzitats zwei Fragen ableiten.

2. Die Leitfragen

1. Woher kommt die problematische Nähe des radikalen Aufklärers Nietzsche zur Grundhaltung des Kirchenvaters Augustin?
2. Woher die Zumutung der Unrast, die Verweigerung des Haltmachens, des natürlichen Maßhaltens in der Erdenschwere? Warum das rastlose Transzendieren – ohne Transzendenz?[5]

Bei dem Versuch, diese Fragen zu beantworten, wird auf die hermeneutischen Probleme Bezug genommen, die Eugen Biser unter dem Stichwort «Vielgesichtigkeit» von Nietzsches Denken in den Blickpunkt gerückt hat.

Der Vielgesichtigkeit entspricht ein «wiederholter Perspektivenwechsel».[6] Einmal also sind es die vielen Gesichter, die Nietzsche uns zuwendet. Das andere Mal ist es die Vielfalt der möglichen Ansichten, die Nietzsche uns von verschiedenen Gesichtspunkten aus bietet.

Da unter beiden Blickrichtungen nur Vielfältiges, aber nichts Einheitliches erscheint, liegt die hermeneutische Konsequenz nahe, daß es von den «Rezipienten» abhängt, was aus Nietzsches Denken wird. Dabei wird allerdings der gängige Begriff der Rezeption selber fraglich.

Bei Nietzsche, mehr als bei anderen Denkern, bedarf es eines wirkungsgeschichtlich belehrten Bewußtseins, das die Erfahrung reflektiert, die wir machen, wenn wir Nietzsche – ihm zuhörend – lesen. Seine Texte haben ja – um einen Begriff der Rezeptionsästhetik aufzunehmen –

---

5 Vgl. das Widmungsmotto von Ernst Blochs Beitrag zur Festschrift für Karl Löwith; in: Natur und Geschichte. Karl Löwith zum 70. Geburtstag, Stuttgart 1967, S. 34.
6 Eugen Biser, Das Desiderat einer Nietzsche-Hermeneutik; in: Nietzsche-Studien 9 (1980), S. 8 u. 2. Die Auseinandersetzung mit Nietzsche ist nach Biser so wechselhaft und perspektivenreich, daß «kein noch so großer Unsinn behauptet werden kann, der nicht auch eine Spur von Sinn enthielte» (ebenda, S. 1).

weniger einen impliziten Zuschauer, dessen Blicke auf die verhandelte Sache gerichtet sind, weniger einen «impliziten Leser», sondern einen impliziten Zuhörer – und potentiellen Weggefährten.

Die suggestiven Texte Nietzsches, deren Sprachbilder die Lesenden in Stimmungslagen einfangen, stellen uns in ihrer Rhetorik jeweils selbst auf die Probe. Sie sind von uns selbst zu verantworten. Sie verlangen von uns ein philosophisches Gewissen.

Ich habe die Erfahrung gemacht, daß zu unterschiedlichen Zeiten und in unterschiedlichen Lebenssituationen mein Zugang zu Nietzsche ein anderer war und ist. Diese Erfahrung hat mich freilich auch gelehrt, daß es dennoch möglich ist, bleibende Prämissen freizulegen, die Nietzsches Wege und Abwege, Umwege und Irrwege in einen bestimmbaren Denkhorizont einschließen. Dabei wird die Identität einer Physiognomie sichtbar, die – wie wir alle – viele Gesichter machen kann.

3. Die bleibenden Prämissen von Nietzsches Denken

Es sind zwei Prämissen, die ich mit den Stichworten *Weltimmanenz* und *Wahrheitswille* benenne. Beide Prämissen sind – in ihrem problematischen Zusammenhang – in dem (zeitlebens geheimgehaltenen) Schriftstück von 1873 *Ueber Wahrheit und Lüge im aussermoralischen Sinne* zu fassen.

Der Anfang dieses Textes hat mit dem Fragment 72 der *Pensées* von Pascal und Kants «Beschluß» der *Kritik der praktischen Vernunft* etwas Wesentliches gemeinsam. Zur Grundorientierung des Denkens stellen diese Texte eine «kosmologische Erwägung» an. Ich übernehme den Begriff *kosmologische Erwägung* von Kant. Sie besteht in einem vorläufigen Abriß von einem zweifachen Feld: Natur und Mensch, in dem «beide Stücke kosmologisch erwogen» werden. Dabei werde nicht gefragt, was im einzelnen in der Natur oder beim Menschen merkwürdig ist (wie in Physik oder Psychologie), sondern was Natur und Mensch im Ganzen sind, worin sie stehen, welche Stelle sie einnehmen im Ganzen.[7]

Pascals Fragment aus den *Pensées* hat im Gegenzug zur cartesischen Existenzgewißheit des Denkens im Vollzug (*cogito sum*), die alles, was wahrgenommen und gedacht wird, dem Zweifel preisgab und dem Bewußtsein auf der Suche nach einem Letztgrund die Welt verschloß, dem *contemplator coeli*, also dem Typus prinzipieller Weltoffenheit, den Vor-

---

7 Kant, Gesammelte Schriften, Berlin 1900ff. (Akademie-Ausgabe), Bd. II, S. 443. Vgl. dazu Gerhard Krüger, Philosophie und Moral in der kantischen Kritik, Tübingen 1931, S. 40f.

zug gegeben. *Contemplatio* ist wesentlich intuitiv. Sie muß im Schauen selbst vollzogen werden, nicht im Hören oder Lesen und Nachdenken von etwas, das anderen widerfuhr.[8]

Bei Nietzsche ist der kontemplative Grundzug der kosmologischen Erwägung aufgegeben. Er ersetzt ihn durch Science-Fiction. Eine Fabel wird erzählt: «In irgend einem abgelegenen Winkel des in zahllosen Sonnensystemen flimmernd ausgegossenen Weltalls gab es einmal ein Gestirn, auf dem kluge Thiere das Erkennen erfanden. Es war die hochmüthigste und verlogenste Minute der ‹Weltgeschichte›: aber doch nur eine Minute. Nach wenigen Athemzügen der Natur erstarrte das Gestirn, und die klugen Thiere mußten sterben.» Die Imagination knüpft hier nicht mehr an sinnliche Wahrnehmung an. Sie erfindet einen gleichgültigen Beobachter, der den Planeten Erde in einem erkalteten Endstadium erblickt. Die Metaphorik deutet auf Überlegenheit der Natur, ohne Verweis auf die Göttlichkeit der Macht, die – wie bei Pascal – einer immer noch tröstlichen, wenn auch im Sinne der christlichen Offenbarung verborgenen, höheren Vernunft fähig wäre. Es ist eine *natura maligna*, die einem Lebewesen, dessen Verstand durch den Trieb zur Lebenserhaltung geleitet ist, selbst die unmittelbare Erkenntnis seiner eigenen Leiblichkeit vorenthalten hat. Sie hat ihr Erzeugnis in ein «gauklerisches Bewusstsein» eingeschlossen und den Schlüssel weggeworfen (KSA 1, S. 875, 877).

Nietzsches Grunderfahrung besagt: die Welt der Natur ist abweisend. Die Kopernikanische Wende hat die Geborgenheit der Welt in der Hand Gottes unglaubwürdig gemacht. Insofern ist seine Versuchung nicht mehr die Welt als der vertraute Wohnort für das endliche Dasein; seine Versuchung ist das illusionäre Sich-Bergen in eine sprachlich verfaßte kleine Lebenswelt.

Bei Pascal wurde der Verlust des Weltvertrauens konstatiert («Le silence éternel des ces espaces infinis m'effraie»: das ewige Schweigen der unendlichen Räume macht mich schaudern; *Pensées*, Fragment 206). Aber das Schaudern wird durch Gottvertrauen kompensiert.

Bei Kant geschieht dies durch den sittlichen Kern der Vernunft – eine nur dem Verstande «spürbare» Zugehörigkeit zur wahren Unendlichkeit eines intelligiblen, von der animalischen Beschaffenheit des Menschen unabhängigen Lebens.[9]

---

8 Vgl. Hermann Braun, Die Welt der Natur und die Weisheit der Welt. Kosmologisches Defizit im Denken der Neuzeit; in: Die Kunst des Überlebens. Nachdenken über Hans Blumenberg, hrsg. von Franz Josef Wetz und Hermann Timm, Frankfurt am Main 1999.
9 Kant, Kritik der praktischen Vernunft, Zweiter Teil, Beschluß.

Bei Nietzsche hinterläßt die Fabel – und die aus ihr abgeleitete Abschätzung des Intellekts – die bange Frage: woher in aller Welt der Trieb zur Wahrheit? Sie ist gleichbedeutend mit der Frage an den Philosophen: Warum gebe ich die Philosophie nicht auf, warum verzichte ich nicht auf das Wahrheitsziel, warum beschränke ich mich nicht auf Wissenschaft im Dienste des Überlebens der Gattung Mensch und bleibe das, wozu die Natur mich gemacht hat?

4. Das verlorene Weltvertrauen – durch den Willen zur Wahrheit kompensiert der Verdacht

Der bedingungslose, oder besser: der durch kein Weltvertrauen bedingte «Wille zur Wahrheit», angestrengt und widernatürlich, führt im philosophischen Umgang mit Dingen und Menschen zu einer Hermeneutik des Verdachts, die in ständigem Konflikt mit den natürlichen Lebensbedürfnissen steht und sich gegen sie durchsetzen will.

Es sei mit Befremden ausgedrückt worden, daß es etwas Gemeinsames und Auszeichnendes in seinen Schriften gebe, sagt Nietzsche in der Vorrede zu *Menschliches, Allzumenschliches* von 1886. Sie enthielten allesamt Schlingen und Netze für unvorsichtige Vögel. «Man hat meine Schriften eine Schule des Verdachts genannt, noch mehr der Verachtung, glücklicherweise auch des Muthes, ja der Verwegenheit. In der That, ich selbst glaube nicht, daß jemals Jemand mit einem gleich tiefen Verdachte in die Welt gesehn hat» (KSA 2, S. 13).

Der permanente Verdacht wirkt gegen die kommunikative Vernunft. Er entwurzelt die Humanität.[10] Und er bringt Gemütskälte und Vereinsamung mit sich; der Verdächtiger hat keine gemeinsame Blickrichtung auf die Sache mit möglichen Partnern.

Der Verdächtiger muß in sich das humane Verlangen niederhalten, in irgend eine Verehrung oder Feindschaft oder Wissenschaftlichkeit «unterzutreten» (im Sinne von *sich unterstellen*, ein *Schutzdach vor der Einsamkeit* zu suchen). Nietzsches Schriften sind Dokumente dieses Konflikts mit dem Lebensbedürfnis nach unverstellter Kommunikation.

Diese Verfassung beim Nachdenken und Reden und Schreiben ist maßgeblich für Nietzsches Schreibstil. Häufig springt die Anrede die Leser an; wirbt um sie, fordert sie zum Mitgehen auf, schüchtert ihre Vor-

---

10 Vgl. Hegels Satz «Die Wurzel der Humanität [...] ist, auf die Übereinkunft mit anderen zu dringen, und ihre Existenz nur in der zustande gebrachten Gemeinsamkeit der Bewußtsein(e)» (Phänomenologie des Geistes, Vorrede; in: Werke, Bd. 3, Frankfurt am Main 1970, S. 65).

behalte ein – möchte sie zu Gefährten machen – die aber nicht das Vertrauen, sondern den Verdacht mit ihm teilen.

Die «freien Geister» sind eine Erfindung, um in Gesellschaft zu sein – so wie der Wanderer eine Gelegenheit zum Reden nur in dem Schatten findet, den das Licht seiner Erkenntnis wirft (KSA 2, S. 538). Wer verdächtigt, gibt sich überlegen und bleibt allein. Er gerät in eine Situation, in der Schiller einen größeren «Weltenmeister» befangen sah:

> «Freundlos war der grose Weltenmeister,
> Fühlte *Mangel* – darum schuf er Geister,
> Sel'ge Spiegel *seiner* Seligkeit!»[11]

Dem kleineren Weltenmeister widerfährt eine Verdoppelung in äußerster Einsamkeit:

> «Hier sass ich, wartend, wartend – doch auf Nichts,
> Jenseits von Gut und Böse, bald des Lichts
> Geniessend, bald des Schattens, ganz nur Spiel,
> Ganz See, ganz Mittag, ganz Zeit ohne Ziel.
>
> Da, plötzlich, Freundin! wurde Eins zu Zwei –
> – Und Zarathustra gieng an mir vorbei ...» (KSA 3, S. 649).

Der Verdacht hört alles, was ihm entgegentritt, auf seine Motive hin ab. Statt auf Fragen zu antworten, «hinterfragt» er. Dieses vor allem im protestantischen Diskurs geläufige Wort trägt ja seine Hinterhältigkeit auf der Stirn.

Der Wille zur Wahrheit ist aus dem Verdacht geboren. Wer zu einem anderen sagt: «Ich will dir die Wahrheit sagen» – der hat schon die mögliche Täuschung ins Spiel gebracht. Der «aufrichtige» Dank, das «aufrichtige» Mitgefühl, die «aufrichtige» Verehrung ist immer etwas, bei dem das Gegenteil als näherliegende Verhaltensweise mitschwingt. Wer wahrhaftig und aufrichtig ist, braucht keine Beteuerungsformel. Er hat einen Hang zur Wahrheit. Der bedarf keines besonderen Willensaktes. Das wäre eher bei einer Abweichung der Fall. Auch bei den Wahrhaftigen kann es einen Willen zur Lüge geben, der sich aus den Umständen rechtfertigt.

Im antiken Denken, bei Platon und Aristoteles gleichermaßen, ist die Neigung zur Wahrheit gleichsam der Vernunft eingeschrieben; es bedarf nicht eines Willensentschlusses dazu, es ist überhaupt nicht Sache eines Wollens – eher könnte man sagen, daß die Unwahrheit Folge eines von der Vernunft abweichenden Wollens wäre, eines Willens zur Lüge. Die Lüge ist unwillig zur Wahrheit.

---

11 Schiller, Die Freundschaft (1782); in: Werke. Nationalausgabe, Bd. 1, Weimar 1943, S. 111.

In alledem zeigt sich, daß Nietzsche von vornherein einen natürlichen Hang zur Lüge im Auge hat, wie er das in den Blättern von 1873 *Ueber Wahrheit und Lüge im aussermoralischen Sinne* konzipierte.

Leben braucht Anschein, Irrtum, Betrug, Verstellung, Selbstverblendung – die Verschlagenen und Durchtriebenen haben bekanntlich oft «große Lebensform» gezeigt. Ist also der Wille zur Wahrheit eine Donquichotterie, etwas Schwärmerisches, Weltfremdes? Oder noch schlimmer: ein lebensfeindliches Prinzip, ein «versteckter Wille zum Tode»? Das könnte der Wille zur Wahrheit durchaus sein, meint Nietzsche.

Das rastlose Weiterfragen und Hinterfragen verbindet sich mit dem Leitmotiv des Wanderns: Weg von zu Haus – was bis dahin lieb und teuer war –, ein Verlangen nach Wanderschaft! Mit Wanderschaft sind assoziiert: Fremde, ein Haß auf die Liebe, ein tempelschänderischer Griff und Blick, Entfremdung, Erkältung, Vereisung, ein Haß rückwärts, ein Schweifen – unruhig und ziellos unterwegs, wie in einer Wüste – und dahinter das Fragezeichen einer gefährlichen Neugierde (KSA 2, S. 16). Immer wieder entschlüpft der Wanderer den dumpfen, angenehmen Vorurteilen, in die «Vorliebe und Vorhass, Jugend, Abkunft, der Zufall von Menschen und Büchern, oder selbst die Ermüdungen der Wanderschaft zu bannen schienen» (KSA 5, S. 62). Der Wanderer ist involviert in Interaktionen und zwischenmenschliche Begegnungen, aber er will nicht gesehen werden, wie er ist.

«Wanderer, wer bist du?» heißt es im Aphorismus 278 von *Jenseits von Gut und Böse*. Erholung und Gastfreundschaft werden dem fremden Gast vertrauensvoll geboten. Aber der Wanderer will sich nicht ausruhen: «‹Zur Erholung? Oh du Neugieriger, was sprichst du da! Aber gieb mir, ich bitte – › Was? Was? sprich es aus! – ‹Eine Maske mehr! Eine zweite Maske!› ....» (KSA 5, S. 229). Der Wunsch nach Maskierung hat zu tun mit dem habituellen Verdacht, der im «bürgerlichen Leben» nicht anerkannt ist – der Mißtrauische will sich der Identifikation entziehen:

> «Mag im bürgerlichen Leben das allzeit bereite Misstrauen als Zeichen des ‹schlechten Charakters› gelten und folglich unter die Unklugheiten gehören: hier unter uns, jenseits der bürgerlichen Welt und ihres Ja's und Nein's, – was sollte uns hindern, unklug zu sein und zu sagen: der Philosoph hat nachgerade ein *Recht* auf ‹schlechten Charakter›, als das Wesen, welches bisher auf Erden immer am besten genarrt worden ist, – er hat heute die *Pflicht* zum Misstrauen, zum boshaftesten Schielen aus jedem Abgrunde des Verdachts heraus» (KSA 5, S. 53).

5. Lehrerfahrungen in der Ausbildung von Theologinnen und Theologen

In meiner akademischen Lehrtätigkeit habe ich mich an das gehalten, was im bürgerlichen Leben gilt, und habe die Pflicht zum Schielen aus dem Abgrund vernachlässigt. Meine erste selbständige Lehrveranstaltung habe ich als Assistent in Heidelberg über Nietzsches *Also sprach Zarathustra* abgehalten. Nietzsches Denken begegnete zu jener Zeit – in den sechziger Jahren – offener oder latenter Ablehnung. Es galt als faschistoid. Ich habe damals die Erfahrung gemacht, daß Begriffe wie «Wegbereiter» (das Wort steht im Artikel «Nietzsche» des Brockhaus von 1941) – abgesehen davon, daß die Linken damit den nationalsozialistischen Legitimationsbegriff übernehmen – grundfalsch sind. Ebenso alle Arten der «Reinwaschung» Nietzsches vom «Schmutz» der totalitären Rezeption. Der in einem jüngst erschienenen Buch von Manfred Riedel vorgeschlagene rezeptionskritische Begriff der «Banalisierung», den er professoral aus dem etymologischen Wörterbuch ableitet, ist ebenso fragwürdig.[12] Sein Gebrauch rechtfertigt indirekt den elitärheroischen, gewalttätigen Zug in Nietzsches Denken.

Die Faszination Nietzsches, die Habermas 1968 für beendet erklärt hatte und darum Chancen für eine sachliche Auseinandersetzung voraussah,[13] ist bei Theologiestudierenden ungebrochen. Nietzsches antichristliche Lehren sind für Theologiestudierende ein aufregendes Gegenbild zu dem, was ihnen lieb und teuer ist oder als lieb und teuer zugemutet wird. Bei den Reden *Zarathustras* fanden sich – entsprechend aktueller Interessenlagen – Esoteriker angesprochen. Und solche, die kirchenkritisch ihr Studium der Theologie beginnen und in Nietzsche eine rhetorische Stärkung ihrer Vorbehalte genießen. Strikte pietistische Abwehrhaltung mit Bereitschaft zum Streiten, zuweilen als Alternative zum Verstehen, habe ich bei koreanischen Christen gefunden, die in Bethel einen hohen Anteil der ausländischen Studierenden ausmachen. Natürlich war auch die Auseinandersetzung mit der Gott-ist-tot-Theologie präsent. Ich notiere einige auffällige Merkmale der von Nietzsches Satz «Gott ist tot» ausgehenden theologischen Positionen.

---

12 «Banalisierung – wir gebrauchen dieses Wort für das Gewöhnliche (‹banal›, das heißt nach dem geschichtlichen Grundsinn einem Zwangsrecht unterworfen sein, eine Sache umzäunen und als ‹abgemacht› behandeln)»; es ist dies Riedels Schlüsselwort, um einen geschichtlich höchst ungewöhnlichen, ja einmaligen Vorgang zu klären (Manfred Riedel, Nietzsche in Weimar. Ein deutsches Drama, Leipzig 1997, S. 23).
13 Jürgen Habermas, Nachwort zu: Nietzsche, Erkenntnistheoretische Schriften, Frankfurt am Main 1968, S. 237: «Nietzsche hat nichts Ansteckendes mehr».

Für deutsche Theologinnen und Theologen ist charakteristisch: Ausgang von Nietzsche, aber Ausgestaltung der theologischen Lehre mit Hilfe von Hegels dialektischer Auslegung der Trinität und des «spekulativen Charfreitags» (Eberhard Jüngel). Oder: Ausgang von Nietzsche und Hegel, aber Ausgestaltung mit Hilfe von Feuerbach-analoger, sozial-engagierter Reduktion der Theologie auf Anthropologie (Dorothee Sölle). Auch die radikale Grundlegung der Gott-ist-tot-Theologie bei J.J. Altizer (*The Gospel of Christian Atheism*) kann auf Hegel nicht verzichten, weil das Sterben – eigentlich der Suizid – des «Urgottes» mit Nietzsches berühmtem Aphorismus 125 aus der *Fröhlichen Wissenschaft* («Wir Alle sind seine Mörder!»; KSA 3, S. 481) nicht in Einklang zu bringen wäre. Um eine Theorie des Gottesmords kümmert sich diese Theologie nicht. Im Zentrum steht der Gedanke der Kenosis; die Gotteslehre der Selbstentäußerung Gottes gibt sich zwar als von Hegel inspiriert aus, ist aber geistlos und ohne Hegels Sinn für geschichtliche Realität. Eine Textprobe aus der bei uns vielgelesenen deutschen Übersetzung von Altizers *Gospel*:

> «Wenn wir [...] absolute Immanenz als eine zeitgemäße kenotische Verwirklichung der Königsherrschaft Gottes [...] begreifen und [...] bejahen, als Ausdruck einer ursprünglichen Bewegung Christi aus Transzendenz in Immanenz, dann können wir uns getrost den dunkelsten und chaotischsten Bewegungen unserer Welt anvertrauen, als zeitgemäße Wege zu dem gerade jetzt alles in allem werdenden Christus.»[14]

Das ist eine krude Affirmation des historisch und gegenwärtig Gegebenen, in einer Sprache vorgetragen, die – irrational und realitätsfern – alle Dunkelheiten traditioneller Trinitätsdogmatiken in den Schatten stellt. Die Radikalität bei Altizer ist triumphierend, nicht klagend und suchend wie in Nietzsches berühmtem Aphorismus. Offensichtlich glaubt solche Theologie, sie wäre mit dem Satz vom Tode Gottes so aufgeklärt und zeitgemäß, daß sie sich in ihrer Verkündigung jegliche Ausweisbarkeit ersparen kann.

Ich habe mich – während meiner Lehrjahre in Bethel – oft gefragt, was das eigentümliche Verhältnis von Nietzsches Denken, mit Attraktion und Repulsion, auf die christliche Theologie ausmacht. In begrifflicher Prosa, mit Eugen Biser gesagt: Nietzsche bejaht als Widersprechender, er zerstört in Mitwissenschaft, seine Aggressivität kommt gleichzeitig von außen und von innen.[15]

---

14 Thomas J.J. Altizer, Daß Gott tot sei ... Versuch eines christlichen Atheismus (The Gospel of Christian Atheism, 1966), dt. Zürich 1968, S. 177.
15 Eugen Biser, Gottsucher oder Antichrist, Salzburg 1982, S. 23. Biser sieht in dem Hegel-Bezug ein Indiz dafür, daß die Gott-ist-tot-Formel so geläufig geworden ist, daß der genuine Sinn des Satzes gar nicht mehr erfragt wird.

Mit der Metapher der Gravitation will ich nun andeuten, daß Nietzsches Denken deshalb auf die christliche Theologie einwirkt, weil es immer noch um denselben Stern kreist. Zu der These, die in diesem Bild beschlossen liegt, möchte ich in den abschließenden Teilen meines Referates einen Versuch vorlegen, in dem sich mein Einstieg ins Thema mit dem Resultat meiner Überlegungen verbindet. Ich gehe aus von einem Satz Nietzsches aus der Vorrede zu *Jenseits von Gut und Böse*.

6. Christentum ist «Platonismus für's ‹Volk›»

«[D]er Kampf gegen Plato, oder, um es verständlicher und für's ‹Volk› zu sagen, der Kampf gegen den christlich-kirchlichen Druck von Jahrtausenden – denn Christenthum ist Platonismus für's ‹Volk› – hat in Europa eine prachtvolle Spannung des Geistes geschaffen, wie sie auf Erden noch nicht da war: mit einem so gespannten Bogen kann man nunmehr nach den fernsten Zielen schiessen» (KSA 5, S. 12).

Der Platonismus ist in den Augen Nietzsches eine über das Christentum kulturhistorisch wirksam gewordene «große Umtaufung» der Begriffe, mit denen wir das Wirkliche vom Unwirklichen unterscheiden. Die Wahrheit des Wirklichen ist nicht das Offensichtliche. Wer sagt: ich glaube nur, was ich sehe, läßt sich vom Anschein täuschen. Wirklicher als das Vergängliche ist das Wesen, die Idee, aus der die hinfälligen Dinge sind, was sie sind. Ja, nur die Ideen verdienen eigentlich das Prädikat «wirklich», während die vor uns liegenden Dinge das Unwirkliche zu nennen sind.

Den gesunden Menschenverstand muß diese Umtaufung irritieren; aber er staunt darüber nicht mehr, seitdem sie im Christentum selber volkstümlich geworden ist. Als die platonische Idee zum Christentum konvertierte, haben sich die Bedingungen ihrer Zugänglichkeit eingeschränkt. Aus dem Wissen durch logische Anamnese, zu der alle Vernünftigen fähig sind, ist eine eschatologische Verheißung für die Gläubigen geworden.[16] Außer dem Christentum hat die Vernunft in der Sprache (mit dem Wahrheitswert der ontologischen Grundbegriffe Einheit, Dauer, Substanz, Sein) eine beständige Anwältin, die aus der Tiefe der Grammatik für den Platonismus plädiert – so wie das Auge bei der Bewegung der Sonne am Himmel unseren alltäglichen Irrtum anwaltschaftlich vertritt (KSA 6, S. 77).

---

16 Siehe das Stück «Geschichte eines Irrthums»: «Wie die ‹wahre› Welt endlich zur Fabel wurde» aus der *Götzen-Dämmerung* (KSA 6, S. 80f.).

Nun behauptet Nietzsche, nicht dieser Umtaufungsakt der Platoniker, sondern der Kampf gegen ihn bringe die fruchtbare Spannung des europäischen Geistes zustande. Wer kämpft hier aus welcher Position heraus gegen den Platonismus?

Die Gegenposition zum Platonismus ist der radikale Perspektivismus. Der Perspektivismus, den Nietzsche ins Feld führt, ist nicht der gewöhnliche, der mit der platonischen Vernunftbestimmung auf das Wahre und Gute hin ohne weiteres kompatibel wäre. Wer wollte leugnen, daß es verschiedene Ansichten, je nach Standort des Beobachters, von ein und derselben Sache gibt? Der Perspektivismus Nietzsches aber ist darin radikal, daß er keine «Zentralperspektive» mehr kennt und daß er die Möglichkeit eines wahrheitsgemäßen Anblicks der Sache ausschließt. Das Relative ist nicht mehr durch ein Absolutes überbietbar.[17]

Wenn der Kampf gegen den so tief in Sprache und religiöser Kultur verankerten Platonismus der Geistesfreiheit Kraft gibt, so kann das Ziel nicht die Vernichtung des Gegners sein, sondern der Antagonismus in Permanenz. Der freie Geist im Sinne Nietzsches lebt von der Krise, in welche der Platonismus in der Neuzeit in Konflikt mit sich selbst geraten ist:

> «Wir constatiren jetzt Bedürfnisse an uns, gepflanzt durch die lange Moral-Interpretation, welche uns, jetzt als Bedürfnisse zum Unwahren erscheinen: andererseits sind es die, an denen der Werth zu hängen scheint, derentwegen wir zu leben aushalten. Dieser Antagonismus, das was wir erkennen, *nicht* zu schätzen und das, was wir uns vorlügen möchten, nicht mehr schätzen zu *dürfen*: – ergiebt einen Auflösungsprozeß» (KSA 12, S. 211f.).

Wird dieser Grundkonflikt als Notstand empfunden, so kann die Linderung der Not im «Abspannen des Bogens» gesucht werden. Zweimal, meint Nietzsche, sei das beim europäischen Menschen in großem Stil versucht worden: durch den Jesuitismus und dann durch die demokratische Aufklärung (KSA 5, S. 13). Der Jesuitismus rechtfertigt die Lebensbedürfnisse der Mittelmäßigkeit. Er arbeite an der Vernichtung des ungewöhnlichen Menschen und suche jeden gespannten Bogen abzuspannen: «Abspannen nämlich, mit Rücksicht, mit schonender Hand natürlich –, mit zutraulichem Mitleiden *abspannen*: das ist die eigentliche Kunst des Jesuitismus (KSA 5, S. 134).

---

17 Vgl. die eindringlichen Analysen von Reiner Wiehl zu Nietzsches Platonismus-These in Zeitwelten, Frankfurt am Main 1998, S. 131–149. Wiehls Deutung der Abspannung des Bogens in dem berühmten Bild aus der Vorrede zu *Jenseits von Gut und Böse* als Nihilismus ist allerdings durch den Text nicht gedeckt. Wie oben weitergehend erläutert, nennt Nietzsche den Jesuitismus und die demokratische Aufklärung als die beiden großen Abspannungsversuche in der europäischen Geschichte. Sie sind nicht Nihilismus, sondern seine Verhinderung.

Die Rücksicht auf lebensweltliche Bedürfnisse gibt der als human erkannten Perspektive den Vorzug. Der Jesuitismus setzt die Kräfte rationaler Argumentation für sie ein. Das ist es, was ihn mit der demokratischen Aufklärung verbindet. Sie setzt die Möglichkeiten des Erkennens und Wollens, die der menschliche Geist in den Denkern, den «ungewöhnlichen Menschen», produziert, dem öffentlichen Diskurs aus und unterwirft ihre Schätzung einem Mehrheitsvotum. Die Mehrheit ist bei Nietzsche immer die «Heerde», die dann besonders verächtlich behandelt wird, wenn sie den Hirten nicht zu Willen ist. Letzte Wahrheiten und fernste Ziele werden im Prozeß demokratischer Aufklärung privatisiert, ihre Auswirkung auf die gesellschaftliche Kultur verliert die Spannkraft. Das ist es, worauf Nietzsches Pfeil- und Bogenmetapher kritisch abzielt – auf eine Position, die heute Richard Rorty unter Berufung auf Jeffersons liberale Bürgertheorie mit guten Gründen vertritt.[18]

7. Noch einmal der Wanderer und der Pilger

Warum, so fragen wir abschließend, kann sich Nietzsche nicht begnügen mit dem, was die Natur zur Erhaltung des menschlichen Lebens dem Intellekt abverlangt? Warum kann er die jesuitische Trennung von esoterischem Wissen und exoterischer Praxisempfehlung nicht gutheißen, die doch der natürlichen Zurüstung der Lebenszusammenhänge entspricht? Warum die energische, gespannte Durchdringung, ja die subversive Zersetzung des vom Leben gewünschten Scheins, im Interesse einer Wahrheitsfindung, die nicht weiß, ob sie jemals ans Ziel kommt?

Die Auseinandersetzung Nietzsches mit dem stoischen Naturbegriff kann einen ersten Hinweis auf eine Antwort geben.

> «‹Gemäss der Natur› wollt ihr *leben*? O ihr edlen Stoiker, welche Betrügerei der Worte! Denkt euch ein Wesen, wie es die Natur ist, verschwenderisch ohne Mass, gleichgültig ohne Mass, ohne Absichten und Rücksichten, ohne Erbarmen und Gerechtigkeit, fruchtbar und öde und ungewiss zugleich, denkt euch die Indifferenz selbst als Macht – wie *könntet* ihr gemäss dieser Indifferenz leben? Leben – ist das nicht gerade ein Anders-sein-wollen, als diese Natur ist? Ist Leben nicht Abschätzen, Vorziehn, Ungerechtsein, Begrenzt-sein, Different-sein-wollen?» (KSA 5, S. 21f.).

Aber die Stoiker machen nach Nietzsche in Wahrheit etwas ganz anderes. Sie verlangen, daß die Natur gemäß der Stoa Natur sei:

> «Mit aller eurer Liebe zur Wahrheit zwingt ihr euch so lange, so beharrlich, so hypnotisch-starr, die Natur *falsch*, nämlich stoisch zu sehn, bis ihr sie nicht mehr anders zu sehn vermögt» (KSA 5, S. 22).

---

18 Richard Rorty, Der Vorrang der Demokratie vor der Philosophie; in: Rorty, Solidarität oder Objektivität. Drei philosophische Essays, Stuttgart 1988, S. 82.

Solches begebe sich immer dann, wenn eine Philosophie anfange, an sich selbst zu glauben. Wer sich davon freimacht, muß «auf eine gefährliche Weise den gewohnten Werthgefühlen Widerstand leisten» (KSA 5, S. 18). Es sind diejenigen Philosophen, die Nietzsche mit dem emphatischen, Gefährten heischenden «Wir» als die sehr freien Geister meint, deren Aufgabe das «*Wachsein selbst*» ist (KSA 5, S. 12). Jenes Wachsein um seiner selbst willen macht es Nietzsche offenbar unerträglich, einen lebensdienlichen Irrtum, eine «Meinung», die das gesellschaftliche Leben fördert, gleichgültig, ob sie wahrheitsfähig im esoterischen Sinn ist oder nicht, anzuerkennen oder auch nur hinzunehmen. Nietzsche ist unfähig, seinen ständig wachgehaltenen Verdacht zugunsten einer partiellen Anerkennung regulativer Lebensprinzipien zu suspendieren.

Selbst da, wo der Wille zum Leben als Wille zur Macht einer mit seinem Prinzip kompatiblen Erklärung solcher Regularien fähig ist, muß er – wie zwanghaft – die Maßlosigkeit des Universums gegen die Lebenswelt des Planeten Erde ausspielen. So in seiner Auseinandersetzung mit der stoischen Moral, die er dessen verdächtigt, was doch im Sinne seiner eigenen Lehre von den Strategien des Überlebens ganz legitim – sprich naturgemäß ist.

In dem Film *Der Stadtneurotiker* wird Woody Allen gezeigt als Junge, der niedergeschlagen herumsitzt. Die Mutter sucht nach einer Erklärung für seine Depressionen: ‹Er hat etwas gelesen.› Der Onkel fragt: ‹Was hat er gelesen?› Der Junge antwortet: ‹Das Universum expandiert. Wir gehen alle zugrunde.› Die Mutter weist ihn zurecht: ‹Das geht dich nichts an. Wir sind hier in Brooklyn und Brooklyn expandiert nicht.›

Was die Mutter sagt, ist nach Nietzsche eine «niaiserie». Der Ausdruck (dt. etwa: Einfältigkeit, Albernheit) taucht immer dort auf, wo die Konsequenz des Verdachts im Interesse des Aufdeckens von Wahrheit nicht durchgreift. «Alte Weibchen», «Kinder» reden so – und ihnen gilt die Parole: Vivisektion des Glaubens an Moral (KSA 5, S. 106). Vivisektion ist übrigens ein Sprachbild, das haargenau trifft, was mit dem Sachverhalt angestellt wird.

Dem entspricht Nietzsches Umgang mit der Goldenen Regel. Der «güldene Spruch», eine ‹niaiserie anglaise›, ist nur als Indikator für einen Typus Mensch wertvoll: «es ist der *Instinkt der Heerde*, der sich mit ihm formulirt – man ist gleich, man nimmt sich gleich: wie ich dir, so du mir. – Hier wird wirklich an eine *Äquivalenz der Handlungen* geglaubt, die, in allen realen Verhältnissen, einfach nicht vorkommt» (KSA 13, S. 583f.). Das ist richtig; aber der Spruch ist eine Norm, keine Beschreibung der Verhältnisse, wie sie sind, sondern wie sie sein sollen.

Nietzsche bleibt mit seinem Pathos der immer wieder sich selber übersteigenden Befreiung von allem Vorgegebenen in das permanente Transzendieren innerhalb der Immanenz[19] gebannt; er kann nicht haltmachen in der Solidarität mit den endlichen Wesen. Er zwingt sich in den Überstieg, er läßt Zarathustra den Übermenschen verkünden, er identifiziert schließlich den Willen zur Wahrheit mit dem Willen zur Macht.[20]

Die Fixierung auf den Monismus des Prinzips ist ein Erbe der alten Philosophie, das Nietzsche bei aller Emanzipation mitschleppt und in *Jenseits von Gut und Böse* noch einmal bekräftigt, in der als Fundament für alles weitere angenommenen «Welt der Affekte», in der «noch Alles in mächtiger Einheit beschlossen» liege – einem Fundament, das auch die mechanistische oder materielle Welt trägt – wie eine «*Vorform* des Lebens».

> «Zuletzt ist es nicht nur erlaubt, diesen Versuch zu machen: es ist, vom Gewissen der *Methode* aus, geboten. Nicht mehrere Arten von Causalität annehmen, so lange nicht der Versuch, mit einer einzigen auszureichen, bis an seine äusserste Grenze getrieben ist (– bis zum Unsinn, mit Verlaub zu sagen): das ist eine Moral der Methode, der man sich heute nicht entziehen darf; – es folgt ‹aus ihrer Definition›, wie ein Mathematiker sagen würde. Die Frage ist zuletzt, ob wir den Willen wirklich als *wirkend* anerkennen, ob wir an die Causalität des Willens glauben: thun wir das – und im Grunde ist der Glaube *daran* eben unser Glaube an Causalität selbst» (KSA 5, S. 55).

Der Monismus der Methode (der das «Intelligible» in der *einen* Welt der Natur aufspüren will und es nicht mehr, wie Kant, in der Vernunft als Teilhabe an der eigenständigen Welt des Sittlichen ansiedelt – aber bezeichnenderweise im Denkmuster und in der Sprache der Metaphysik) und der zu ihm gehörenden Hermeneutik des Verdachts verbietet es Nietzsche auch, bei der «verehrenswürdigen Unschuld» Schopenhauers in der Ethik haltzumachen, die sich auf einen anerkannten moralischen Grundsatz beruft. Auch hier bezeichnet er eine humane Grundnorm als Albernheit (niaiserie) für Kinder und alte Weibchen:

> «Man höre zum Beispiel, mit welcher beinahe verehrenswürdigen Unschuld noch Schopenhauer seine eigene Aufgabe hinstellt, und man mache seine Schlüsse über die Wissenschaftlichkeit einer ‹Wissenschaft›, deren letzte Meister noch wie die Kinder und die alten Weibchen reden: – ‹das Prinzip, sagt er (p.136 der Grundprobleme der Moral), der Grundsatz, über dessen Inhalt alle Ethiker einig sind; neminem laede, immo omnes, quantum potes, iuva – das ist *eigentlich* der Satz, welchen zu begründen alle Sittenlehrer sich abmühen .... das *eigentliche* Fundament der Ethik, welches man wie den Stein der Weisen seit Jahrtausenden sucht.›» (KSA 5, S. 106).

---

19 Vgl. Yirmiyahu Yovel, Spinoza and other Heretics, Princeton/New Jersey 1989, Bd. 2, S. 126.
20 Gerd-Günther Grau hat diesen Umschlag von der Ideologiekritik in Ideologie scharf herausgearbeitet in seinem Buch *Kritik des absoluten Anspruchs* (Würzburg 1993, insbes. S. 79ff.).

Nietzsche hält diesen ehrwürdigen Grundsatz für abgeschmackt, für falsch und sentimental in einer Welt, deren Essenz Wille zur Macht ist – und er hält Schopenhauer für einen Weltverneiner, der vor der Moral haltmachte (KSA 5, S. 106f.). Nietzsche greift das Vorhaben der Begründung als solches an. Es sei nur eine gelehrte Form des Glaubens an Moral, der in verkappter Form als Begründung auftritt. Es fehle das Problem der Moral – der Argwohn des Problematischen, es fehlten «Prüfung, Zerlegung, Anzweiflung, Vivisektion» des Glaubens an Moral (KSA 5, S. 106).

Schließlich enthüllt uns Nietzsche, was ihm die Welt ist, in einem Sprachspiegel (ein Licht für die Stärksten, die Unerschrockensten):

> «Diese Welt: ein Ungeheuer von Kraft [...] ein Werden, das kein Sattwerden, [...] keine Müdigkeit kennt –: diese meine *dionysische* Welt des Ewig-sich-selber-Schaffens, des Ewig-sich-selber-Zerstörens, diese Geheimniß-Welt der doppelten Wollüste [...] ohne Ziel, wenn nicht im Glück des Kreises ein Ziel liegt» (KSA 11, S. 610f.).

Die hymnische Prädikation läßt das Muster durchscheinen, an dem menschliches Leben und Agieren gemessen wird. In der Sehnsucht nach dem großen Glück des Kreisens – als Ziel – offenbart sich die dionysisch transformierte *beatitudo*, welche die *suavitas* des endlichen Lebensglücks desavouiert.

Unter dem Lodenmantel des Wanderers kommt die Kutte des Pilgers zum Vorschein. Nietzsche wird das christliche Urbild nicht los. Das ist der geheime Grund, warum er die Solidarität mit dem endlichen Leben verweigert.

Das ist es auch, warum ich Nietzsches Philosophie einen Abgesang auf das Christentum nenne. Einen Abgesang, der – wie einst Horaz, der Erfinder der literarischen Kunstform des Abgesangs, der Epode – mit «Derbheit und Delikatesse» (KSA 11, S. 444)[21] ein verlorenes, verwelktes Gut noch einmal besingt.

Trotz Anti und Contra: auf Nietzsches Pult liegt immer noch die alte Partitur.

---

21 Horazens Epode Nr. 8 ist dafür beispielhaft.

Nietzsches «Tod Gottes» und Overbecks «Ende des Christentums» – eine Analogie

Hermann-Peter Eberlein

Friedrich Nietzsches Freundschaft zu dem Theologen Franz Overbeck, lange Zeit vernachlässigt, hat jüngst wieder verstärkt Aufmerksamkeit gefunden.[1] Sie umspannte drei Jahrzehnte und gehörte zu den verläßlichsten Konstanten in Nietzsches Leben. Sie ist zudem von kaum zu unterschätzender Wichtigkeit für die Nietzsche-Rezeption, begründete Overbeck doch nach Nietzsches geistigem Zusammenbruch die auf lange Zeit einzige – und von Elisabeth Förster-Nietzsche erbittert bekämpfte – unverfälschte Nietzsche-Tradition, auf die sich spätere Generationen spätestens seit der Neubewertung von Nietzsches Nachlaß durch Karl Schlechta berufen konnten.

Die äußeren Umstände dieser Freundschaft sind zur Genüge bekannt und sollen darum – vermehrt um die Daten zu Overbecks Biographie vor seiner Bekanntschaft mit Nietzsche – nur kurz rekapituliert werden (I). Danach möchte ich die Frage anreißen, wie weit sich Overbecks Einfluß in Nietzsches Denken spiegelt, wie weit sich Themen seines Denkens im Denken Nietzsches wiederfinden lassen (II). Dabei geht es mir nicht um Vollständigkeit, auch nicht um den Aufweis eventueller Abhängigkeiten, der bei so selbständigen Denkern ohnehin nur sehr schwer und unter großem philologischem Aufwand zu erbringen

---

1 Friedrich Nietzsche/Franz und Ida Overbeck. Briefwechsel, hrsg. von Katrin Meyer und Barbara von Reibnitz, Stuttgart u. Weimar 1999; Franz Overbeck, Werke und Nachlaß (= OWN), Bd. 7/2: Autobiographisches. «Meine Freunde Treitschke, Nietzsche und Rohde», hrsg. von Barbara von Reibnitz und Marianne Stauffacher-Schaub, Stuttgart u. Weimar 1999; Hermann-Peter Eberlein, Flamme bin ich sicherlich! Friedrich Nietzsche, Franz Overbeck und ihre Freunde, Köln 1999; Eberlein, Entheroisierung Nietzsches; in: Internationale Zeitschrift für Philosophie 9 (2000), S. 304–314. Hubert Cancik/Hildegard Cancik-Lindemaier, Philolog und Kultfigur. Friedrich Nietzsche und seine Antike in Deutschland, Stuttgart u. Weimar 1999; Hubert Cancik, Nietzsches Antike. Vorlesung, Stuttgart u. Weimar ²2000; Cancik, Antik – Modern. Beiträge zur römischen und deutschen Kulturgeschichte, hrsg. von Richard Faber, Barbara von Reibnitz, Jörg Rupke, Stuttgart u. Weimar 1998. Canciks etwas andere Verhältnisbestimmung von Nietzsche und Overbeck kann hier nicht diskutiert werden; sie steht in engem Zusammenhang mit Nietzsches Antikenrezeption.

wäre; es geht mir vor allem um das Benennen von Themenkomplexen und Strukturanalogien. Eine solche Analogie, nämlich die zwischen der Rede Nietzsches vom *Tode Gottes* und Overbecks These von der *finis christianismi*, vom *Ende des Christentums*, möchte ich etwas ausführlicher vorstellen, wobei der Schwerpunkt auf der weniger bekannten These Overbecks liegen muß (III). Zum Schluß sei dann noch kurz auf die – allerdings ganz erheblichen – Unterschiede im Interesse, Temperament und im Lebensgefühl der beiden Freunde eingegangen (IV).

I.

Franz Overbeck wird 1837 in St. Petersburg als Sohn eines protestantischen britischen Kaufmanns deutscher Abkunft und einer katholischen Französin geboren. Er erhält eine polyglotte und in religiöser Hinsicht unspezifische Erziehung in seiner Heimatstadt, in St. Germain-en-Laye bei Paris und in Dresden, wohin die Familie 1850 zieht. Aus schwer nachvollziehbaren Gründen beginnt er sechs Jahre später das Studium der Theologie in Leipzig und führt es in Göttingen, wieder Leipzig und schließlich in Berlin weiter. Im Jahre 1860 promoviert er in Leipzig mit einer Arbeit über Epikur und Aristipp zum Doktor der Philosophie, 1864 promoviert und habilitiert er sich zugleich mit einer Arbeit über Hippolyt bei Karl August von Hase in Jena und lehrt dort als Privatdozent sechs Jahre lang. Friedrich Nietzsche lernt er im April 1870 in Basel kennen, als er als frisch berufener Extraordinarius für neutestamentliche Exegese und ältere Kirchengeschichte in dasselbe Haus wie Nietzsche zieht und damit sein Stubennachbar wird. Die beiden beginnen bald, ihre Mahlzeiten in dem größeren, nämlich Overbecks Zimmer gemeinsam einzunehmen; so bildet sich eine Art Wohngemeinschaft in dem nach der späteren Vermieterin von beiden «Baumannshöhle» genannten Haus am Schützengraben 45, zu der von Juni 1872 bis April 1875 auch Heinrich Romundt, Nietzsches Freund aus Leipziger Zeiten, hinzutritt. Es ist eine Zeit intensiven gemeinsamen Lebens und regen geistigen Austausches. Im August endet diese Phase mit dem Auszug Nietzsches und dessen kurzzeitiger Begründung eines eigenen Hausstandes gemeinsam mit der Schwester Elisabeth; Overbeck verheiratet sich ein Jahr später mit Ida Rothpletz, die als selbständige Gesprächspartnerin in die nun weitgehend zur Brieffreundschaft mutierende Beziehung eintritt. Als Nietzsche im Juni 1879 krankheitsbedingt emeritiert wird, bleibt das Ehepaar Overbeck sein zuverlässiger Basler Bezugspunkt während der zehn Jahre des «freien Philosophen» ohne festen Wohnsitz. Overbeck wird Nietzsches Finanz- und Vermögensverwalter; er kümmert sich um die Weiterzahlung von Nietzsches Pension, nimmt sie in Empfang und legt sie an; er schickt dem Freund das nötige Geld, führt ein Kassenheft und tätigt alle möglichen Einkäufe. Daneben erweist er sich in seiner Korrespondenz als ehrlicher, aber auch vorsichtiger, jedenfalls immer sehr selbständiger Gesprächspartner, gelegentlich auch als eine Art weltlicher Beichtvater oder Seelsorger. Im Gegensatz zu anderen Freundschaften aus Nietzsches Bonner, Leipziger oder frühen Basler Zeit kommt es mit Franz Overbeck weder zu grundsätzlicheren Verstimmungen noch zu einem Abbruch der Korrespondenz (das sieht etwas anders aus in bezug auf Ida Overbeck, deren Rolle als Vertrauensperson während der Lou-Affäre 1882 Nietzsche im nachhinein unter dem Einfluß seiner Schwester als problematisch empfindet). Treffen jedoch werden immer seltener möglich, so nach 1883 nur noch einmal im Sommer 1884 in Basel und im Frühjahr 1887 in Zürich.

Am 6. Januar 1889 übergibt Jacob Burckhardt Overbeck Nietzsches letzten Brief aus Turin; dieser reist einen Tag später dorthin, holt den kranken Freund ab und bringt ihn in die Psychiatrische Universitätsklinik in Basel. Overbecks wenige Tage nach dem Vorfall aus der unmittelbaren Erinnerung Peter Gast brieflich mitgeteilte Beschreibung der Szene, wie er den tanzenden Nietzsche vorfindet, gehört wohl zu den am häufigsten wiederholten der Nietzsche-Literatur. Nietzsche wird kurz darauf in eine Anstalt in Jena verlegt; Ende Januar wird Overbeck vorläufig sein Nachlaßverwalter; der Plan, ihm die Vormundschaft über Nietzsche zu übertragen, läßt sich angesichts der Entfernung jedoch nicht realisieren. Jedenfalls ist Overbeck in dieser Phase – gemeinsam mit Heinrich Köselitz alias Peter Gast – wesentlich für die Rettung, Sichtung und Publikation von Nietzsches Nachlaß verantwortlich; er verwahrt Nietzsches Bücher und Manuskripte bis zum Herbst 1892. Ein Jahr später kehrt Elisabeth Förster-Nietzsche endgültig aus Paraguay nach Deutschland zurück und nimmt ab da unmittelbaren Einfluß auf die herausgeberische Tätigkeit – unter Umgehung Overbecks und mit von ihm vorausgesehenen verheerenden Ergebnissen.[2] Was folgt, ist ein jahrelanger und für Overbeck zermürbender persönlicher und zum Teil publizistischer Streit und ein Abbruch der Korrespondenz. Am Ende steht die Weigerung Overbecks, seine Nietzsche-Briefe an Elisabeth und ihr Nietzsche-Archiv auszuliefern; er vermacht sie der Universitätsbi-

---

2 Über diese Phase unterrichtet besonders gründlich die Arbeit von David Marc Hoffmann, Zur Geschichte des Nietzsche-Archivs. Chronik, Studien und Dokumente, Berlin u. New York 1991 (Supplementa Nietzscheana Bd. 2).

bliothek Basel und verfügt schließlich ihre spätere Veröffentlichung durch seinen Schüler Carl Albrecht Bernoulli.[3] Overbeck stirbt im Jahre 1905 in Basel.

II.

Als sich der zweiunddreißigjährige ehemalige Jenenser Privatdozent Overbeck und der sieben Jahre jüngere «Shooting-Star» der klassischen Philologie Friedrich Nietzsche kennenlernen, haben sie bereits prägende Jahre hinter sich, aus denen sich Gemeinsames wie Trennendes erklärt. Gemeinsam ist beiden etwa das Bildungserlebnis Arthur Schopenhauer. In seinem Leben, in seinem radikalen Individualismus finden sie ihre eigenen Wünsche und Hoffnungen bestätigt. In ihm, dem Verächter der Universitätsphilosophie wie der Theologie, haben sie einen Mentor, an dem sich ihre revolutionäre Kraft schult, der ihnen das Gefühl verleiht, daß es eine Welt gibt jenseits des Katheders und der ordentlichen Professur. Beiden gemeinsam ist von daher – und je länger, je mehr – das Gefühl des Unbehagens an der eigenen Situation und das Gefühl, daß es nicht weitergeht mit der nach außen so stabilen Ordnung – sei es von Christentum und Kirche, sei es von Kultur und Kunst.

Gemeinsam ist beiden auch die Liebe zur Musik. Aber: Nietzsche steht seit 1869 völlig unter dem Bann Richard Wagners; dessen Villa in Tribschen ist ihm ein zweites Zuhause, eine Gegenwelt zu dem als beschränkt und ‹pfahlbürgerlich› empfundenen Basel. Er wird an seinem späteren Bruch mit seinem Idol sein Leben lang zu tragen haben; seine unerfüllte Liebe zu Cosima Wagner wird ihn noch ins Irrenhaus begleiten. Franz Overbeck kennt Wagner zwar noch etwas länger, als Nietzsche es von sich behaupten kann, ist aber zunächst skeptisch bis zur Ablehnung und bevorzugt die Wiener Klassik, die Romantiker und Brahms; erst später tritt er in ein eigenes Verhältnis zu Wagner und Bayreuth.

Am interessantesten ist beider Freunde Verhältnis zum christlichen Glauben und zur Theologie. Overbeck ist Theologe ohne eine persönliche Beziehung zum christlichen Glauben; bereits Anfang 1857 hat er die Gewohnheit des täglichen Abendgebetes aus Mangel an innerer Betei-

---

3 Friedrich Nietzsches Briefwechsel mit Franz Overbeck, hrsg. von Richard Oehler und Carl Albrecht Bernoulli, Leipzig 1916. Zuvor schon hatte Bernoulli in den beiden gewichtigen Bänden *Franz Overbeck und Friedrich Nietzsche. Eine Freundschaft* (Jena 1908) eine große Menge von Dokumenten publiziert, was zu einer unappetitlichen gerichtlichen Auseinandersetzung mit Heinrich Köselitz geführt hatte.

ligung aufgegeben[4] – und das Gebet ist in Religionen, die keine Opfer kennen, eben diejenige Praxis, an der sich die innere Zugehörigkeit erweist. Wenn Overbeck sich auch später erinnert, als Kind religiöse Empfindungen gehabt zu haben, so hat ihn doch spätestens die Erfahrung der Studienzeit «ungläubig lediglich mit dem Christentum als Gegenstand wissenschaftlichen Verständnisses» zurückgelassen.[5] Sein Interesse liegt wesentlich in Aufklärung und Selbstaufklärung über das Christentum im Medium der historischen Forschung. Der Pfarrerssohn Nietzsche hat zwar eine wesentlich intensivere religiöse Sozialisation erfahren als der kosmopolitisch aufgewachsene Kaufmannssohn Overbeck, er hat aber auch bereits seit den Jahren in Schulpforta eine zunehmende innere Distanz zum christlichen Glauben entwickelt und sich einer anderen Welt, der der Griechen zugewendet. Insofern ist seine Wahl, in Bonn das Theologiestudium aufzunehmen, konventionell und genauso falsch wie die Wahl Overbecks – nur: er, Nietzsche, hat diese Wahl revidiert. Anders als sein Freund hat er beruflich nicht weiterhin permanent mit diesem Glauben und seinen geschichtlichen Äußerungen zu tun. Sein Interesse gilt den Fragen der Bildung und der Ästhetik; sein Arbeitsfeld ist die Welt des antiken Hellas. Das Christentum gerät dabei aus dem Blick. Die Gespräche mit Overbeck in den fünf Jahren des Zusammenwohnens in der «Baumannshöhle», in denen Christentum und Glaube allein schon aus Overbecks beruflichen Verpflichtungen heraus Gegenstand gewesen sein müssen, haben Nietzsches Interesse dann auch wieder auf Themen des Glaubens und der Religion gelenkt, jedoch vornehmlich unter historischer Perspektive. Denn in keiner von Nietzsches Schriften dieser Zeit – also weder in der *Geburt der Tragödie* noch in den *Unzeitgemäßen Betrachtungen*, auch nicht in den Vorträgen *Über die Zukunft unserer Bildungsanstalten* – spielen die Religion, der christliche Glaube, außer als historisches Phänomen, eine besondere Rolle.

Diese Einschätzung mag angesichts der ersten *Unzeitgemäßen, David Strauß der Bekenner und der Schriftsteller*, einigermaßen verwundern. Ist es doch immerhin die Galionsfigur der kritischen Theologie, die Nietzsche hier attackiert, der Verfasser des *Lebens Jesu* von 1835, jenem Buch, das ihn zugleich mit einem Schlage berühmt gemacht und ihn seine Karriere gekostet hatte, jenem Buch, das auch Nietzsche mit eif-

---
4 Selbstbekenntnisse, hrsg. von Eberhard Vischer, Basel 1941, S. 122; Nachlaß (in der Universitätsbibliothek Basel), Karton A 267d.
5 Selbstbekenntnisse (Anm. 4), S. 163.

riger Zustimmung gelesen hat. Wenn Nietzsche sich 1873 über Strauß' letztes Buch hermacht, das immerhin *Der alte und der neue Glaube. Ein Bekenntnis* betitelt ist, geht es dann nicht automatisch um zentrale inhaltliche Fragen von Glaube und Theologie? Nein! Der alte, der christliche Glaube ist für Nietzsche genauso abgetan wie für Strauß – wie ihn denn überhaupt mit seinem Gegner viel mehr verbindet, als die Invektiven des Buches ahnen lassen. Nicht den Kritiker Strauß, den Bekämpfer des alten Glaubens, stellt Nietzsche in seiner *Unzeitgemäßen Betrachtung* an den Pranger (ihn nimmt er sogar ausdrücklich gegen sein Alterswerk in Schutz), sondern den Verkünder eines neuen, der sich als zu schwach, zu haltlos erweist. Nietzsches Kritik an Strauß bezieht sich wesentlich auf dessen schlechten Stil wie auf die Kraftlosigkeit, die Beschränktheit, die schöpferische Impotenz des von ihm propagierten neuen Lebensgefühls, das keinen Enthusiasmus zu wecken, keinen Mut zu verleihen vermag. Seine Kritik ist mithin Kritik an Strauß' als flach empfundenem Bildungsideal, sein Stichwort, mit dem er Strauß vernichtet, der *Bildungsphilister*. Es geht um Bildung, nicht um den christlichen Glauben.

Vergleichbares gilt, wenn auch in anderer Gewichtung, für Overbecks gleichzeitig entstandenes Buch *Über die Christlichkeit unserer heutigen Theologie. Streit- und Friedensschrift*, das von den beiden Freunden ausdrücklich als Gegenstück zu, ja als ‹Zwilling› von Nietzsches Strauß-Buch verstanden wurde. Zwar ist hier das Thema eindeutig der christliche Glaube und die Beziehung der christlichen Theologie jedweder Provenienz auf diesen Glauben. Aber auch Overbecks Büchlein, dessen Thesen hier nur kurz vorgestellt, aber nicht diskutiert werden kann, zielt letztlich auf Bildungskritik. Anlaß war für Overbeck Nietzsches Abrechnung mit seiner Disziplin, der Klassischen Philologie, in der *Geburt der Tragödie*. Er empfand Nietzsches Buch als Anregung, «dem ohnehin empfundenen Drange nach umfassenderer und lichterer Orientirung in meiner Wissenschaft weiter nachzudenken».[6] Strauß' Buch und Paul de Lagardes Schrift *Über das Verhältnis des deutschen Staats zu Theologie, Kirche und Religion* boten Overbeck den Anlaß, sich mit «der theoretischen Lösung des Problems des Verhältnisses von Christenthum und Bildung»[7] auseinanderzusetzen. Sein Ausgangspunkt ist dabei die Geschichtlichkeit und damit Weltlichkeit aller Religion, wodurch sie wie

---

6 Über die Christlichkeit unserer heutigen Theologie, Leipzig ²1903, S. 16; jetzt auch OWN 1, S. 270.
7 Über die Christlichkeit unserer heutigen Theologie. Streit- und Friedensschrift, 1. Aufl. Leipzig 1873, S. VI; jetzt auch OWN 1, S. 169.

alle Lebensbereiche dem Zugriff des Wissens unterliegt. Das Wissen aber steht dem Glauben immer unversöhnlich gegenüber, da es sich als eine andere Zugangsweise auf denselben Bereich bezieht und mithin mit dem Glauben konkurriert. Damit ist das Urteil über die Theologie im Grunde schon gefällt: «Daher ist denn auch das Thun jeder Theologie, sofern sie den Glauben mit dem Wissen in Berührung bringt, an sich selbst und seiner Zusammensetzung nach ein *irreligiöses*, und kann keine Theologie jemals entstehen, wo nicht neben das religiöse Interesse sich diesem fremde stellen.»[8] Diese These wird nun an den beiden Hauptrichtungen der zeitgenössischen Theologie, die Overbeck unter den Stichwörtern *apologetisch* und *liberal* zusammenfaßt, durchgeführt, verifiziert und am Ende um Vorschläge zu einer *kritischen* Theologie ergänzt, deren Aufgabe es sein soll, «das Christenthum gegen Verkennung in Schutz»[9] zu nehmen, also im Medium des Wissens die Bereiche von Glauben und Wissen scharf voneinander zu separieren – zum Besten des christlichen Glaubens, zum Besten aber auch des Wissens, der Bildung, der Kultur. Daß dieses Unterfangen zum Scheitern verurteilt ist, meine ich an anderer Stelle nachgewiesen zu haben;[10] wichtiger ist die Erkenntnis, daß das Interesse, das Overbeck am Besten des Christentums hier haben kann, höchstens ein theoretisches, das Interesse am Besten der Bildung aber ein höchst vitales ist. Denn der Autor hat eben kein lebendiges Verhältnis mehr zum Christentum, wohl aber zur «Welt» und zur Bildung. Insofern, wenn auch von unterschiedlichen Ausgangspunkten aus, treffen sich in der Frage nach der Bildung Nietzsches und Overbecks Intention; ‹Waffengenossenschaft› haben sie denn folgerichtig auch ihre Freundschaft tituliert.

Und noch an einer anderen Stelle wird Overbecks Einfluß auf Nietzsche in diesen Jahren deutlich: an der Frage nach der Geschichte und der Geschichtsschreibung. Nietzsche widmet, angeregt durch Eduard von Hartmanns *Philosophie des Unbewußten*, diesem Thema seine zweite *Unzeitgemäße: Vom Nutzen und Nachtheil der Historie für das Leben*. Ihren Gedankengang: den Vorrang des Lebens vor der Geschichte, die Unterscheidung von «monumentalischer», «antiquarischer» und «kritischer» Geschichte möchte ich als bekannt voraussetzen. Deutlich aber soll werden, wie sehr Overbeck, der Historiker, in Nietzsches Gedanken mitverwoben ist. Allein schon, daß Nietzsche

---

8 Über die Christlichkeit (Anm. 7), S. 4; jetzt auch OWN 1, S. 172.
9 Über die Christlichkeit (Anm. 7), S. 78; jetzt auch OWN 1, S. 238.
10 Hermann-Peter Eberlein, Theologie als Scheitern? Franz Overbecks Geschichte mit der Geschichte, Essen 1989, S. 62–75.

seine letzte Kategorie «kritische Geschichte» nennen kann, erinnert an Overbecks «kritische» Theologie aus der *Christlichkeit*. Bildete letztere die freilich arg konturlose Alternative zu den beiden als christentumsfeindlich entlarvten gängigen Varianten apologetischer wie liberaler Tendenz, so bildet Nietzsches «kritische» Historie das notwendige Korrektiv zu den beiden anderen Formen der Geschichtsforschung. Sodann fällt die Terminologie auf: *vor Gericht ziehen, verurteilen, entschuldigen, gerechtfertigt sein*. Das sind Begriffe der Rechtssprache, die ihren zweiten *Sitz im Leben* in der klassischen reformatorischen Rechtfertigungslehre haben. Und es ist Nietzsche an der Art, wie er sie verwendet, durchaus ein Sinn für die Geschichtlichkeit der menschlichen Existenz abzuspüren – auch dies ein klassisches Thema der Theologie, von dem ich freilich nicht weiter untersuchen kann, ob es sich hier der christlichen Erziehung des Pfarrersohnes verdankt oder dem Gegenüber des ungläubigen Theologen aus der «Baumannshöhle».

Wichtiger scheint mir, daß Nietzsche in der Person des Freundes die Gefahren deutlich geworden zu sein scheinen, die die wissenschaftliche Beschäftigung mit der Historie mit sich bringen kann. Ein Satz wie der folgende paßt zu gut auf Overbecks Intentionen als Kirchenhistoriker und zu seiner Stellung zu seinem Gegenstand, als daß man von der Verbindung zwischen den beiden Männern absehen könnte:

> «Ein historisches Phänomen, rein und vollständig erkannt und in ein Erkenntnissphänomen aufgelöst, ist für den, der es erkannt hat, todt: denn er hat in ihm den Wahn, die Ungerechtigkeit, die blinde Leidenschaft und überhaupt den ganzen irdisch umdunkelten Horizont jenes Phänomens und zugleich eben darin seine geschichtliche Macht erkannt. Diese Macht ist jetzt für ihn, den Wissenden, machtlos geworden: vielleicht noch nicht für ihn, den Lebenden.»[11]

Diese vollständige Aufklärung nun ist genau das, wozu Overbeck sich später mit seinem Projekt einer «profanen Kirchengeschichte» anschicken wird, ohne freilich je über Vorarbeiten hinauszukommen. Es klingt wie ein vorausgenommener Kommentar zu Overbecks Lebenswerk, wenn Nietzsche etwas später und nun mit konkreter Zuspitzung auf die Religions- bzw. Kirchengeschichte formuliert:

> «Eine Religion zum Beispiel, die in historisches Wissen, unter dem Walten der reinen Gerechtigkeit, umgesetzt werden soll, eine Religion, die durch und durch wissenschaftlich erkannt werden soll, ist am Ende dieses Weges zugleich vernichtet.»[12]

---

11 KSA 1, S. 257.
12 KSA 1, S. 296.

Oder, allgemeiner:

> «Die historische Gerechtigkeit, selbst wenn sie wirklich und in reiner Gesinnung geübt wird, ist deshalb eine schreckliche Tugend, weil sie immer das Lebendige untergräbt und zu Falle bringt: ihr Richten ist immer ein Vernichten. Wenn hinter dem historischen Triebe kein Bautrieb wirkt, wenn nicht zerstört und aufgeräumt wird, damit eine bereits in der Hoffnung lebendige Zukunft auf dem befreiten Boden ihr Haus baue, wenn die Gerechtigkeit allein waltet, dann wird der schaffende Instinct entkräftet und entmuthigt.»[13]

Das Beispiel, das Nietzsche für diese These heranzieht, ist wiederum die historische Theologie:

> «Eine gute Zeit lang kann man sich wohl mit der Historie völlig harmlos und unbedachtsam beschäftigen, als ob es eine Beschäftigung so gut wie jede andere wäre; insbesondere scheint die neuere Theologie sich rein aus Harmlosigkeit mit der Geschichte eingelassen zu haben und jetzt noch will sie es kaum merken, daß sie damit, wahrscheinlich sehr wider Willen, im Dienste des Voltaire'schen écrasez steht. Vermuthe Niemand dahinter neue kräftige Bau-Instincte».[14]

Das liest sich wie eine Zusammenfassung der Kritik, die Overbeck unmittelbar zuvor in der *Christlichkeit* an der liberalen Theologie und ihrem historischen Sinn geäußert hat.

Die wenigen Beispiele sollen genügen, um zu zeigen, daß die größten Überschneidungen in den Interessen Overbecks und Nietzsches während der gemeinsamen Jahre in der «Baumannshöhle» auf dem Felde der Theorie der Geschichte liegen. Beide Freunde haben es in ihrem täglichen Berufsgeschäft mit Geschichte zu tun: Nietzsche mit der klassischen Antike und ihren literarischen Zeugnissen (er liest in dieser Zeit u.a. über Sophokles, Hesiod, Plato, Aischylos, Theognis, Solon und Sappho und geht in Überblicksvorlesungen und am Pädagogium quasi die gesamte altgriechische Literaturgeschichte durch),[15] Overbeck mit der Literatur des Urchristentums und der Alten Kirche. Beide Freunde besitzen genug an Schopenhauer geschulter philosophischer Potenz und kritischer Intelligenz, um die Voraussetzungen ihres Tuns zu reflektieren. Beide werden freilich, entsprechend ihren unterschiedlichen Temperamenten, unterschiedliche Folgen aus ihren Reflexionen ziehen und unterschiedlich weiterarbeiten: Overbeck wird sich immer mehr in die historische und philologische Arbeit vertiefen, Nietzsche wird den Schritt hinaus aus der Philologie wagen in die Philosophie, wird sehr viel später im *Zarathustra* mit der Rede von der *Ewigen Wiederkunft* sein

---

13 KSA 1, S. 295f.
14 KSA 1, S. 296f.
15 Nach Curt Paul Janz, Friedrich Nietzsches Lehrtätigkeit in Basel 1869–1879; in: Nietzsche und die Schweiz, hrsg. von David Marc Hoffmann, Zürich 1994, S. 25–29.

ganz anderes, nicht mehr lineares Verständnis von der Zeit formulieren. Ab dieser Stelle wird Overbeck ihm in seinem Denken nicht mehr folgen können und wollen. Trotzdem werden die beiden bei einem zentralen Thema der Geschichte von ihren ganz unterschiedlichen Voraussetzungen her und mit völlig unterschiedlichen Methoden wieder kongruieren: ich meine bei dem Thema *Tod Gottes* bzw. *Ende des Christentums*.

III.

«Habt ihr nicht von jenem tollen Menschen gehört, der am hellen Vormittage eine Laterne anzündete, auf den Markt lief und unaufhörlich schrie: ‹Ich suche Gott! Ich suche Gott!› – Da dort gerade Viele von Denen zusammen standen, welche nicht an Gott glaubten, so erregte er ein grosses Gelächter. Ist er denn verloren gegangen? sagte der Eine. Hat er sich verlaufen wie ein Kind? sagte der Andere. Oder hält er sich versteckt? Fürchtet er sich vor uns? Ist er zu Schiff gegangen? ausgewandert? – so schrieen und lachten sie durcheinander. Der tolle Mensch sprang mitten unter sie und durchbohrte sie mit seinen Blicken. ‹Wohin ist Gott? rief er, ich will es euch sagen! *Wir haben ihn getödtet,* – ihr und ich! Wir Alle sind seine Mörder! [...] Gott ist todt! Gott bleibt todt! Und wir haben ihn getödtet!›».[16]

Die Rede Nietzsches vom Tode Gottes aus dem Aphorismus 125, «Der tolle Mensch», in der *Fröhlichen Wissenschaft* ist oft interpretiert worden und soll hier nicht noch einmal Gegenstand philosophischer oder theologischer Betrachtung werden. Um das Verhältnis zu Franz Overbeck zu beleuchten, reicht es, auf die geschichtliche Dimension dieser Rede hinzuweisen.[17] Gottes Existenz zu bestreiten, zu leugnen – aus philosophischen, ethischen oder naturwissenschaftlichen Gründen – ist nichts Neues. Die griechischen Aufklärer und Sophisten der Antike haben das getan, Epikur, die Materialisten des siebzehnten und achtzehnten Jahrhunderts in Westeuropa. In anderen Kulturräumen, etwa der chinesischen Welt oder der des indischen Subkontinents, hat es zu verschiedenen Zeiten ähnliche Entwicklungen gegeben. Der Effekt war, abgesehen vielleicht vom philosophischen Buddhismus (so es ihn überhaupt je in Reinkultur gegeben hat), nie besonders nachhaltig: Die Argumente sind irgendwann ausgetauscht, Beweise können von keiner Seite schlüssig erbracht werden, am Ende triumphiert der Hunger der Menge nach den Tröstungen der Religion. Was hingegen Nietzsche mit seiner Rede vom Tode Gottes vorbringt, ist kein abstraktes, überzeitlich

---

16 KSA 3, S. 480f.
17 Im folgenden Abschnitt halte ich mich eng an die Ausführungen, die ich bereits in dem Kapitel «Tod Gottes» meiner unter Anm. 1 genannten Monographie *Flamme bin ich sicherlich!* vorgetragen habe.

gültiges Argument, sondern konkrete, historische Beschreibung. «Wohin ist Gott?» fragt der tolle Mensch – und damit formuliert Nietzsche eine, vielleicht *die* Schlüsselfrage seines Jahrhunderts. Denn unübersehbar tritt in diesem Jahrhundert trotz aller gegenteiligen Beteuerungen zutage, daß die europäische Menschheit – und eben nicht nur vereinzelte Individuen – sich anschickt, ohne Gott zu leben, daß sie die Vorstellung Gottes nicht mehr braucht, sondern die Welt selbst in die Hand nimmt. Sie hat Gott nötig *gehabt*; sie meint, ihn *nun* nicht mehr nötig zu haben: «*Wir haben ihn getödtet,* – *ihr und ich! Wir Alle sind seine Mörder!*» – so nennt das der *tolle Mensch*.

Was Nietzsche mit dieser Beschreibung seiner Generation voraushat, ist, daß er mit ungeheurer Schärfe die Konsequenzen dieses Gottesmordes erkennt: den Zusammenbruch aller Werte nämlich, die ihren Haftpunkt letztlich in dem Begriff *Gott* gehabt haben.

«Was thaten wir, als wir diese Erde von ihrer Sonne losketteten? Wohin bewegt sie sich nun? Wohin bewegen wir uns? Fort von allen Sonnen? Stürzen wir nicht fortwährend? Und rückwärts, seitwärts, vorwärts, nach allen Seiten? Giebt es noch ein Oben und ein Unten?»[18]

Und in der nächsten Frage dann begegnet jenes Stichwort, das mit Nietzsches Namen seither unlöslich verbunden bleibt: «Irren wir nicht wie durch ein unendliches Nichts?»[19] – jenes Nichts, das die Menschen des zwanzigsten Jahrhunderts zu verschlingen drohte; Friedrich Nietzsche, der große Diagnostiker, ja der Prophet des Nihilismus – einer freilich, der die Folgen sieht und vor ihnen warnt. Der Nihilismus ist für ihn kein Schlußpunkt, sondern muß ein Übergangsstadium bleiben. An dieser Stelle: wo es um Versuche zur Überwindung des Nihilismus geht (ob die Schlagworte dann *Übermensch* heißen mögen, *amor fati* oder *Ewige Wiederkunft*), wird sein Freund Overbeck ihm nicht mehr zu folgen vermögen.

Das Besondere, das fundamental Neue von Nietzsches Diagnose des *Todes Gottes* aber erkennt Overbeck völlig klar. In seinen Aufzeichnungen unter dem Stichwort «Nietzsche (Atheismus)» schreibt er:

«Nietzsche hat gesagt: Gott ist todt! Und das ist etwas Anderes als: Gott ist nicht! Das heißt er kann nicht sein, ist nicht, wird nicht sein und ist nie gewesen, vielmehr: Er ist gewesen! Und diess ist wenigstens der allein menschmögliche Atheismus, die einzig für Menschen mögliche, ihnen allein zugängliche Form des Atheismus. Die andere Form wäre die übermenschliche, und wie Nietzsche zu dieser stand, steht dahin und hängt vollkommen an der Zweideutigkeit seines Uebermenschen-Begriffs. Ein Be-

---

18 KSA 3, S. 481.
19 Ebenda.

kenntniss Nietzsche's zu *dieser* übermenschlichen Form des Atheismus giebt es auf jeden Fall nicht, und von ihr lässt es sich allerdings behaupten, daß es sie gar nicht geben kann, wenigstens nicht aus seinen zurechnungsfähigen Tagen.»[20]

Und als eigene Meinung zum Thema konstatiert er unter demselben Stichwort:

«Ich selbst meine in der Sache nur: Gottes Dasein, wie es mit ihm steht, geht uns Menschen nichts an! Und wüsste nur mit der atheistischen Formel Nietzsches überhaupt etwas anzufangen, die ich eben die ‹menschenmögliche› genannt habe. Unter uns Menschen kann es sich, das Vorurtheil einer Religion natürlich vorbehalten, immer nur um die Frage selbst handeln: ob Gott ist!, nicht um ihren Inhalt: Ist uns die *Frage* gegeben? – nicht: Ist uns Gott gegeben?, wovon jenes ebenso augenscheinlich ist wie dieses nicht ist.»[21]

Trotz der typischen kryptischen Diktion Overbecks und der wenig hilfreichen Zeichensetzung im letzten Satz ist deutlich: in der Fragestellung – nämlich in der Reduktion auf das, was er *menschenmöglichen* Atheismus nennt – ist Overbeck mit Nietzsche eins; nur weist er als guter Agnostiker die Notwendigkeit einer klaren Beantwortung dieser Frage ab. Trotzdem findet sich auch bei ihm, dem Theologen, eine Antwort, die freilich sehr viel indirekter und völlig untheologisch daherkommt, sich dafür aber als deutlich effizienter erweist. Ich meine Overbecks Rede vom *finis christianismi*, vom *Ende des Christentums*.

Hier nun freilich muß ich etwas ausholen, da Overbecks Intentionen und Argumentation weit weniger bekannt sind als die Nietzsches und sich in ihren Konsequenzen auch nicht unmittelbar erschließen. Overbeck versteckt vieles sehr gut; er redet oft eine hermetische Sprache, die mehr verhüllt, als sie offenbart – und die das, was gemeint ist, manchmal erst durch das verrät, was *nicht* gesagt wird.[22]

Im Jahre 1882 läßt Overbeck in der *Historischen Zeitschrift* – wohlgemerkt kein theologisches Publikationsorgan! – einen Aufsatz unter dem Titel *Über die Anfänge der patristischen Literatur* erscheinen. Es geht um die Frage der wissenschaftlichen Klassifikation dessen, was die Tradition Literatur der Kirchenväter zu nennen pflegt. Was sind Kirchenväter?, fragt Overbeck und moniert an den gängigen Lehrbüchern, daß sie sich dieser Frage nicht mit der nötigen methodischen Strenge stellen. Für katholische Autoren nämlich – auch die Historiker unter

---

20 OWN 7/2, S. 39f.
21 Ebenda.
22 Zum Subversiven der Sprache Overbecks vgl. *Theologie als Scheitern?* (Anm. 10), S. 143f., und *Flamme bin ich sicherlich!* (Anm. 1), S. 57f., 105f., 124–127. Im folgenden Abschnitt halte ich mich eng an meine Ausführungen in dem Kapitel «Ende des Christentums» des zuletzt genannten Buches.

ihnen – bedeutet Kirchenväter einen dogmatischen Begriff: Schriften kirchenamtlich als orthodox anerkannter Theologen des Altertums. Mit dieser Eingrenzung ist ein wissenschaftlicher historischer Zugang zur Sache bereits verdorben. Protestantische Patristiker folgen gemeinhin dieser Sprachregelung ihrer katholischen Kollegen – auch, weil die Kirchenväterliteratur für sie nicht von so fundamentaler theologischer Bedeutung ist. In beiden Konfessionen also «fehlt es der Patristik als Literaturgeschichte an einer historischen Definition ihres Objekts und damit an jeder für eine Geschichte desselben brauchbaren Vorstellung davon».[23]

Die Voraussetzung zu einer solchen Definition unter rein historischen, nicht theologischen Maßstäben liefert nun Overbeck mit seinem zentralen Satz: «Ihre Geschichte hat eine Literatur in ihren Formen, eine Formengeschichte wird also jede wirkliche Literaturgeschichte sein.»[24] Damit ist jede inhaltliche, dogmatische Wertung ausgeschlossen und ein rein formales Unterscheidungsmerkmal gefunden.

Der erhebliche Erkenntnisgewinn, der in diesem Kriterium steckt und der Overbeck bis heute einen Platz in der Geschichte der neutestamentlichen Exegese sichert, soll hier nicht weiter bedacht werden; wichtiger sind die Ergebnisse, die sich zeitigen, sobald er seinen Maßstab anwendet. Im Vergleich der Schriften des Neuen Testaments mit den späteren der Kirchenväter nämlich stellt sich bald heraus, daß diese sehr wohl Literatur sind, jene aber nicht. Wobei Overbeck unter Literatur hier und andernorts Werke versteht, denen, zumindest potentiell, eine universale Bestimmung eigen ist. Er verwendet also einen engeren Begriff von Literatur als den eines allgemeinen Kulturdenkmals in Schriftform; diese Eingrenzung hat einen heuristischen Wert, weil sie differenziert – liefe man doch sonst «Gefahr, einen athenischen Waschzettel dem Gastmahl des Plato gleichzustellen».[25] Im Gegensatz zum Brief oder zum Notizzettel wendet sich das eigentliche Literaturwerk mit einer universalen Absicht an ein allgemeines, nicht fest umgrenztes Publikum. Es spricht dieses an, auch über die Zeiten hinweg, weil es für sich selbst redet und nicht nur für einen Aspekt der Kultur seiner Zeit steht. Es kann das, weil es seinen Stoff formal bewältigt, also aufgrund einer Dominanz der Form über den Inhalt. «Wenn ein Stoff Literatur

---

23 Zitiert nach der Neuauflage des Aufsatzes bei der Wissenschaftlichen Buchgesellschaft, Darmstadt 1966, S. 6.
24 Ebenda, S. 12.
25 Franz Overbeck, Das Johannesevangelium. Studien zur Kritik seiner Erforschung, aus dem Nachlaß hrsg. von Carl Albrecht Bernoulli, Tübingen 1911, S. 491.

geworden, in die Literatur geraten ist, so ist die Form über ihn Herr geworden.»[26] Kurz: Literatur im engeren Sinne ist ein bewußter Akt der Weltbewältigung. In formaler Weise wird der Mensch, wird ein Autor (Overbeck rechnet immer mit individuellen Verfassern) Herr über seinen Stoff, über ein Stück Welt, das dann sein Produkt ist. Literatur – so können wir die Linie ausziehen – ist Ausdruck promethischen Geistes, Literatur ist Verweltlichung.

Angewendet auf die Schriften der ältesten Christenheit stellt sich nun heraus: Literatur in dem Sinne, wie christliche Autoren späterer Epochen sie produziert haben, hat das Christentum zu Beginn nicht hervorgebracht.

> «Denn überblickt man das Neue Testament in Hinsicht auf die literarische Form seiner Bücher, so hat man es entweder mit Formen zu tun, welche allerdings allen Zeitaltern der christlichen Literatur gemein sind, aber dann befindet man sich damit auch überhaupt noch gar nicht im eigentlichen Bereich der Literatur; oder es sind wirklich Formen, welche in diesen Bereich gehören, nur lassen sich dann diese Formen gar nicht zu den bleibenden und in diesem Sinn der christlichen Literatur überhaupt eigentümlichen rechnen, da sie vielmehr absterben, noch bevor es zur gesicherten Existenz einer Literatur der Kirche kommt.»[27]

Zu den hier zuerst genannten Formen gehören die Briefe, sofern sie echte Briefe sind, also ihre Form nicht nur der eines Briefes angeglichen ist – die echten Paulusbriefe etwa. Der Apostel wollte etwas mitteilen, was er bei geringerer Entfernung auch mündlich hätte tun können: um einen Streit zu schlichten etwa oder einen Rat zu geben. Anders sieht es bei den «katholischen» Briefen im Neuen Testament aus, die sich von vornherein an ein allgemeineres christliches Publikum wenden: Sie stehen an der Schwelle zu jener zweiten Gruppe neutestamentlicher Schriften, die nun zwar Literatur im engeren Sinne darstellen, aber doch in ganz eigentümlicher Weise: den Evangelien, der Apostelgeschichte, der Offenbarung. Letztere knüpft an eine gängige Form religiöser Literatur an, die aber bald danach abstirbt; die Evangelien bleiben eine exklusive Erscheinung, eine Gattung sui generis, die genauso schnell aufgegeben wird, wie sie entstand. Die Apostelgeschichte ist das einzige christliche Buch dieser Zeit, das an weltliche Formen mindestens anzuknüpfen versucht – und damit von Overbeck religiös von höchst zweifelhaftem Wert.

Weltbewältigung durch Literatur also findet bei den ersten Christen nicht statt – jedenfalls weder in den Gattungen der in höchster Blüte stehenden zeitgenössischen heidnischen Literatur, noch in den Formen,

---

26 Ebenda, S. 494.
27 Anfänge (Anm. 23), S. 19.

deren sich christliche Schriftsteller späterer Zeiten – so die Kirchenväter – bedienen werden. Das hat seinen Grund: den «Stoff». Für die ersten Christen ist Jesus Christus eine derart einzigartige Erscheinung, daß er nicht literarisch bewältigt und damit verweltlicht werden darf. Nicht darum geht es ihnen nämlich, etwa die Geschichte Christi zu *be*greifen oder gar *in den Griff* zu bekommen, sondern sich von Christus *er*greifen zu lassen. Insofern stehen die ersten Christen in prinzipiellem Gegensatz zum Geist der Literatur, zum Geist der *Welt*. Schon die Evangelien, so einzigartig und stilistisch wenig anspruchsvoll sie formal sind, stehen in der Gefahr, dem Geist der Literatur, der Form zu erliegen. Aber: «Ueber den ‹Stoff› durfte die Form nicht Herr werden. Auch die historische Form, in der ein Stoff behandelt wird, sichert ihn allen Kautelen zum Trotz, die gerade hier angewendet werden, nicht vor beständiger Verwandlung. Das durfte mit *Christus* nicht werden, wie es in den Evangelien zu werden auf dem Wege war.»[28] Darum zieht die Kirche die Notbremse: Weitere als die uns bekannten vier Evangelien werden in den Kanon nicht mehr aufgenommen; der «Prozeß der Evangelienbildung» wird «durch Kanonisierung still gestellt»,[29] wie denn überhaupt die Fixierung des Kanons das Ende dieser Literaturepoche bedeutet: «Denn am Kanon der neutestamentlichen Schriften hält Jedermann unter uns den Totenschein der Literatur, von welcher hier die Rede ist, in der Hand.»[30]

Es gibt also einen Bruch: zunächst zwischen den literarischen Formen der, cum grano salis gesprochen, neutestamentlichen Zeit, deren Literatur Overbeck *christliche Urliteratur* nennt, und denen aller späteren christlichen Texte. Dieser Bruch in den literarischen Gattungen aber ist nur der Ausdruck eines fundamentalen geistigen Unterschiedes zwischen jener ersten Epoche, welche zwischen anderthalb und zwei Jahrhunderten währt und die Overbeck als *Urgeschichte* des Christentums bezeichnet, und der gesamten späteren Kirchen- und Theologiegeschichte. Dieser Bruch ist so kraß, die geistige Veränderung so tiefgreifend, daß man, von einzelnen Ausnahmen abgesehen, konstatieren muß: Das was mit Blick auf das Neue Testament Christentum heißt, ist als lebendige Religion irgendwann im zweiten Jahrhundert unwiederbringlich verlorengegangen. Sein Spezifikum liegt in seinem un- bzw. vorhistorischen Charakter. Die ersten Christen erwarten die unmittel-

---

28 Das Johannesevangelium (Anm. 25), S. 494.
29 Ebenda.
30 Anfänge (Anm. 23), S. 29.

bar bevorstehende Wiederkunft Christi; sie sind durchdrungen vom baldigen Ende aller Geschichte und scheren sich daher – die Apostelgeschichte ausgenommen – keinen Deut um die Überlieferung ihrer Vergangenheit für die Zukunft. Eine Zukunft «liegt ebensowenig wie überhaupt eine irdische Geschichte [...] in den ursprünglichen Erwartungen des Christenthums, welches ja in diese Welt trat mit der Ankündigung ihres demnächst geschehenden Unterganges»[31] – so hat Overbeck schon in der *Christlichkeit* 1873 formuliert, und in späteren Aufzeichnungen wird er feststellen: «Das *Christentum* hat damit angefangen, eine Geschichte für sich abzulehnen und eine solche denn auch nur gegen seinen eigenen, uranfänglich ausgesprochenen Willen erlebt.»[32] So lebt der Christ des ersten und zweiten Jahrhunderts schwärmerisch und asketisch immer in der Gegenwart, die für ihn vom kommenden Gottesreich her erfüllte Zeit ist. Er ist zeit- und weltlos, gleichsam bereits in die Ewigkeit entrückt. Overbecks Urteil über die Historisierung des Christentums, über seine Geschichte seit der zweiten Hälfte des zweiten Jahrhunderts, muß also konsequent und unerbittlich lauten:

> «Das Christentum unter den Begriff des Historischen stellen, also zugeben, daß es historisch geworden ist, heißt zugeben, daß das Christentum *von dieser Welt* ist und in ihr, wie alles Leben, nur gelebt hat, um sich auszuleben. Der Kategorie der Entwicklung unterliegend unterliegt es auch dem allgemeinen Schema der historischen Betrachtung der Dinge, in der man von einem Anfang, einem Blütezeitalter und einem Ende spricht, was echtes und reales Christentum nie anerkannt hat. Auf den Boden der geschichtlichen Betrachtung versetzt, ist das Christentum rettungslos dem Begriff der Endlichkeit oder auch der Decadenz verfallen.»[33]

Um im Bild zu bleiben: Das echte Christentum ist eine in der späten römisch-hellenistischen Antike kurz aufblühende und wieder verwelkende Religion, von der wir nur noch den Namen tragen. Was danach «Christentum» heißt, hat mit dem Lebensgefühl, mit dem Glauben der ersten Christen so wenig gemein, daß es sich mit Recht nie so hätte nennen dürfen. Jede Berufung auf diese Religion seither ist Irrtum, jedes Bekenntnis heute, Christ zu sein, ist Illusion. In Nietzsches Metaphorik übersetzt: Der christliche Gott ist schon längst tot, seit siebzehn Jahrhunderten ungefähr; wir haben es nur noch nicht gewußt. *Finis christianismi – Ende des Christentums*: das ist nicht erst eine Entwicklung des neunzehnten Jahrhunderts, sondern bereits in der Antike geschehen.

---

31 Über die Christlichkeit (Anm. 7), S. 27; jetzt auch OWN 1, S. 173.
32 OWN 6/1, S. 39.
33 OWN 6/1, S. 40.

An dieser Transformation von Overbecks These in Nietzsches Bild vom *Tode Gottes* liegt mir ungemein. Sie zeigt nämlich, wie analog beider Argument ist – und wie völlig unterschiedlich ihr Zugang. Wo der Philosoph Nietzsche ungeschützt theologisch redet, indem er den Zentralbegriff *Gott* in den Mittelpunkt stellt, redet der Theologe Overbeck völlig untheologisch, nämlich rein als Literatur- bzw. Religionshistoriker. Beide konstatieren die Destruktion des Christentums, aber Nietzsche schreit seine Entdeckung heraus, bei Overbeck entwickelt sie sich folgerichtig aus auf den ersten Blick relativ abseitigen literatur- und gattungsgeschichtlichen Klärungen. Overbecks Destruktion des Christentums kommt leiser daher als Nietzsches und ohne dessen Pathos, ist aber zugleich wirkungsvoller, weil deutlich besser wissenschaftlich aus dem Charakter des ältesten Christentums heraus begründet – nicht umsonst liegt die seither von der «Religionsgeschichtlichen Schule» an der Schwelle zum zwanzigsten Jahrhundert neu begründete und spätestens seit Albert Schweitzer allgemein akzeptierte These von der *Naherwartung* der ersten Christen und vom *eschatologischen* Charakter des Christentums den christlichen Dogmatikern wie ein Stein im Magen und erfordert immer wieder neue Interpretationen dessen, was man unter *eschatologisch* eigentlich verstehen will. Nietzsche leidet zugleich am *Tode Gottes*, wie er sich durch ihn befreit fühlt; Overbeck nimmt kühl das Protokoll der Christentumsgeschichte auf, um es so «mit der Zeit unmöglich zu machen».[34]

Aber bei aller Verschiedenheit des Zugangs: Beide, Nietzsche wie Overbeck, reden von einem historischen Vorgang – und letztlich: vom selben Vorgang. Es geht um die Entdeckung eines Endes, und es geht um den christlichen Gott. Dabei ist es im Kern nicht erheblich, ob einer die Auflösung des Glaubens an Gott im beginnenden Industriezeitalter beschreibt oder das Versanden der Naherwartung im zweiten Jahrhundert. Im Kern ist es genausowenig erheblich, ob man unter Christentum nur den Glauben der ersten christlichen Generationen versteht oder pauschal von Gott redet und den gemeinhin christlich genannten meint. Die *Struktur* der Prozesse, die von Nietzsche und Overbeck benannt werden, ist *analog*, die Sache dieselbe*: Der Glaube ist an sein geschichtliches Ende gelangt. Gott ist tot – Ende des Christentums.*

---

34 Aus Overbecks Briefwechsel mit Heinrich Köselitz, 25. September und 1. November 1883; hier zitiert nach Niklaus Peter, Artikel «Overbeck, Franz Camille»; in: Theologische Realenzyklopädie, Bd. 25, Berlin u. New York 1995, S. 563.

Ich kann hier die Schwächen von Overbecks Argumentation nicht diskutieren, sondern nur auf sie hinweisen; sie beruhen allesamt auf Reduktion, und zwar im wesentlichen in drei Bereichen. Zum ersten ist Overbecks Identifikation des ursprünglichen Christentums mit Eschatologie im Sinne einer Naherwartung zwar in der Hauptsache zutreffend, doch in ihrer pauschalen Durchführung an den Rändern zumindest unscharf, wenn nicht falsch. Die Apostelgeschichte, mit der er sich nicht ohne Grund sein ganzes Leben hindurch schwergetan hat, aber auch das kunstvoll komponierte Johannesevangelium etwa rechnen mit einer Nachwirkung, also mit einer Zukunft. Die Geschichte reicht an den Rändern eben doch schon in die Schriften des Neuen Testaments herein, vor allem, wenn man sie auf dem Hintergrund der zeitgenössischen «häretischen» jüdischen Literatur liest. Zum zweiten steht Overbeck mit seiner Reduktion des Christentums auf seine Ursprünge in jener humanistisch-protestantischen Tradition, die in der Geschichte vornehmlich Abkehr vom ursprünglich Wahren, Dekadenz und Verfall sieht. Diese Tradition beginnt mit der humanistischen Forderung *ad fontes* und reicht über das reformatorische *sola scriptura* und Gottfried Arnolds *Unparteiische Kirchen- und Ketzerhistorie* bis in die Gegenwart. Sie handhabt jedoch einen Focus, der zwar den Blick für Differenzen schärft, andererseits jedoch ganze Wirklichkeitsbereiche wie Wirkungsgeschichte und Kontinuität ausblendet oder negativ besetzt. Zuletzt fehlt Overbeck völlig der Sinn für die psychische und soziale Funktion der Religionen unabhängig von ihrem historischen Wahrheitsgehalt. Er kennt zwar für sich persönlich Lebenswahrheiten (oder vielleicht besser: Lebensmaximen), die er aus eigener Erfahrung und – eklektisch – aus der philosophischen und moralistischen Tradition schöpft; aber darüber hinaus ist sein Wahrheitsverständnis streng historistisch. Daß eine Religion einen Symbolkosmos ganz eigener Qualität darstellt, dessen Plausibilität für das Subjekt von den zufälligen Umständen seiner Genese völlig unberührt bleibt, fällt aus Overbecks historischem Paradigma heraus; daß wir es in religiöser Sprache weniger mit Historie als mit archetypischen Bildern zu tun haben, in denen sich Prozesse des Unbewußten spiegeln – diese Erkenntnis ist zwar etwa bei Schleiermacher und den Romantikern bereits angelegt, tritt aber erst nach Overbeck im Zusammenhang mit der Kultursoziologie Simmels und der Psychoanalyse in den Mittelpunkt des Interesses.

IV.

Mit dem Stichwort *Romantiker* sind wir beim letzten Punkt, dem Versuch, die Unterschiede in Temperament und Lebensgefühl beider Freunde herauszuarbeiten. Franz Overbeck nämlich steht durchaus *auch* in der Tradition der Romantik. «Ich bin ein kritischer Träumer», schreibt er einmal über sich selbst,[35] und damit treten die beiden geistigen Strömungen ins Licht, denen sich seine geistige Welt verdankt: Aufklärung und Romantik. Romantisch ist die Freude an der Natur und vor allem die Hinwendung zur Geschichte, der radikale Individualismus und zugleich die Fähigkeit zur Seelenfreundschaft. Romantisch ist der Freiheitsenthusiasmus, der noch in dem alten Manne glüht und in dem sich der romantische mit dem aufgeklärten Geist trifft. Aufklärerisch ist an Overbeck der Grundzug seines Wesens: seine Unruhe, seine Neigung zu radikaler Kritik, seine ebenso radikale Skepsis. Um dieser Basis seiner geistigen Existenz willen hat man ihn mit Pierre Bayle verglichen, mit Lessing oder Lichtenberg, ja hat ihn als einen späten Erben des *siècle des lumières* im so viel engeren Bürgerlichen Jahrhundert gesehen. Blickt man auf die zehntausende der hinterlassenen Blätter seines nie fertiggestellten *Kirchenlexicons*, so hat er jedenfalls mit Bayle und den Enzyklopädisten die Universalität gemein und mit Lichtenberg den Verzicht auf die systematische Struktur.

Trotzdem bleibt ein gravierender Unterschied: Overbeck schreibt, anders als die genannten, für die Schublade – ganz wörtlich, denn in den Schubladen seines Schreibtisches bewahrt er das wichtigste seiner Werke auf, eben jenes *Kirchenlexicon*, zunächst Arbeitsinstrument, dann Materialsammlung für sein Projekt einer profanen Kirchengeschichte, zuletzt umfassendes Medium der Reflexion und Selbstreflexion, ewigen Kreisens, Beobachtens, Fragens. Ein solcher Wust von Zetteln mit seinen Exzerpten, Literaturangaben, Querverweisen und eigenen Gedanken ist trotz strengster Alphabetisierung in etwa fünfzehntausend Stichworten zu kompletter Publikation weder bestimmt noch geeignet.[36] Es ist ein vielleicht zu Beginn nicht gewollter und am Ende bereuter Verzicht auf Wirkung, der sich hier merkwürdig paart mit der Radikalität der Inhalte, die da den Schubladen übergeben werden. In dieser Hinsicht möchte ich Overbeck am ehesten mit Reimarus ver-

---

35 In den Selbstbekenntnissen (Anm. 4); hier zitiert nach Eberlein, Flamme (Anm. 1), S. 205.
36 Etwa 5 Prozent der Stichworte – jedoch mehr an Material – bilden heute die gewichtigen Bände OWN 4 und 5; dazu kommen als Ergänzung zur Erschließung der Texte die Bände 6/1 und 6/2.

gleichen – oder mit Jean Meslier, jenem unauffälligen Landpfarrer in der Champagne zur Zeit Louis XIV und der Régence, der mit seinem ebenfalls der Schublade anvertrauten *Testament* der Welt ein an Schärfe und Konsequenz kaum zu überbietendes erstes atheistisches Manifest hinterlassen hat.[37]

Der Mangel an Wirkung jedenfalls ist symptomatisch. Franz Overbeck ist kein Mensch der Position. Er konstatiert den Untergang des Christentums, ohne etwas an seine Stelle setzen zu können oder zu wollen. Er bleibt in der Negation, bleibt am Nullpunkt stehen ohne die Möglichkeit, über ihn hinauszuweisen. Er ist ein Meister der Kritik, dem jedes Erbauliche, Konstruktive, Prophetische abgeht.

Das unterscheidet ihn fundamental von Nietzsche, der beim *Tode Gottes* eben nicht aufgibt. Der über den Nullpunkt hinausgeht und neue Positionen setzt. Der Zarathustra, den Künder neuer Werte, als seinen Sohn bezeichnen kann – es ist kein Zufall, daß Overbeck dem geistigen Weg seines Freundes von diesem Zeitpunkt nicht mehr zu folgen vermag. Nietzsche konnte in seinen Positionen mißverstanden, mißbraucht und falsch gelesen werden – aber gerade in ihnen liegt auch das Zukunftsweisende und Faszinierende seiner Schriften. Zukunftsweisend ist an Overbeck nichts – es sei denn, man füllt Begriffe wie *Urgeschichte* mit neuem Inhalt, wie es etwa der Neubegründer der protestantischen Theologie im zwanzigsten Jahrhundert, Karl Barth, nicht ohne Vergewaltigung der Intentionen Overbecks getan hat.[38] Overbeck setzt ein Ende, Nietzsche versucht darüber hinaus einen Anfang. *Tod Gottes – Ende des Christentums*: Zwischen beiden spannt sich eine Humanität ohne Gott im nachchristlichen Zeitalter auf.

---

37 In Deutschland freilich ist Meslier kaum wahrgenommen worden – mit Ausnahme der DDR, die in ihm einen frühen Vorkämpfer des Klassenkampfes gesehen hat. So stammt die einzige zugängliche deutsche Übersetzung von Auszügen seines Werkes aus dem Jahre 1908, während seit 1970/72 eine große französische Ausgabe der *Œuvres complètes* in drei Bänden vorliegt und sich 1974 ein internationaler Kongreß in Reims mit Meslier beschäftigt hat. Hier gibt es noch einen erheblichen Forschungsbedarf.
38 Produktives Mißverstehen findet sich bereits in Karl Barths erster Overbeck-Schrift: Unerledigte Anfragen an die heutige Theologie; in: Zur inneren Lage des Christentums. Eine Buchanzeige und eine Predigt von Karl Barth und Eduard Thurneysen, München 1920, S. 3–24.

Christus oder Dionysos:
Zu Karl Barths Nietzsche-Rezeption

Daniel Mourkojannis

1. Einleitung

Wenn Karl Barth in einem Atemzug mit Friedrich Nietzsche genannt wird, dann hat das unter den Theologen seit jeher zu Irritationen geführt. Zwar wird die Nietzsche-Rezeption in Karl Barths Schriften nie in Frage gestellt. Heftig gestritten wird allerdings über den Grad der Wirkung, die Nietzsche auf Barths theologisch-literarisches Schaffen hatte. Hinter diesem Streit um Nietzsches Erbe in der Theologie Karl Barths verbirgt sich nicht zuletzt die innertheologische Auseinandersetzung um seine Rolle als Repräsentant der dialektischen Theologie, die das Ende, zumindest aber doch das historische Zurücktreten der sogenannten liberalen Theologie bedeutete. Hat die auf die religionsgeschichtlichen und religionsphilosophischen Schulen des neunzehnten Jahrhunderts zurückgehende liberale Theologie gegenüber den gesellschaftlichen Umbrüchen und politischen Katastrophen in den ersten zwei Dezennien des letzten Jahrhunderts wirklich versagt? Und ist sie schließlich, wie es in der Rezeption der dialektischen Theologie Karl Barths heißt, durch ihre politische Nähe zur konstitutionellen Monarchie und zu deren ständisch-hierarchischem Ordnungsmodell blind geworden gegenüber echten demokratischen Alternativen? War es also erst der nachfolgenden Theologengeneration um Karl Barth vorbehalten, in ihrem Entsetzen über die Folgen des Ersten Weltkriegs und der ungebrochenen Zustimmung zu diesem Krieg seitens ihrer liberalen Lehrer die Theologie zu revolutionieren? Anders gefragt: Gaben sie mit ihrer Theologie der Krise, wie die dialektische Theologie auch genannt wird, der Unbehaustheit des modernen Menschen einen auch christlichen Ausdruck?

Den Lesarten, die hinter diesen Fragen stehen, wird nun entgegengehalten, daß der Kritik der Krisis-Theologie an ihren liberalen Lehrern nicht eigentlich der Schreck über die Nähe zum Militarismus, Kapitalismus und zur Monarchie zugrunde lag, sondern eher juveniler Übermut. Schließlich war der Krieg in den zwanziger Jahren vorbei und die

Weimarer Republik ausgerufen. Und während man sich von seiten der liberalen Theologie um eine vorsichtige Annäherung bemüht und die Demokratisierung aller Lebensbereiche begrüßt und unterstützt habe, sei von der Krisis-Theologie eben dies aufs Spiel gesetzt worden. So und ähnlich findet sich die Kritik bei Friedrich Wilhelm Graf, Kurt Nowack und Trutz Rendtorff – frei nach Ernst Troeltschs Bemerkung, daß die «heutige theologische Jugend den Antihistorismus, den Irrationalismus und Intuitionismus, Dinge, um die wir Älteren uns heiß und vorsichtig bemüht haben», bereits als «bequeme und vergnügte Dogmen handhabt».[1] Eine gewaltige Destruktionsmaschinerie sei also hier in Gang gesetzt worden und verdanke ihre ungeheure Wirkung vor allem der Aufnahme nietzscheanischer Gedanken.

Von diesem Standpunkt her wird die Nietzsche-Rezeption bei Karl Barth zu einem Vehikel einer fulminanten Barth-Kritik. Je näher man nun Barths Aussagen – gerade aus den zwanziger Jahren – in den Schatten von Nietzsches eben auch antiaufklärerischem Pathos rücken kann, desto deutlicher, meint man, treten dessen antidemokratische, subjektkritische und totalitäre Denkmuster hervor.[2] Daß gerade Schweizer Stimmen vor diesem Hintergrund bemüht sind, den Nietzsche-Anteil in Barths theologischem Œuvre eher geringzureden, so etwa Niklaus Peter in seinem Aufsatz *Barth als Leser und Interpret Nietzsches* (1994), verwundert daher nicht.[3] Erstaunlich an dieser Debatte ist nur, daß man auf beiden Seiten um ein differenziertes Bild von Nietzsches Philosophie

---

1 Ernst Troeltsch, «Ein Apfel vom Baume Kierkegaards»; in: Christliche Welt, 35. Jg. 1921, Sp. 186–190, hier: Sp. 189.
2 Wagners sowie Grafs Kritik wurden ursprünglich im Rahmen eines Oberseminars an der theologischen Fakultät der Universität München vorgetragen. Es stand unter der Leitung von Trutz Rendtorff, der diese und andere Beiträge später in einem Band gesammelt und herausgegeben hat. Vgl. Falk Wagner, Theologische Gleichschaltung. Zur Christologie bei Karl Barth, S. 10–43, hier: S. 22 u.ö., sowie Friedrich Wilhelm Graf, Die Freiheit der Entsprechung zu Gott. Bemerkungen zum theozentrischen Ansatz der Anthropologie Karl Barths, S. 76 118, hier S. 88, beide in: Trutz Rendtorff, Die Realisierung der Freiheit. Beiträge zur Kritik der Theologie Karl Barths, Gütersloh 1975. Besonders Grafs Totalitarismusvorwurf, den er in anderen Publikationszusammenhängen und Vorträgen variiert und vor allem theologiegeschichtlich vertieft hat, ist bei Barthschülern auf erbitterten Widerstand gestoßen. Noch 1986 widmet die theologische Fachzeitschrift *Evangelische Theologie* der Auseinandersetzung um Barths angebliche Totalitarismusanfälligkeit ein eigenes Themaheft (Evangelische Theologie 46 [1986]). Vgl. auch Wolf Krötke, Gott und Mensch als «Partner». Zur Bedeutung einer zentralen Kategorie in Karl Barths Kirchlicher Dogmatik; in: Theologie als Christologie. Zum Werk und Leben Karl Barths. Ein Symposium, hrsg. von Heidelore Köckert und Wolf Krötke, Berlin 1988, S. 106–120.
3 Vgl. Niklaus Peter, Karl Barth als Leser und Interpret Nietzsches; in: Zeitschrift für Neuere Theologiegeschichte 1 (1994), S. 251–264.

nicht sonderlich bemüht ist. Vor allem für die Vertreter einer neoliberalen Position ist Nietzsche der antihumanistische Denker, dessen destruktive Wirkung vor allem auf moralischem Gebiet außer Frage steht: So spricht etwa Trutz Rendtorff in der *Theologischen Realenzyklopädie* noch 1982 im Blick auf Nietzsches *Genealogie der Moral* von einer «Liquidation der Ethik».[4]

Blickt man zurück auf die aktuelle Auseinandersetzung um Nietzsches Hinterlassenschaft in Barths Schriften, so zeigt sich, daß es die Theologie selbst ist, die hier um eine Position ringt, die es ihr erlaubt, aus dem Schatten Karl Barths herauszutreten. Dabei muß sie allerdings erkennen, daß immer noch alle wirklich innovative systematische Theologie eben aus der Auseinandersetzung mit Karl Barth, dem wohl bedeutendsten theologischen Denker des zwanzigsten Jahrhunderts, kommt. Daß sich das vielschichtige Potential der Barthschen Theologie dabei unter anderem der Lektüre Friedrich Nietzsches verdankt, gilt es nun im Folgenden darzulegen.

2. Annäherung: Karl Barths frühe Nietzsche-Lektüre

Als maßgebliche Schrift der dialektischen Theologie gilt unbestritten Barths *Römerbrief*, der 1922 in der zweiten Auflage erschien.[5] In keinem anderen theologischen Buch oder Essay hat sich der Bruch mit der liberalen Theologie so wortgewaltig und wirkungsmächtig artikuliert. Barths *Römerbrief II*, gehalten in Form eines exegetischen Kommentars zum gleichnamigen Brief des Apostel Paulus, aber eigentlich eine theologische Streitschrift, rechnet ab mit dem anthropozentrischen Ansatz seiner liberalen Lehrer und stellt dagegen die Überwindung des religiös gestimmten Menschen in den Mittelpunkt seiner Überlegungen.

Schon sehr bald nach Erscheinen haben Kritiker wie der lutherische Theologe Paul Althaus auf die Nähe Nietzsches hingewiesen und Barth vorgeworfen, sein Buch mache dessen Immoralismus und Atheismus zum «Sprungbrett des Gottesglaubens».[6] So sehr häufen sich in den Stellungnahmen zu dem Buch die Hinweise auf Nietzsche, daß Barth selbst zur fünften Auflage seiner Schrift anmerkt, ob das, was seine Leser für «Paulus, Luther und Calvin» hielten, nicht nur ein «Absud aus Nietz-

---

4 Trutz Rendtorff, Ethik der Neuzeit; in: Theologische Realenzyklopädie, Bd. 10, Berlin u. New York 1982, S. 481–517, hier: S. 509.
5 Karl Barth, Der Römerbrief [1922], Zürich [15]1989 (künftig: Römerbrief II).
6 Paul Althaus, Theologie und Geschichte; in: Zeitschrift für systematische Theologie 1923/24, S. 741–786, hier: S. 747.

sche, Kierkegaard und Cohen» sei.[7] Fragt man nach Barths literarischer Beziehung zu Nietzsches Schriften, kommt man in der Tat am *Römerbrief II* nicht vorbei. Die Entstehungsgeschichte des Textes zeigt von Beginn an Spuren von Barths Nietzsche-Lektüre. Diesen soll hier im einzelnen gefolgt werden, bevor dann die eigentliche thematische Auseinandersetzung zu erörtern ist.

Barth hat in den Briefen an seinen Freund und theologischen Weggefährten Eduard Thurneysen aus dem Jahr 1920[8] mehrfach darauf hingewiesen, daß er neben Kierkegaard, Ibsen und Dostojewski auch Nietzsche intensiv studieren wolle. So heißt es im Brief an Thurneysen vom 14. Juni 1920:

> «Ich war die ganze letzte Woche an Nietzsches Anfängen, die wohl besser waren als das Spätere. In der ‹Geburt der Tragödie› ist viel Gutes. ‹Jenseits von Gut und Böse› aus seiner letzten Zeit sah mich bei viel Trefflichen doch etwas starr und schon verholzt an.»[9]

Einen Monat später schreibt er an denselben Adressaten:

> «Ich bin sehr froh, daß ich all diese Leute [Dostojewski, Nietzsche und Ibsen] erst jetzt richtig lese und nicht, wie so viele, schon als Gymnasiast oder Student vermeintlich hinter mich gebracht habe.»[10]

Diese Hinweise lassen vermuten, daß Barth Nietzsches Schriften schon mit Blick auf eine Überarbeitung der ein Jahr zuvor erschienenen ersten Auflage des Römerbrief-Kommentars rezipiert hat. Denn er liest «weiter Nietzsche», ist aber «immer noch abwartend-unproduktiv dran», wie es in einem weiteren Brief an Thurneysen im Oktober 1920 heißt.[11]

Nach Barths Selbstauskunft findet also eine intensive Beschäftigung mit den Schriften Nietzsches statt: Dessen frühe kulturphilosophischen Texte hinterlassen auf ihn einen starken Eindruck. Die Nietzsche-Lektüre hat somit sicherlich für Barths Position im *Römerbrief II* eine stark konturierende und radikalisierende Funktion.[12] Es darf aber nicht übersehen werden, daß Nietzsche schon vor Barths (eigentlicher) dialektischer Phase eine seiner literarischen und kulturkritischen Bezugs-

---

7 Römerbrief II, S. XXXIII.
8 In der Zeit also zwischen der Veröffentlichung des ersten *Römerbriefes* und seiner Neufassung für die zweite Aufl.
9 Karl Barth, Gesamtausgabe, Zürich 1971ff., Bd. (= Abt.) 5, Briefwechsel Karl Barth u. Eduard Thurneysen, Bd. 1, S. 398.
10 Ebenda, S. 426. Allerdings gilt es auch eine weitere Selbstauskunft Barths zu berücksichtigen, wonach er natürlich als junger Mann Nietzsche gelesen habe.
11 Ebenda.
12 Vgl. ebenda, S. 259.

größen bildet. Darauf weisen zumindest die vielen Belege im Frühwerk, also vor allem in den kleineren Artikeln, Rezensionen und Vorträgen hin.[13] Sicherlich ist darin vornehmlich eine Schlagwortrezeption zu sehen, in der griffige Formeln Nietzsches, wie etwa «Umwertung der Werte», ganz unspezifisch oder gar gegen ihre ursprüngliche Intention benutzt werden.[14] Diese Rezeption zeigt jedoch, daß Barth gegenüber Nietzsche keine Berührungsängste kennt[15] und sich zum anderen nicht davor scheut, mit dessen analytischem Instrumentarium gängige Deutungsschablonen nach der Vorgabe bürgerlicher Mittelmäßigkeit bloßzustellen und zu unterlaufen.

Eine Erschütterung des vom theologischen Liberalismus übernommenen Gedankens eines letztlich einheitlichen Wertekosmos ist in diesen Nietzsche-Bezügen jedoch nicht zu erkennen. Nicht dessen Genie-Begriff und die Moralkritik, sondern das «ethische Versagen» der liberalen Theologie vor der deutschen Kriegsideologie lassen Barth an den auf eine letzte Einheit von Gott und Geschichte beruhenden liberalen Konzeptionen zweifeln.[16] Ebenso stellt er zunehmend deren Geschichtsbegriff überhaupt in Frage, der vor allem die biblischen Texte nicht wirklich kritisch, sondern nur noch «distanziert-historisch»[17] bestenfalls als Monumente einer längst vergangenen Epoche zu lesen wußte: zumindest in der Wahrnehmung Karl Barths. Sein eigener theologischer Beitrag zur Krise in der deutschen Theologie und Gesellschaft, sein erster Kommentar zum Römerbrief, ist denn auch eine radikal gegenwartsbezogene und «unhistorische» Auslegung des biblischen Textes.[18] Für Nietzsche läßt diese Interpretation bis auf ein unspezifi-

---

13 Vgl. das in der Gesamtausgabe Bd. (= Abt.) 3 hrsg. Frühwerk. Darin: Vorträge und kleinere Arbeiten 1905–1909; Vorträge und kleinere Arbeiten 1909–1914; Konfirmandenunterricht 1909–1921.
14 Vgl. Barth, Vorträge und kleinere Arbeiten 1905–1909, S. 10; Vorträge und kleinere Arbeiten 1909–1914, S. 225 u.ö.
15 Dazu hat sicherlich auch der Umstand beigetragen, daß die Familie Barth aus dem Basler Bürgertum stammt, entfernt mit Nietzsches Kollegen Jacob Burckhardt verwandt ist und vor allem Karl Barths Vater als Schüler auf dem Basler Pädagogikum auch Nietzsche, der dort neben seiner Lehrtätigkeit an der Universität Altgriechisch unterrichtete, als Lehrer kennengelernt hatte. Vgl. zu diesen biographischen Anmerkungen Eberhard Busch, Karl Barths Lebenslauf, München 1976, S. 14 sowie Peter (Anm. 3), S. 255, Anm. 22.
16 Fast alle akademischen Lehrer Barths, mit Ausnahme von Martin Rade, gehören zu den Mitunterzeichnern des Kriegsaufrufs der deutschen Intellektuellen. Vgl. dazu Wilfried Härle, Dialektische Theologie; in: Theologische Realenzyklopädie, Bd. 8, Berlin u. New York 1981, S. 683–696, hier: S. 664.
17 Peter (Anm. 3), S. 256.
18 Eberhard Jüngel hat sie «Hermeneutik der Gleichzeitigkeit» genannt. Vgl. Jüngel, Barth-Studien, Zürich u. Köln 1982, S. 85. Vgl. auch Peter (Anm. 3), S. 257.

sches *Zarathustra*-Zitat keinen Raum. Aber es verwundert nicht, daß Barth, der für seine prophetische Bibellektüre «neben den ebenfalls zeitbezogenen aktualisierenden Bibelauslegungen von Herrmann Kutter und Leonhard Ragaz auf diejenige der beiden Blumhardt sowie auf pietistische und reformatorische Ausleger» zurückgreifen kann,[19] doch noch, wenn auch vielleicht «erst ganz am Schluß seiner Arbeit am Römerbrief, auf die grundsätzlichen Parallelen seiner Hermeneutik zu Nietzsches Historismus-Kritik aufmerksam»[20] wird. So hat Barth sich in einem später allerdings nicht übernommenen Vorwortentwurf vor allem Nietzsches Kritik an dem Objektivitätsgebot der aktuellen Geschichtsschreibung zu eigen gemacht, da es das Vergangene bloß als «Antiquarisches» archiviere.[21] Statt dessen sei Geschichte zu verstehen «als ein fortgesetztes Zwiegespräch zwischen der Wahrheit die da war und die da kommt»:

> «Die Kunst der Geschichtsschreibung wird dann gerade darin bestehen müssen, die bestehenden Differenzen einstiger und heutiger Denk- und Empfindungsweisen im Bewußtsein ihrer Unwichtigkeit aus diesem Zwiegespräch auszuschalten, statt sie beständig als das Entscheidende hervorzuheben.»[22]

Zur Bestätigung dieses Gedankens zitiert er im Anschluß an Nietzsches *Vom Nutzen und Nachtheil der Historie für das Leben* folgende Passage:

> «‹Nur aus der höchsten Kraft der Gegenwart dürft ihr das Vergangene deuten: nur in der stärksten Anspannung eurer edelsten Eigenschaften werdet ihr erraten was in dem Vergangenen wissensbewahrungsbedürftig und groß ist: Gleiches durch Gleiches! Sonst zieht ihr das Vergangene zu euch nieder!› (Nietzsche 1874)».[23]

In dieser Parallelisierung der eigenen Kritik an der historisch orientierten Theologie mit Nietzsches allgemeiner Historismuskritik, die übrigens expressis verbis eine Kritik an der historischen Theologie miteinschließt, deutet Barth zaghaft an, daß in einer Nietzsche-Lektüre noch weiteres Potential für das eigene theologische Arbeiten liegt.

---

19 Peter (Anm. 3), S. 256. Vgl. auch Barths Bemerkungen zu seiner hermeneutischen Methode im Vorwort zur ersten Auflage des *Römerbriefs*. Er schreibt dort u.a.: «Aber viel wichtiger als diese Wahrheit [daß Paulus zu seinen Zeitgenossen redet] ist die andere, daß er als Prophet und Apostel des Gottesreiches zu allen Menschen aller Zeiten redet» (Der Römerbrief, Erste Fassung 1919 [künftig: Römerbrief I]; in: Gesamtausgabe Bd. [= Abt.] 2, Zürich 1985, S. 3).
20 Peter (Anm. 3), S. 258.
21 Römerbrief I, S. 583. Vgl. auch Nietzsches in *Vom Nutzen und Nachtheil der Historie für das Leben* getroffene Unterscheidung der Geschichtsschreibung in antiquarisch, monumentalisch und kritisch (KSA 1, S. 258–270).
22 Römerbrief I, S. 587.
23 Ebenda, S. 588. Siehe KSA 1, S. 293f.

In einem im darauffolgenden Jahr in Deutschland gehaltenen Vortrag *Christ und Gesellschaft*, der als weiterer Markstein in der Distanzierungsphase Barths von der liberalen Theologie gilt, findet Nietzsche erneut – und wiederum nur marginal – Erwähnung. Der Name taucht in zwei Zusammenhängen auf: In der Problematisierung des Lebensbegriffs wird «Nietzsche-Dionysos'»[24] Lebensbejahung kritisch bedacht, und sein «Protest» gegen «das Christentum als solches» wird ebenso wie der Protest «Kierkegaards gegen Ehe und Familie, Tolstois gegen Staat, Bildung und Kunst, Ibsens gegen die bewährte bürgerliche Moral»[25] in die Fluchtlinie des Angriffs Gottes auf alle bestehenden gesellschaftlichen Ordnungen interpretiert. Ihr Protest ist Ausdruck der Krisis, Ausdruck von Gottes Gericht, in das die Menschheit gerät, die sich und ihren Einrichtungen eine religiöse Weihe zukommen läßt aufgrund eines vermeintlichen Einverständnisses Gottes mit der als die eigene Kultur erfahrenen Welt.[26] Soweit werden hier bereits in den ersten Schriften noch vor der «Dialektischen Theologie», aber auf dem Weg dorthin, die folgenden Problemfelder genannt und Nietzsche schon vorsichtig in Relation dazu gesetzt: die Historie, das Leben und deren absolute Krisis, in denen Nietzsches Philosophie – natürlich nicht ausschließlich, sondern neben anderen Philosophemen (zu denken ist auch an den durch Barths Bruder Heinrich vermittelten Neukantianismus) – Einlaß findet und damit auf den erneuten Umgestaltungsprozeß der theologischen Ethik wirkt.

Im Sommer des darauffolgenden Jahres (1921) forciert Karl Barth also seine Nietzsche-Lektüre. Dies geschieht unter anderem auch unter dem Einfluß anderer reformwilliger Kollegen und sicherlich im Zusammenhang mit dem Theologen und väterlichen Freund Nietzsches Franz Overbeck, dessen postum erschienene Textkompilation *Christentum und Kultur* von Barth noch im Frühjahr rezensiert wurde.[27] Als dann die Neuauflage des *Römerbriefes* ansteht und Barth zur Ansicht gelangt, «daß das Buch unverändert unmöglich abgedruckt werden darf, sondern an Haupt und Gliedern reformiert werden muß»,[28] ist diese «Reformation» ohne Nietzsche schon nicht mehr denkbar.

---

24 Karl Barth, Der Christ in der Gesellschaft; in: Barth, Das Wort Gottes und die Theologie. Gesammelte Vorträge 1, München 1925, S. 59.
25 Ebenda, S. 61.
26 Ebenda, S. 48f.
27 Vgl. Barths Rezension: Unerledigte Anfragen an die heutige Theologie; in: Barth, Die Theologie und die Kirche (Gesammelte Vorträge Bd. 2), München 1928, S. 1–25. Zum Prozeß der Entstehung der zweiten Fassung des *Römerbriefs* vgl. Busch (Anm. 15), S. 127–138.
28 So Barth an Thurneysen, 27. Oktober 1920; Briefwechsel Barth/Thurneysen, Bd. 1, S. 435.

3. Barths Historismus- und Moralkritik im Römerbrief II: *Nietzsche-Pathos oder Nietzsche-Kritik?*

Barths Nietzsche-Rezeption in der zweiten Auflage von *Der Römerbrief* ist äußerst facettenreich und beschränkt sich längst nicht auf das mit deutlicher Anspielung eingeleitete Kapitel «Vom Nutzen der Historie», in dem er «von Nietzsche inspiriert, die Notwendigkeit des ‹Unhistorischen› in der Geschichte reflektiert und dies durch mehrere Zitate aus Nietzsches zweiter ‹Unzeitgemäßer Betrachtung› belegt».[29] Tatsächlich läßt hier Barth eine Verbindung zu Nietzsches Kritik an einem szientistisch verkürzten Geschichtsbegriff erkennen. Es geht ihm im wesentlichen um die Sicherung der eigenen «unhistorischen Hermeneutik», die – vermeintlich – entgegen der historisch-kritischen Methode ein Selbstgespräch der Gleichzeitigkeit zwischen Vergangenem und Gegenwärtigem propagiert, denn:

> «Die deutlichsten Zeugnisse können nichts sagen, und die schärfste historische Aufmerksamkeit kann nichts hören, wo das Selbstgespräch des Gleichzeitigen nicht in Fluß kommt.»[30]

Und auch der Versuch, das «ungeschichtliche Oberlicht», in dem die «Gleichzeitigkeit, die einheitliche Wichtigkeit und Würde alles Geschehen» erscheint,[31] in Beziehung zu Nietzsches «Dunstschicht des Unhistorischen»[32] zu setzen, dient erneut eher der Bestätigung der eigenen hermeneutischen Methode, als daß Barth darin mit Nietzsche die notwendige Voraussetzung eines geschichtlichen Ereignisses erkennen würde.[33]

Wichtiger als die Zitaten-Collage im Zusammenhang mit der «Hermeneutik der Gleichzeitigkeit»[34] scheint Barths Bezugnahme auf Nietzsches Kritik an der idealistischen Geschichts- und Moralphilosophie zu sein. Sie wird deutlich in der Auseinandersetzung mit der ethisch-religiösen Geschichtsphilosophie liberaltheologischer Provenienz, wie er sie im *Römerbrief II* führt.

---

29 Peter (Anm. 3), S. 260.
30 Römerbrief II, S. 132.
31 Ebenda, S. 126.
32 Dieser Begriff ist Teil der längeren Passage in Nietzsches *Vom Nutzen und Nachtheil der Historie für das Leben* (vgl. KSA 1, S. 252–255), die Barth mit großen Auslassungen zitiert: Römerbrief II, S. 126f.
33 Vgl. dazu auch Peter (Anm. 3), S. 260.
34 Jüngel (Anm. 18) S. 85. Vgl. auch Anm. 26.

In der liberaltheologischen Konstruktion, Gott als Garant für die eigenen letztlich kontingenten Wertvorstellungen und Ordnungskriterien zu etablieren, kann Barth nur einen illegitimen Totalisierungsanspruch des religiös gestimmten Menschen erkennen, sich ins Übergeschichtliche und Überethische auszudehnen. «Gott als höchste Bejahung des Da-Seins und So-Seins der Welt und der Menschen» ist seiner Ansicht nach gerade deshalb «Nicht-Gott, trotz der höchsten Attribute, mit denen wir es im höchsten Affekt schmücken».[35] In solcher Perspektive aber, in der jede religiöse und moralische Deutung der Geschichte als «Götzendienst»[36] qualifiziert wird, kann der «Anti-Religiosus Nietzsche»[37] zum Zeugen gegen diese Geschichtsphilosophie aufgerufen werden. Und obwohl auch dessen antireligiöser Protest in der «dionysischen Geste des Antichristen» nicht frei vom Verdacht der menschlichen Selbstvergötterung ist,[38] wählt Barth unter anderem ihn zum Ausgangspunkt der Neuformulierung der theologischen Ethik.

Mit Hilfe von Nietzsches frühen kulturkritischen Einsichten sprengt er die Einheit von Gott, Mensch und Geschichte. Daher bedarf es der Gottheit nicht mehr als kosmischer Klammer für eine immanente Ordnung. Gott wird von Barth nun verstanden als Inbegriff allen Lebens und Ermöglichung höchster menschlicher Individualität, als «Fülle des Konkreten»[39] und als Krise jeglicher menschlicher Ordnung und jeglichen menschlichen individuellen Lebensversuchs. Das Problem der theologischen Ethik ist damit aber nicht mehr die Etablierung Gottes als Repräsentation einer universell verbindlichen moralischen Ordnung jenseits des individuellen Lebens, sondern im Gegenteil

> «die Sicherstellung der oft betonten Existentialität [...], die Gewährleistung, daß unsere bis zur Ermüdung wiederholte Formel: ‹Gott selbst, Gott allein!› nicht ein göttliches Ding, nicht eine gegenüberstehende Idealität bezeichnet, sondern die unerforschliche göttliche Relation, in der wir uns als Menschen befinden.»[40]

Nietzsches vehemente Kritik an einem moralischen Gottesbegriff, in dem Gott bloß zu einer «Moral-Hypothese»[41] funktionalisiert wird, um

---

35 Ebenda, S. 17.
36 Vgl. ebenda, S. 27 über das religiöse Erlebnis: «Es ist die Geburt des Nicht-Gottes, der Götzen. Denn in der Mitte seines Nebels wird vergessen, daß alles Vergängliche zwar ein Gleichnis, aber auch nur ein Gleichnis ist.»
37 Ebenda, S. 123.
38 Ebenda, S. 122.
39 Ebenda, S. 449.
40 Ebenda, S. 448.
41 SA 3, S. 582.

dadurch letztlich zum «Widerspruch des Lebens» zu degenerieren,[42] ist so der Maßstab für Barths Neuorientierung in der theologischen Ethik. Nietzsches Vorwurf an einen moralischen oder auch metaphysischen Gottesbegriff, der in Opposition zum Leben steht, wird für Barth zum Schibboleth einer ethischen Theologie. So interpretiert er das Verhältnis zwischen Gott und den Menschen amoralisch. Gott und die menschlichen normativen Regelsysteme werden im *Römerbrief II* nicht mehr direkt aufeinander bezogen. Ganz im Stile Nietzsches kann Barth formulieren, daß «Gottes Arm» «jenseits von ihrem [der Menschheit] Gut und Böse in Bewegung» und «seine Güte über Gut und Böse» sei.[43] Noch provokanter und in deutlicher Anspielung auf den Immoralismus bestimmt er, daß in der christlichen Wahrheit entgegen jeglicher menschlicher Moral «die Freisprechung auch eines Cesare Borgias» wie «die Verdammung auch eines Franz von Assisis»[44] möglich seien. Die Suspendierung Gottes als Begründungsinstanz einer in ihren einfachen und auch in ihren komplexen Regularien auf allgemeine Akzeptanz abzielenden Moral bedeutet für Barth aber keineswegs Antimoralismus. Statt dessen müsse es in der theologischen Ethik darum gehen, dem Individuellen und Einmaligen des Lebens gerecht zu werden.[45] Dafür aber sei erneut «die Überwindung des Menschen» auch im spezifischen Horizont der theologischen Ethik nötig. Er kann darin geradezu den «Sinn aller Ethik», nämlich den «absoluten Angriff auf den [moralischen] Menschen» sehen;[46] den Angriff also auf einen Menschen, der sich mit Hilfe der Moral von Gut und Böse gegenüber der Vielfalt und Individualität des Lebens absichert und einschließt.

---

42 AC, 18; KSA 6, S. 185: «Der christliche Gottesbegriff – Gott als Krankengott, Gott als Spinne, Gott als Geist – ist einer der corruptesten Gottesbegriffe, die auf Erden erreicht worden sind; [...]. Gott zum *Widerspruch des Lebens* abgeartet, statt dessen Verklärung und ewiges *Ja* zu sein! In Gott dem Leben, der Natur, dem Willen zum Leben die Feindschaft angesagt! Gott die Formel für jede Verleumdung des ‹Diesseits›, für jede Lüge vom ‹Jenseits›!».
43 Römerbrief II, S. 295. Vgl. dazu folgendes Fragment aus Nietzsches Nachlaß der achtziger Jahre: «Gott, gedacht als das Freigewordensein von der Moral, die ganze Fülle der Lebensgegensätze in sich drängend und sie in göttlicher Qual *erlösend, rechtfertigend* – Gott als das Jenseits, das Oberhalb der erbärmlichen Eckensteher-Moral von ‹Gut und Böse›» (SA 3, S. 564).
44 Römerbrief II, S. 296. Cesare Borgia stellt für Nietzsche den historischen Typus des Übermenschen dar. Allerdings kritisiert er diesen auch wiederum als Synthese von Unmensch und Übermensch, was darauf schließen läßt, daß sein Ideal historisch nicht verifiziert werden kann. Gleiches gilt auch für die Auseinandersetzung mit Napoleon.
45 Vgl. Römerbrief II, S. 447.
46 Ebenda, S. 454.

In diesem Punkt trifft er sich deutlich mit den Moralattacken Nietzsches, der ja genau hierin den Prozeß der Etablierung einer zweiten, eben moralischen Natur des Menschen sieht, die ihn vor der Fülle des Lebens und vor den anderen schützen soll: eine Abstraktion also zum ethischen Subjekt, das auf Gegenseitigkeit beruht und nur darin Bestand hat, aber gerade dadurch wirklich individuelle ethische Entscheidung nicht mehr möglich sein läßt. Jedenfalls wird aus dieser Perspektive Gegenseitigkeit als Prinzip der Ethik geradezu unmoralisch. So sieht es auch Karl Barth, wenn er die unhintergehbare Individualität in der theologischen Ethik einfordert:

> «Ethos liegt im Respekt, den wir vor den Anderen haben, nur sofern er unbedingter, nicht auf Gegenseitigkeit beruhender, sondern zuvor-kommender Respekt ist.»[47]

Hier liegt allerdings auch eine entscheidende Differenz zwischen Barth und Nietzsche. Beide gehen zwar davon aus, daß Individualität und Verantwortlichkeit nur in einer Ethik möglich sind, die gerade nicht auf das moralische Universalprinzip der Gegenseitigkeit abzielt. Aber Barth ist in seiner Kritik an der moralischen Symmetrie der Gegenseitigkeit, anders als Nietzsche, nicht nur an der «willkürliche[n] Störung der Menschen durch unbefugte Mitmenschen» interessiert, sondern an der echten «Störung der Menschen durch Gott».[48]

Das hindert Barth aber abschließend nicht daran, in der Logik der Moralkritik Nietzsches das politische Handeln als varianten Versuch der Gegenseitigkeitsmoral zu kritisieren, «sich vor dem Geheimnis seines Daseins wieder einmal in Sicherheit»[49] zu bringen. Dies geschehe nämlich durch die Sicherung der bestehenden normierenden Ordnungsmacht oder durch die Beseitigung dieser Ordnung und die Etablierung einer neuen, die aber eben auch nur aus einem reglementierenden Geflecht von Normierungen bestehen könne:

> «Was ist sie [die politische Ordnung] Anderes als eine neue Verstärkung und Verteidigung des Menschen gegen Gott, eine Sicherung des normalen Weltlaufs gegen die Beunruhigung, die ihm von allen Seiten durch die große Fragwürdigkeit seiner Voraussetzung bereitet wird; eine Verschwörung der Viel zu Vielen gegen den Einen, der sich gerade dort zu Wort meldet, nur von dort aus zu Wort melden kann, wo die Ruhe, Weisheit und Kraft der Vielen zu Ende ist.»[50]

---

47 Ebenda, S. 479.
48 Ebenda, S. 493.
49 Ebenda, S. 503.
50 Ebenda, S. 503.

Diese Passage macht allerdings noch einmal deutlich, daß Barth Nietzsches ethischen Protest wider eine sich dem Anderen letztlich verschließende Moral der Gegenseitigkeit aufnimmt, um diesen Anderen mit dem Ganz Anderen, dem «Einen in Allem», der «Fülle des Daseins», nämlich Gott, zu identifizieren.

Barths Nietzsche-Rezeption in der dialektischen Frühphase seiner Theologie, gerade im *Römerbrief II*, ist vielfältig, zugleich nur punktuell und äußerst selektiv. Die Zitate aus den Schriften Nietzsches scheinen, auf den ersten Blick, nur Illustrationszwecken zu dienen.[51] Aber die hier vorgenommenen Einzelanalysen unter dem Gesichtspunkt der Transformierung theologischer Ethik in Auseinandersetzung mit Nietzsches ästhetisch motivierter Moralkritik haben auch Barths frühe Nietzsche-Rezeption Kontur gewinnen lassen. Jedenfalls konnte Nietzsches Moralkritik mit all ihren hier aufgezeigten Implikationen als eine wesentliche Bezugsgröße für Barths *Römerbrief II* eruiert werden.

Die Differenz beider Moralkritiken ist dabei unübersehbar: Nietzsche geht es um die Überwindung des christlichen Gottesgedankens in der Moral, seine Separierung von einer Ethik, damit diese in der Dialektik von Kunst und Leben wirklich autonom und selbstverantwortlich gedacht werden kann. Barth hingegen ist um die Freilegung des christlichen Gottes von der Moral bemüht, damit dieser wieder als die Fülle des Lebens gedacht werden kann, von wo aus dann wiederum eine christliche Ethik denkbar ist, die gerade nicht im Widerspruch zum Leben steht. Seine Absage an die bisherigen christlich-religiösen Moralmodelle gefällt sich daher nicht einfach in anti-ethischen Effekten.[52] Sie ist vielmehr selbst ethisch motiviert.[53] Man trifft Barths Problematisierungen der Ethik sicherlich genauer, wenn man in ihnen den Versuch «einer Artikulierung einer über moralische Regeln und Regelsysteme

---

51 Schon Niklaus Peter hat auf Barths Diktum aus dem Vorwort zum ersten *Römerbrief* zur Funktion seiner benutzten Zitate hingewiesen. Dort schreibt Barth: «Citate [...] sind dann geboten, wenn ich in ihnen eine besonders treffende und kräftige gleichsam prophetische Formulierung des Textgehaltes zu finden meinte.» Vgl. Römerbrief I, S. 584.
52 Darum ist auch immer wieder Kritik geübt worden. Vgl. den schon genannten Artikel von Paul Althaus (Anm. 6) sowie auch Georg Wünsch, Ethik des Zorns und Ethik der Gnade; in: Zeitschrift für Theologie und Kirche 4 (1923/24), S. 327–352. Ferner Friedrich Gogarten, Gericht der Skepsis, Jena 1937, und John Cullberg, Das Problem der Ethik in der dialektischen Theologie, Uppsala u. Leipzig 1938.
53 Zum ethischen Sinn der «Dialektischen Theologie» vgl. Johan F. Goud, Emmanuel Levinas und Karl Barth. Ein religionsphilosophischer Vergleich, Bonn u. Berlin 1992, S. 20 u. 53–59.

hinausreichenden Offenheit»[54] – und das auch in Anknüpfung an Nietzsche – sieht: Barths Aufmerksamkeit für das Individuelle und die Fülle des Konkreten macht ihn zunächst, so könnte man sagen, zu einem «Meta-Ethiker im Anschluß an Nietzsche».[55]

4. Nietzsche-Kritik in der Kirchlichen Dogmatik: *Getrennte Wege?*

Die von Nietzsche inspirierte theologische Moralkritik Barths im *Römerbrief II* und sein wenigstens in Umrissen zu erkennender Versuch, die theologische Ethik eben auch im Sinne Nietzsches zu existentialisieren, scheinen im Rahmen der *Kirchlichen Dogmatik*[56] nur noch eine ferne Möglichkeit gewesen zu sein. Im Jahre 1956 kann man bei Karl Barth zu Nietzsche im Textumfeld der *Kirchlichen Dogmatik* jedenfalls folgendes lesen:

> «Ist Jesus Christus das Wort der Wahrheit, der ‹Spiegel des väterlichen Herzens Gottes›, dann ist Nietzsches Satz, der Mensch sei etwas, was überwunden werden muß, eine freche Lüge; dann ist gerade die Wahrheit Gottes diese und keine andere – mit Titus 3,4 zu reden: seine Menschenfreundlichkeit.»[57]

Gut dreißig Jahre zuvor hatte Barth eben genau mit dem von ihm nun so der Lüge geziehenen Nietzsche noch die Überwindung des moralischen Menschen gefordert. Der Sinneswandel, wenn es denn einer ist, läßt sich nur mit dem radikal verschobenen theologischen Ausgangspunkt in der *Kirchlichen Dogmatik* erklären. Jetzt in der Spätphase seiner Theologie wird die Göttlichkeit Gottes nicht mehr als die jede menschliche Existenz in die Krisis führende Alterität verstanden, sondern als die in Christus offenbarte Menschlichkeit Gottes, welche die Bejahung des Menschen meint und Gottes Nein in dieser grundlegenden Bejahung aufgehoben sein läßt. Nicht mehr aus der Sicht der kritischen Infragestellung des um sich selbst in gegenseitiger Anerkennung mit anderen besorgten Menschen wird die Ethik in der *Kirchlichen Dogmatik* konzipiert, sondern aus der Perspektive der Entsprechung des ethischen Lebensversuchs auf die in Christus offenbarte relationale Grundstruktur allen Seins. Im Kontext dieser christlichen Anthropologie wird der Bundesgenosse von einst zum erklärten Gegner. Im zweiten Teilband des dritten Bandes der *Kirchlichen Dogmatik* stilisiert Barth Nietzsche daher zum Exponenten einer Lebenskunst, die in der

---

54 So ebenda, S. 236.
55 Ebenda, S. 122.
56 Karl Barth, Die Kirchliche Dogmatik, Bde. I/1–IV/4, München u.a. 1932–1970.
57 Barth, Die Menschlichkeit Gottes; in: Theologische Studien 48 (1956), S. 15.

Sorge um sich dem *Sein in der Begegnung* diametral entgegensteht. Der fundamentale Gegensatz ergebe sich,

> «weil es [das Christentum] Zarathustra, Dionysos, dem einsamen, edlen, starken, stolzen, natürlichen, gesunden, wohlgeratenen, anständigen, dem vornehmen, dem Übermenschen einen ganz anderen konträren Typus Mensch entgegengesetzt hat [...]: den kleinen Mann, den armen Mann, den kranken Mann, nicht den starken, sondern den schwachen, nicht den Bewunderung, sondern den Mitleid erregenden Menschen, nicht den einsamen, sondern den Massenmenschen, das Herdentier.»[58]

Trotz dieser «respektvollen und verständigen Gegnerschaft», von der Theologen in diesem Zusammenhang gerne reden,[59] scheinen aber für die ethischen Fragestellungen in der *Kirchlichen Dogmatik* die Implikationen von Nietzsches Moralkritik weiterhin bestimmend zu bleiben. So kann Barth die christliche Ethik sehr scharf von einer inhaltlich nicht näher bestimmten Trivialmoral abgrenzen, wenn er etwa betont, «daß die christliche Ethik dem Menschen mit seinem Moral Standard immer aufs neue Überraschungen bereiten wird».[60] Und selbst der von Nietzsches Meta-Ethik aus konzipierte situative und individualistische Zug im Moment der ethischen Entscheidung ist alles andere als verschwunden:

> «Christliche Ethik ist nicht kollektiv, d.h. im Sinne der christlichen Ethik geschieht alles wahrhafte Menschsein in eigener freier Entscheidung und Stellungnahme, welche es dem Einzelnen nicht erlaubt, sich an irgendwelche Vorentscheidungen einer höheren Autorität zu klammern oder auch an den Willen einer Masse, der er angehört.»[61]

Neben der geradezu öffentlich zur Schau getragenen Gegnerschaft gibt es ganz offensichtlich eine gar nicht so verborgene Kontinuität zwischen der von Nietzsche inspirierten frühen Moralkritik Barths und seiner Formulierung einer Ethik im Rahmen der *Kirchlichen Dogmatik*. Es gelang Barth im *Römerbrief*, Nietzsches Moralkritik in einem meta-ethischen Sinn, als Kritik am moralischen Status quo und ebenso als Ausdruck für die Suche nach einer Ethik, die der Individualität des Lebens gerecht werden will, zu interpretieren und so für seine eigene Ethikkonzeption fruchtbar zu machen. Hatte er von Beginn an Nietzsches

---

58 Barth, Die Kirchliche Dogmatik, Bd. III/2, S. 285.
59 Vgl. Peter Köster, Nietzsche-Kritik und Nietzsche-Rezeption in der Theologie des 20. Jahrhunderts; in: Nietzsche-Studien 10/11 (1981/82), S. 615–685, hier: S. 657.
60 Barth, Christliche Ethik; in: Theologische Studien 23 (1947), S. 25.
61 Ebenda, S. 26. Vergleiche auch die entsprechenden Ethik-Kapitel in Barths *Kirchlicher Dogmatik*, und zwar Bde. II/2, III/4 und IV/4, insbesondere den Abschnitt über «das Problem der speziellen Ethik» (Bd. III/4, S. 1–34) sowie den 38. Paragraphen über «das Gebot als Gottes Entscheidung» (Bd. II/2, S. 701–791).

Projekt einer Existentialisierung der Ethik dort kritisiert, wo dieses im Sinne einer Ästhetik der Existenz auf immanente Gestaltwerdung drängt, so bleibt doch trotzdem dessen Anspruch nach einer absolut individuellen, selbstverantworteten und wertschöpferischen Lebensführung bis in die *Kirchliche Dogmatik* hinein bestimmend. Wenn Barth also z.B. feststellt, daß Nietzsches

> «eigentlicher Ort [...] wirklich ‹Jenseits von Gut und Böse› [ist], nicht nur wie der Herkules, der zwischen beiden wählte, sondern wirklich als der Ort des Übermenschen, der das Gute als das Böse, das Böse als das Gute in sich selbst vereinigt»,[62]

und daraus folgert, daß «Nietzsches Immoralismus», also seine Meta-Ethik, darin bestünde,

> «daß er die Frage nach der Moral hinter sich hat, daß er, einem Gott gleich, ohne ‹Tafeln› existiert, seinen kategorischen Imperativ ‹erfindet› [...], sich selber Tafel ist»,[63]

dann ist die strukturelle Analogie zu Barths eigenem Verständnis von Ethik kaum zu übersehen. Seine Diagnose bedeutet nichts anderes, als daß Nietzsche auf die Etablierung eines Moralsubjekts jenseits der jeweiligen individuellen Existenz verzichtet. Nietzsche fordert vielmehr deren direkte unmittelbare ethische Verwandlung, die allein ein Auseinandertreten von Moral und Leben verhindern kann. Aber eben auf diese Weise hat Barth wie Nietzsche die Moral hinter sich gelassen und zielt statt dessen auf die direkte Ethisierung der Existenz ab. Auch für Barth gibt es kein «an sich Gutes» mehr, «wie es in jeder Moralregel vorausgesetzt ist».[64] Gottes Gesetz ist kein Sittengesetz, nichts, was der Mensch zu erfüllen oder beizubringen hätte. Vielmehr ist in Gottes Gebot

> «Gott uns nahe, will Gott uns für sich heiligen, will er uns zu sich ziehen, will er der Unsrige sein, will er uns als die Seinigen für sich haben. In ihm als solchem ist er immer Richter, entscheidet er über den Gehorsam oder Ungehorsam, das Gute oder Böse unserer Entscheidungen.»[65]

Folgerichtig kann er daher auch sagen, daß es ein Gebot Gottes nicht gibt. «Was es gibt», ist

> «der Sachverhalt: daß Gott sein Gebot gibt, sich selbst uns gibt zum Gebieter.[...] Als göttliches Handeln geht es dem menschlichen Handeln voraus.»[66]

---

62 Barth, Die Kirchliche Dogmatik, Bd. III/2, S. 281.
63 Ebenda.
64 Ebenda, S. 785.
65 Ebenda, S. 738.
66 Ebenda, S. 609.

Und die «Theorie» der theologischen Ethik «ist schlechterdings die Theorie dieser Praxis», d.h. also ein Reflex auf diese «geschehende Wirklichkeit», daß das menschliche Handeln in Gottes Handeln hineingenommen ist.[67] Theologische Ethik und Dogmatik verschmelzen hier zu einer christlichen Lebensform, zu einer «Heiligung der Existenz», in der das, was zu tun ist, jenseits von Moral, Sitte und Ordnung sich einstellt: unhintergehbar individuell und doch nicht autonom, absolut kontingent und doch nicht willkürlich, völlig frei und doch nicht ungebunden. Denn nicht

> «die Kontingenz unserer Möglichkeiten und Entscheidungen ist das ursprünglich und eigentlich Individuelle und Lebendige, sondern was wir als solches kennen und haben, ist doch uns der geschaffene Abglanz der Individualität und Lebendigkeit unseres Gottes, der Freiheit seiner Persönlichkeit, der Kontingenz seines Willens und Handelns, der Besonderheit der Gnade, Barmherzigkeit und Geduld, die sein ewiges Wesen wären, auch wenn wir nicht wären, auch wenn die ganze Welt nicht wäre, und in der er sich nun doch gerade der Welt als ihr Schöpfer und Herr und in der Welt uns als seinen Bundesgenossen zuwenden wollte.»[68]

Ethik, um es noch einmal mit anderen Worten auszudrücken, ist im hier untersuchten Kontext für Barth die nicht näher zu normierende Lebensgestaltung christlicher Existenz, deren Gericht und Garant das Gebot ist, in welchem sich Gott jeden Augenblick den Menschen gibt. Für Nietzsche hingegen ist Ethik die nicht zu normierende individuelle Lebensgestaltung der ästhetischen Existenz, deren Grund das antagonale Schaffensprinzip des Lebens ist.

Dies jedenfalls scheint die eigentliche Alternative Barths zu Nietzsche zu sein. Sie heißt in Wahrheit Christus oder Dionysos: Christus hier als das Symbol einer Ethisierung der Existenz in der Teilhabe an dem gebietenden, sich gebenden Gott, und auf der anderen Seite Dionysos als Symbol für den permanenten Entwurf seiner selbst in der Teilhabe am Schaffensprozeß des Lebens. Barth hat das letztlich als eine sich ausschließende Alternative interpretieren wollen. Darin, aber eben auch nur darin, ist ihm schließlich recht zu geben.

---

67 Ebenda.
68 Ebenda, S. 738f.

Nietzsche und seine theologischen Interpreten.
Erfahrungen – Einsichten – Irritationen

Ulrich Willers

Für Jörg Salaquarda

Die Überschrift dieses Vortrages zielt auf Persönliches. Als Theologe befasse ich mich seit Jahren mit Nietzsche, damit aber auch mit seinen Interpreten. Im Folgenden gebe ich einen kleinen Einblick in das, was mir dabei mehr oder weniger deutlich und klar benennbar aufging. Es geht mir nicht um die Darstellung und wissenschaftliche Reflexion theologischer Nietzsche-Rezeption, auch nicht um einen Werkstattbericht, sondern – gestützt auf entsprechende Vorarbeiten[1] – um eher sporadische Erfahrungen, die ebenso Irritationen auslös(t)en wie Einsichten eröffne(te)n.

I. Ein grundsätzliches Problem: (nicht) verstehen können

Die Nietzsche-Interpretation wird es auf lange Zeit nicht geben ...[2] Dies ist anders als bei anderen Philosophen vor Nietzsche, sei es Kant oder Hegel, Spinoza, Pascal oder Leibniz, aber auch Platon oder Augustinus. *Nach* Nietzsche – das ist ein eigenes Kapitel, vor allem bei den neueren französischen Philosophen, die ohne ihre spezifische Nietzsche-Auslegung überhaupt nicht denkbar scheinen (G. Bataille, G. Deleuze, M. Foucault, J. Derrida). Es kann heißen, daß es post Nietzsche tatsächlich eine neue Zeit gibt, daß er eine Zäsur darstellt; das glauben inzwischen nicht wenige. Es kann aber auch bloß dies heißen, daß man die Dinge gemäß

---

1 Dementsprechend dient im hier abgedruckten (leicht überarbeiteten) Vortrag die Erwähnung eigener Titel als Hinweis auf mögliche und notwendige Belege; Literaturverweise erfolgen ohne jeglichen Vollständigkeitsanspruch.
2 Vgl. Ulrich Willers, «Aut Zarathustra aut Christus». Die Jesus-Deutung Nietzsches im Spiegel ihrer Interpretationsgeschichte. Tendenzen und Entwicklungen von 1900 bis 1980; in: Theologie und Philosophie 60 (1985), S. 239–256, 418–442; 61 (1986), S. 236–249.

und aus den von Nietzsche aufgehellten Perspektiven heraus anzuschauen sich gewöhnt, dabei also Nietzsche folgt, indem man ihn so oder so versteht und damit grundsätzlich in eine Kontroverse mit anderen Interpreten gerät. Nietzsches erkenntnislogische Grundauffassung, damit aber auch die erkenntnislogische Grundsituation der Interpreten Nietzsches, hat Werner Stegmaier so charakterisiert: «Man wird nicht mehr oder weniger verstanden, sondern mehr oder weniger mißverstanden».[3]

In der Tat, angesichts der Divergenzen, die die Nietzsche-Interpretationen hervorbringen, kann man nur staunen – oder daran verzweifeln, Nietzsche wirklich je verstehen zu können. Wenn man vor nicht allzulanger Zeit noch glaubte, die «wahre Physiognomie» (G. Picht) gewinnen oder *das* Problem Nietzsches, den Kern aller seiner Fragestellungen sichten zu können, dann wirkt das aus heutiger Perspektive, gewissermaßen der Perspektive, der vielen Perspektiven, wie ein naiv-frommer Wunsch, allenfalls ein Versuch, der eben nur scheitern kann. Dies gilt für Nietzsches Philosophie im ganzen, es wirkt sich auch z.B. auf die Rekonstruktion des «Typus Jesus» aus.

Doch mag auch Mißverständnis das erste sein, was sich einstellt, wie ja der von Nietzsche nicht sonderlich geschätzte Schleiermacher schon meinte, kann das wirklich heißen, daß Verstehen gar nicht mehr möglich sei? Öffnet man mit solcher Position nicht notwendig der Willkür und unkontrollierter Meinung statt vernünftiger Reflexion und sachgemäßer Arbeit Tür und Tor? Vielleicht wird man ja wirklich immer nur mehr oder weniger verstanden; aber das ist doch nicht dasselbe, wie wenn man immer (!) mehr oder weniger mißverstanden wird! Da das Problem hier natürlich nicht lösbar ist, formuliere ich als These, was mir seit meiner ersten Beschäftigung mit Nietzsches Philosophie und dann speziell mit seiner Jesus-Deutung und deren Auslegung in der älteren und jüngeren Forschung bzw. Auslegungsgeschichte zur Frage – zur Irritation – wurde: «Die beinahe unglaubliche Fülle an Deutungen [...] läßt zweifeln, daß man Nietzsche verstanden habe, und legt vielleicht sogar eher noch die Frage nahe, ob Nietzsche [...] überhaupt verstehbar sei.»[4] Aber das Knäuel von Meinung und Gegenmeinung, von Positionen, Oppositionen und Negationen ist entwirrbar, wenn auch nur mit Anstrengung des Begriffs, mit erhöhter Aufmerksamkeit. Wir müssen uns in der Nietzsche-Forschung keineswegs mit dem Vexierbild immer nur pluraler und divergenter Deutungsansätze, Interpretationsverfah-

---

3 Werner Stegmaier, Nietzsches Kritik der Vernunft seines Lebens. Zur Deutung von *Der Antichrist* und *Ecce homo*; in: Nietzsche-Studien 21 (1992), S. 163–183, hier: S. 170.
4 Willers (Anm. 2), S. 439.

ren und sich ausschließender Ergebnisse abfinden.⁵ Es gibt durchaus – oder sagen wir, es ist nicht a priori auszuschließen, daß es das gibt, wenn wir nicht Wahnsinn für Methode und Methode für Wahnsinn ausgeben wollen – ein mehr oder weniger großes Verstehen, eine mehr oder weniger große Annäherung an das, was gemeint war/ist – es sei denn, der, der da interpretiert wird, habe bewußt verrätselt (was ja immerhin auch erkenn- und benennbar ist) bzw. ist nur bedingt zurechnungsfähig (was man nicht vorschnell unterstellen sollte, freilich nicht a limine ausschließen kann). Im übrigen ist natürlich auch die Position, man werde grundsätzlich nur mehr oder weniger mißverstanden, selbst noch einmal eine verständig nachzuvollziehende, zu reflektierende und intersubjektiv zu verifizierende Aussage ... Aber, wie gesagt, das kann hier und jetzt nicht weiter durchdacht werden, so spannend das gewiß wäre.

Mein Plädoyer geht jedenfalls dahin, es sich in der Interpretation, so sehr sie immer (auch) als Ausdruck einer bestimmten unter den vielen Moralen «Zeichensprache der Affekte» (JGB, 187; KSA 5, S. 107) ist, nicht zu leicht zu machen.⁶

II. Nietzsches Verständnis von Verstehen – exemplarisch

Zur Kontrastierung, Illustration und Information führe ich im Folgenden einige markante und prägnante Stellen aus dem *Antichrist* an. Sie können und sollen exemplarisch klären und zu bedenken geben, was und wie Nietzsche spricht, sich versteht, verstanden sein will – und wie schwer es ist, *genau* zu erfassen, was er (nicht) sagt ...

Grundsätzlich gilt: Nietzsche selbst hat keineswegs darauf verzichtet, Verstehen zu erzeugen, teilweise sogar – wie Fichte – zu erzwingen. Vor allem ist seine gesamte Philosophie und speziell seine Christentumskritik durchsetzt von Verstehensvorgaben und Mißverständnisbehauptungen, die im Umkehrschluß sein Verständnis als maßgeblich unterstellen, wenn auch nicht als *allgemein*-gültig, für *alle* verbindlich setzen.

Nietzsches Anspruch ist so radikal wie konsequent: «Ich mußte die Moral *aufheben*, um meinen moralischen Willen durchzusetzen. [...]

---

5 Dies ist auch die durchgehende Option meiner Dissertation, ebendort unter Beweis gestellt: Friedrich Nietzsches antichristliche Christologie. Eine theologische Rekonstruktion (Innsbrucker theologische Studien, 23), Innsbruck u. Wien 1988.
6 Verstanden und positiv aufgegriffen hat meine diesbezüglichen Anliegen Peter Köster in seiner Rezension der Anm. 5 genannten Arbeit; in: Theologische Revue 86 (1990), H. 5, S. 421–424, bes. S. 424; nicht verstanden und gleichzeitig extrem negativ gewertet hat dies die Anm. 17 genannte Dissertation *Nietzsches Mensch und Nietzsches Gott* (in der zweiten Auflage).

Ringen um die Macht! Mein Ideal durchsetzen, *auf die Weise*, die aus meinem Ideal folgt!» (NF Mai – Juni 1883, 9 [43]; KSA 10, S. 359). Seine dezidierte Christentumskritik als – wie der Untertitel des *Antichrist* lautet – «Fluch auf das Christenthum» ist Ausdruck dieses Programms, die eigene Interpretation durchzusetzen auf die Weise, die der eigenen Perspektive entspringt und entspricht. Sie ist damit als keineswegs beliebige und nur in polemischem Kontext erstellte kritische Rekonstruktion der christlichen Ursprünge zu verstehen, sondern als gezielt Maßgebende Relecture des Evangeliums Jesu, der wahren evangelischen Praktik zu lesen. – Die hier und unten aufgeführten Textelemente[7] aus dem *Antichrist* belegen das Gesagte. Sie alle reklamieren für sich implizit oder explizit ein wahres Verständniss, bei aller methodischen Reserve im einzelnen und im ganzen; Nietzsche kennt und will kein *anything goes*.

Schon das frühe Christentum habe die «Hauptsache» *nicht* verstanden, die jesuanische Freiheit vom Ressentiment; das «am meisten unevangelische Gefühl», die Rache, drängte herauf: «Aber damit ist Alles missverstanden» (AC, 40; KSA 6, S. 213f.). – «Es ist falsch bis zum Unsinn, wenn man in einem ‹Glauben›, etwa im Glauben an die Erlösung durch Christus das Abzeichen des Christen sieht: bloss die christliche *Praktik*, ein Leben so wie der, der am Kreuze starb, es *lebte*, ist christlich ... […] Der ‹Christ›, das, was seit zwei Jahrtausenden Christ heisst, ist bloss ein psychologisches Selbst-Missverständniss» (AC, 39; KSA 6, S. 211f.). – «Unsre Zeit ist *wissend* ... Was ehemals bloss krank war, heute ward es unanständig, – es ist unanständig, heute Christ zu sein. *Und hier beginnt mein Ekel*» (AC, 38; KSA 6, S. 210). – «[M]an hat aus dem Gegensatz zum Evangelium die *Kirche* aufgebaut ... […] Daß die Menschheit vor dem Gegensatz dessen auf den Knien liegt, was der Ursprung, der Sinn, das *Recht* des Evangeliums war, daß sie in dem Begriff ‹Kirche› gerade das heilig gesprochen hat, was der ‹frohe Botschafter› als *unter* sich, als *hinter* sich empfand – man sucht vergebens nach einer grösseren Form *welthistorischer Ironie* – –» (AC, 36; KSA 6, S. 208). – Jesus, von Nietzsche im *Antichrist* als froher Botschafter tituliert, verwirklichte als einziger die evangelische Praktik; er wollte keine ‹Erlösung› bringen, sondern zeigen, wie man zu leben hat; sein Leben «war nichts andres als *diese* Praktik, – sein Tod war auch nichts andres ... Er hatte keine Formeln, keinen Ritus für den Verkehr mit Gott mehr nöthig – nicht einmal das Gebet. Er hat mit der ganzen jüdischen Buss- und

---

7 Die hier nur gekürzt vorgetragenen Stellen werden im Anhang I ausführlich(er) zitiert.

Versöhnungs-Lehre abgerechnet; er weiss, wie es allein die *Praktik* des Lebens ist, mit der man sich ‹göttlich›, ‹selig›, ‹evangelisch›, jeder Zeit ein ‹Kind Gottes› fühlt. *Nicht* ‹Busse›, *nicht* ‹Gebet um Vergebung› sind Wege zu Gott: die *evangelische Praktik allein* führt zu Gott, sie eben *ist* ‹Gott›» (AC, 33; KSA 6, S. 205f.; vgl. NF November 1887 – März 1888, 11 [356, 357]; KSA 13, S. 155ff.). – Jesus ist weder Held noch Genie, eher schon ‹Idiot›: «Unser ganzer Begriff, unser Cultur-Begriff ‹Geist› hat in der Welt, in der Jesus lebt, gar keinen Sinn. Mit der Strenge des Physiologen gesprochen, wäre hier ein ganz andres Wort eher noch am Platz: das Wort Idiot» (AC, 29; KSA 6, S. 200).

III. Aus der Rezeptionsgeschichte zur Jesus-Interpretation – exemplarische Veranschaulichung eines (Miß-)Verstehensprozesses

Nietzsche «entfacht in einem jeden die Leidenschaften, die die eigene Sensibilität als verwandt empfindet».[8] Ein notgedrungen kurzer und subjektiver Blick auf die Rezeptionsgeschichte vermittelt einen Eindruck davon. Die folgenden Überlegungen sind nicht nur – wie gesagt: beabsichtigt – subjektiv, sondern auch inhaltlich bewußt enggeführt, konzentriert auf die Thematiken: frohe Botschaft/froher Botschafter – Dionysos/Jesus.

In der Einladung zur Tagung findet sich ein Wort von Karl Barth (1948) abgedruckt, das vervollständigt so lautet: «Er [Nietzsche] hat mit seiner Entdeckung des Gekreuzigten und seines Heeres das Evangelium selbst in einer Gestalt entdeckt, wie es dessen Vertretern – um von seinen Gegnern nicht zu reden – jedenfalls im 19. Jahrhundert so nicht gelungen ist. Und wenn er es gerade in dieser Gestalt bestreiten mußte, so hat er uns den guten Dienst geleistet, uns vor Augen zu führen, daß wir gerade an dieser Gestalt ebenso unbedingt, wie er sie verworfen hat, festhalten müssen: in selbstverständlichem Gegensatz nicht nur zu ihm, sondern zu der ganzen Tradition, für die er auf letztem, verlorenem Posten gefochten hat».[9] Nietzsche führe einen «Kreuzzug gegen das Kreuz» und ziele damit nicht etwa auf ein zu vernachlässigendes Randphänomen, vielmehr auf die «stärkste Stelle» des christlichen Glaubens.

Hat Barth recht? Kann man das überhaupt (unsere Ausgangsfrage!) entscheiden? Jedenfalls denkt Barth im Schema antagonistisch-rivali-

---

8 Giorgio Colli, Distanz und Pathos, Hamburg 1993, S. 11. Vgl. ebenda, S. 152 (Nietzsches pathologische Struktur).
9 Karl Barth, Die kirchliche Dogmatik, Bd. III/2, Zürich ³1979, S. 290.

sierender Glaubenskonzepte. Nun gibt es aber auch Auffassungen, die geradezu das Gegenteil aus Nietzsche herauslesen. Aufhorchen läßt z.B. Ernst Benz: Nietzsche habe den Weg freigemacht «für eine neue Verwirklichung des Evangeliums [...] Der ‹Antichrist› wird also zum Lehrer einer imitatio Christi, welche die Kirche aus Schwachheit und Bequemlichkeit unterschlagen hat. Der Feind der Kirche wird zum Propheten». Noch deutlicher: Er versteht, «was um ihn keiner verstanden hat: die Einheit und Mächtigkeit dieser neuen Wirklichkeit ist für den Christen so gewaltig, daß die ‹gewöhnliche› Wirklichkeit, das ‹gewöhnliche› Leben für ihn den Wirklichkeitscharakter verliert und zum Zeichen, Symbol und Schatten des neuen wahren Lebens verblaßt. Im Kampf gegen die Kirche und das Christentum seiner Zeit entdeckt also hier Nietzsche wieder die Einzigartigkeit, die Radikalität, die Dynamik, die Ausschließlichkeit des ursprünglich Christlichen».[10]

Der katholische Theologe und Philosoph Bernhard Welte riskiert noch mehr, geht dabei gleichzeitig sehr behutsam an die Arbeit; er kommt zu diesem verblüffenden Resultat seiner eindringlichen Interpretation: Nietzsche dürfe als «ein großer Wegweiser» interpretiert werden, «der taumelnd und ohne es zu wissen auf die Botschaft Jesu deutet».[11] Gerade der redliche Atheismus Nietzsches sei als Chance zu ergreifen: «Nietzsches Atheismus wird, recht verstanden, zu einem Zeiger auf die große Gnade, die das Göttliche und das Menschliche vereinigt und dadurch den Menschen rettet, der sich selbst nicht retten kann». Welte betrachtet seinen Beitrag, der lebhaften Zu- wie Widerspruch gefunden hat, keineswegs als «letztes Wort», vielmehr «als einen Beitrag in dem uns alle verbindenden Gespräche um das, was der Mensch sei.» Der Beitrag warte «auf Antworten, die ihn zurechtrücken und weiterführen».[12]

In der Tat: Der Dialog ging und geht weiter. Das Verstehen Nietzsches ereignet sich prinzipiell als Dialog, der a priori mit immer neuen Einsichten rechnet und alles tut, diese zu ermöglichen.

Entschieden unsensibel für Interpretationsprozesse, ebenso überraschend wie fragwürdig, nur scheinbar auf einer Linie mit Benz und Welte, reklamiert J. Nolte Nietzsche für seine eigenen Optionen; er ist einer der ersten, die, was seit einiger Zeit gar nicht so selten geschieht,

---

10 Die Belege aller folgenden Zitate sind generell zu ermitteln über: Willers (Anm. 2). – Zitat Benz: ebenda, S. 255.
11 Nietzsches Atheismus und das Christentum; vgl. Willers (Anm. 2), S. 435; dort auch die weiteren Belege.
12 Vgl. Klaus Kienzler, Nietzsche im christlichen Denken – am Beispiel Bernhard Weltes; in: Theologie und Philosophie 66 (1991), S. 398–410, spez. S. 410.

Nietzsche direkt theologisch beanspruchen, sogar vereinnahmen: Der ‹doctor gratiae› lasse die «Möglichkeit einer neuen und (wirklich) ‹frohen Botschaft›» gewinnen.[13] Jesu neue Praktik des Ja, die Nietzsche zurückgewinne, Entmythologisierung und existentiale Interpretation gewissermaßen vorwegnehmend, sei «eine Praktik jenseits von Metaphysik und Moral, jenseits von Gut und Böse, jenseits von Wahr und Falsch».[14] Nach Nolte identifiziert sich Nietzsche mit Jesus, «dessen proprium – als ‹summa christianismi› – er in Widerstandslosigkeit und in jeglicher Freiheit vom Ressentiment sehe. Hier sei der ‹Schlüssel› zum Christsein gegeben: ‹Solche unvermutete imitatio Jesu in einer äußersten Form und Kunst ruft uns zur Rechenschaft in der Theologie.›»

Schon vor Nolte, bei Brentano und Benz, aber auch verstärkt nach ihm gibt es Interpreten, die in Nietzsche den (kritischen) Nachahmer Jesu sehen oder wenigstens den Denker, der gleichsam paradigmatisch entwickelt hat, was es für die Nachgeborenen noch erst zu entdecken gibt.

Eugen Biser formuliert, als Frage so klar wie umsichtig, was Theologen zur Auseinandersetzung mit Nietzsches Jesus reizt: «Kann Nietzsches kritisches Jesusbild als Beitrag zur Entdeckung Jesu im heutigen Glaubensbewußtsein gelten?» Bisers Antwort, m.E. durch die Texte nicht gedeckt, spiegelt exegetisch mehr seinen eigenen als Nietzsches Geist wider: Nietzsche weise «mit einer geradezu divinatorischen Hellsichtigkeit in die Richtung, die aus dem Widerstreit der konkurrierenden Christologien herauszuführen vermag».[15] Er verrate eine «‹Mitwisserschaft› um die Sache, die in Einzelzügen sogar die theologische Sachkenntnis in den Schatten stellt». Eine ähnliche Einschätzung findet sich, so anregend wie strittig, bei Georg Picht (und Enno Rudolph)[16], der eine Synthese von Jesus und Dionysos zu erkennen meint und Jesus als Vorausgestalt des Übermenschen, oder bei Elmar Klinger, der durch die (aus einer Mischung aus Heidegger und gegenwärtigen italienischen Positionen gewonnene) Unterscheidung zwischen starker und schwacher Existenz das Christentum aus der Schußlinie Nietzsches bringen zu können glaubt.[17]

---

13 Wahrheit und Freiheit; vgl. Willers (Anm. 2), hier: S. 430.
14 Willers (Anm. 2), S. 431; dort auch die im Text folgenden Zitate.
15 Gottsucher oder Antichrist; vgl. Willers (Anm. 2); hier und im Folgenden: S. 433.
16 Vgl. Willers (Anm. 2), S. 438f.
17 Siehe Elmar Klinger, Nietzsche und die Theologie. Sein Wort vom Tode Gottes; in: Zeitschrift für katholische Theologie 107 (1985), S. 310–318. Ihm sekundiert, ihn verschärfend und generalisierend, sein Schüler Rainer M. Bucher, Nietzsches Mensch und Nietzsches Gott, Frankfurt am Main 1986 (²1993) – mit mancherlei Kurzschlüssen, weitgehend ohne Berücksichtigung entgegenstehender Texte bei Nietzsche selbst wie bei Nietzsche-Interpreten; vgl. auch oben Anm. 5 sowie meine (in meliorem partem zielende) Rezension in: Theologie und Philosophie 64 (1989), H. 1, S. 108–110.

Der offenkundige und zu begrüßende Fortschritt in derartigen Deutungen ist, daß sie Nietzsche nicht mehr als den (dummen und kranken) A(nti)theisten, (abscheulichen) Antichristen und (platt-hoffnungslosen) Nihilisten abtun, daß sie seine Philosophie als solche ernst nehmen[18] und damit aus rein weltanschaulichem Contra, das lange bestimmend war, ausbrechen. Zudem ist es ein Vorteil dieser Deutungen, daß sie die Platonismuskritik Nietzsches, seine Destruktion der abendländischen moralischen Onto-theo-logie, und seine Kritik des Christentums nicht mehr auseinanderreißen, sondern genuin aufeinander beziehen, darin den positiven, jasagenden Teil der Arbeit Nietzsches zu würdigen wissen, sofern sie nicht in neue oder alte krude Christentum-Mißverständnis-Theorien ausweichen.

Die Gegenrechnung ist allerdings auch aufzumachen: Da sie Nietzsche nicht mehr ablehnen, sind etliche dieser Interpreten nun in der umgekehrten Gefahr, sich beinahe vorbehaltlos, jedenfalls beträchtlich unkritisch und ohne die nötige Umsicht an Implikationen der Philosophie Nietzsches (etwa seine Subjektkritik, seine Dekonstruktion der Wahrheit, seine Affirmation des Chaotischen, seine tragisch-dionysischen Aspirationen) zu binden, ohne sie angemessen zur Kenntnis zu nehmen, geschweige denn zu reflektieren. Dazu gehört auch, daß sie vielfach einen großen Teil der Aussagen Nietzsches ent-wichtigen, ja unterschlagen – und es sich damit sehr einfach mit Nietzsche wie auch ihren Interpretationsgegnern machen; zudem sind einige auch bereit, das Christentum in einer Weise zu interpretieren, die die theologische Authentizität aufs Spiel zu setzen droht. Das kann hier nicht mehr diskutiert werden, wird aber ein wenig durch die jetzt noch vorzustellenden Autoren und Konzepte gleichsam spiegelbildlich miterfaßt.

Je entschiedener auf der einen Seite Nietzsche sogar als Theologe (neue christliche Rede von Gott) und Christologe (neue Verhältnisbestimmung von Mensch und Gott) in Anspruch genommen wird (bei Nolte und Bucher; darüber hinaus z.B. bei K. Schäfer, Gerhard Sauter; auch bei E. Biser und M. Jacob, der Nietzsches theologische Rede als Interpretament seiner experimentalen Anthropologie nimmt), desto deutlicher artikulieren sich auch die Gegenstimmen, die bei aller Nähe im einzelnen letztlich einen ausschließenden Gegensatz konstatieren: «Es

---

18 Dies ist im christlichen Kontext leider noch keineswegs selbstverständlich, sondern das zarte Pflänzchen redlicher Nietzsche-Auseinandersetzung ist eher wegen um sich greifender Fundamentalismen und Radikalismen gefährdet; die Anfragen Nietzsches an Glauben und Kirchenkonzept drohen wieder einmal – Zeichen der Schwäche, aber als Stärke behauptet – marginalisiert, verharmlost oder verteufelt zu werden.

gibt keine radikalere Kritik an Jesus als die von Nietzsche», so der Philosoph Werner Post. – «Der Christ kann nicht ja sagen zu Dionysos. Die Kluft ist unüberbrückbar», so der Theologe und Philosoph Paul Valadier.[19]

Also: «Dem christlichen Theologen scheint es unmöglich zu sein, in ein Gespräch mit Nietzsche zu kommen, das frei von Verzerrungen, Vereinnahmung oder Verkennung der gegnerischen Position ist *und* gleichzeitig nicht auf Abgrenzung hinausläuft.»[20] Die Sache ist einigermaßen vertrackt. Einerseits scheint das Entweder/Oder klar: «Aut Zarathustra aut Christus». «*Dionysos gegen den Gekreuzigten*» (EH; KSA 6, S. 374) scheint das Entweder/Oder ebenso klar zu betonen. Andererseits führt aber gerade diese Formel in die Irre, denn der ‹Gekreuzigte› bei Nietzsche ist gerade nicht, wie Jörg Salaquarda[21] aufgewiesen hat, Person oder Typus Jesus, sondern Christus als dogmatisierte Gestalt, als Produkt des Paulus und der Gemeindetheologie.[22]

Die Nichtidentität Jesu mit dem ‹Gekreuzigten› Nietzsches allerdings haben viele Interpreten nicht ausreichend wahrgenommen, z.B. Karl Jaspers, der Dionysos, den Gott Nietzsches, als den ‹großen Gegenspieler› Jesu interpretiert. Umgekehrt haben wieder andere aus den Wahnsinnsbotschaften Nietzsches, in denen er abwechselnd mit ‹Dionysos› und ‹der Gekreuzigte› unterschrieb, eine («wahnwitzige» [de Lubac]) Synthese von Dionysos und Jesus konstruieren wollen. – Der Verzerrungen und Mißverständnisse scheint kein Ende ...; jedenfalls kann diese Geschichte hier nicht erzählt werden.

Schauen wir kurz zurück: Es zeigt sich in der Entwicklung der theologischen Nietzsche-Rezeption eine gewisse Logik vom ‹Jesusbild› zur ‹Christologie› bzw. ‹Antichristologie› (siehe bereits Benz). Das Interesse verschiebt sich zusehends deutlich von Protest und scharfer Kritik zu *kritischer Sympathie*, Affirmation und Identifizierung bzw. zur offenen Auseinandersetzung, die die *Provokation* bejaht.[23] Formal fällt darüber hinaus der Wechsel der Stil- und Publikationsformen auf: von Pamphleten und Traktätchen bis zu den großen philosophischen Werken von Jaspers, Heidegger, Löwith, Deleuze über die theologischen

---

19 Siehe Willers (Anm. 2), S. 240, 242 (3. Teil).
20 Dieser Satz – 1985 geschrieben; siehe ebenda, S. 243 (3. Teil) – scheint mir auch heute noch sehr bedenkenswert; gerade weil er kaum plausibel zu nennen ist.
21 Jörg Salaquarda ist am 8. Juni 1999 in seinem 62. Lebensjahr plötzlich und unerwartet verstorben. In ihm verliere ich einen meiner liebsten Partner im Gespräch um Nietzsche.
22 Vgl. den Text im Anhang II.
23 Vgl. die schematischen Übersichten: Anhang III und IV.

Abhandlungen von Welte, Biser, Figl u.v.a. bis zu immer mehr Dissertationen und Habilitationen. So einfach die Dinge am Anfang schienen, so komplex sind sie jetzt. Man kann nur hoffen und daran mitarbeiten, daß das einmal erreichte Dialog-Niveau nicht wieder verstellt bzw. wieder verlassen wird.

Wie auch immer man indes Nietzsches Deutung beizukommen versucht(e), der Konflikt der Interpretationen bleibt bestehen. (Verschärft er sich nicht sogar?) Insgesamt hat sich aber, das kann man mit Fug und Recht sagen, eine erfreuliche Versachlichung der Diskussionen um Nietzsche durchgesetzt. Auch, ja gerade den Theologen, denen Nietzsche immerhin Falschheit im Blute attestierte, ist dieser ein respektabler Gesprächspartner geworden, teilweise Weggefährte auf unwegsamem Gelände (Moral und Wahrheit), teilweise (fremd)prophetischer Vorläufer (für innerchristliche Selbstkritik). Die frühen bloß-psychologisierenden Deutungen, die Nietzsche allzuschnell den (welt-anschaulichen) Stempel feindlicher Bedrohung aufdrückten, scheinen passé; speziell die Interpretation des Typus Jesu, seines Wesens und seiner Handlungen, wird seit einiger Zeit in immer neuen Anläufen als sinnhafte Provokation begriffen – wenn man auch in Philosophie (z.B. H. Wein, G. Deleuze) wie Theologie (z.B. B. Welte, E. Biser, J. Figl)[24] bislang zu keinem Konsens über die Bedeutung der Gestalt Jesu bei Nietzsche gelangen konnte. Vielleicht kann man – tröstend? – sagen: Reiz und Anspruch (‹Wahrheit›) der Jesus-Deutung Nietzsches dürften darin liegen, daß sie primär als *Frage*, allenfalls sekundär als Antwort *begriffen* wird. Freilich: Frage – wonach? Wonach fragt er, wonach läßt Nietzsche – mit welcher Verbindlichkeit – fragen?

IV. Ausblick: Klärungen und Einsichten in methodischer und inhaltlicher Hinsicht

Nietzsche stellt wie wenige die philosophische Geltungsfrage – indem er sie negiert oder wenigstens in Zweifel zieht ... Nicht zuletzt die Auslegungs- und Interpretationsgeschichte Nietzsches erweist dies; sie kann als Exempel und Bestätigung seiner eigenen Theorie gelesen werden. Das soll und kann hier wenigstens angedeutet sein.

«*Dionysos gegen den Gekreuzigten*» – «Hat man [!] mich verstanden?» (EH; KSA 6, S. 374) – Natürlich nicht! (Verstehen wäre doch ge-

---

24 Vgl. Willers, Friedrich Nietzsches antichristliche Christologie (Anm. 5), S. 15–32, bes. S. 19ff.

radezu eine Beleidigung ...) Warum bemühen wir uns aber dann ...? Worum geht es denn? Geht es nur um ein neues Zeichensystem oder geht es um mehr, um Inhalte und Orientierungen im Leben (Gott/Mensch; Wahrheit/Freiheit/Subjektsein-Können)? Die Irritationen, von denen oben die Rede war, ergeben sich vor allem im Umkreis der Fragen nach Wahrheit und Interesse: Kann man ‹nach› Nietzsche noch um Wahrheit bemüht sein, hat er denn nicht die Auflösung der Wahrheitsfragen betrieben? Welches Interesse bestimmt aber dann Auslegung überhaupt? Nur noch Macht als Selbst-Durchsetzung? Welcher Maßstab, welche Kriterien der Auslegung taugen dann noch?

Die Erfahrungen, die aus der Nietzsche-Rezeption, eigener wie fremder, zu gewinnen sind, kann ich nur andeuten. Sie lassen sich formalisieren, «wie Nietzsche zu lesen sei». Dabei kommt es vor allem an auf die Subjekte der Nietzsche-Lektüre: Wer liest Nietzsche? Wie von selbst stellt sich dabei die Frage ein: Wie, mit welchem Interesse und mit welcher Methode liest einer Nietzsche? Keineswegs selbstverständlich ist die weitere Frage nach dem jeweiligen Objekt: Was liest einer, der Nietzsche liest? Den ganzen Nietzsche, nur Ausschnitte, den frühen, den späten, den Nietzsche der Aphorismen oder den der Fragmente der Spätzeit (usw.)? Die wichtigste Erfahrung freilich ist ganz anders geartet: Man liest nicht nur Nietzsche, man wird gewissermaßen auch von ihm gelesen – womit einmal mehr sich bestätigt, was er selbst nur zu deutlich sah und empfand: «Das Problem vom Werthe der Wahrheit trat vor uns hin, – oder waren wir's, die vor das Problem hin traten? Wer von uns ist hier Oedipus? Wer Sphinx?» (JGB, 1; KSA 5, S. 15; vgl. Brief an Overbeck vom 7. Mai 1885; KSB 7, S. 44).

Die Einsichten, die aus der Nietzsche-Lektüre und aus der Begegnung mit den anderen, die Nietzsche lesen, resultieren, sind für mich vor allem hermeneutischer Natur: Nietzsche hat Verstehen problematisiert und – jedenfalls im veröffentlichten Werk – bewußt so geschrieben, daß er schwer zu verstehen (was nicht heißt: zu entziffern) ist. Die Nietzsche-Interpreten sind davon mehr betroffen, als vielen bewußt ist; wie sehr sie in Nietzsches Verstehensproblematik verwickelt sind, zeigt die divergierende Vielfalt der Interpretationen, die im Grunde so verwirrend wie erhellend ist. Wäre Nietzsche nämlich einfach zu lesen und zu verstehen, so wäre er gleichsam praktisch widerlegt, denn er wollte ‹schwer› verstanden sein. Dies allerdings kann und darf nicht heißen, daß Nietzsche gar nicht oder immer nur ‹falsch› zu verstehen sei. Gerade die Begegnung mit mehr oder weniger ‹präzisen› Verstehensbemühungen verschiedenster Interpreten zeigen: Klärungen und Annäherungen an das zu Verstehende sind durchaus nötig und möglich! Ein Beliebigkeitspostulat der

Auslegung läßt sich zwar aufstellen und durch einschlägige Texte des gesamten Œuvres stützen, ist aber letztlich kontraproduktiv und widerlegt den Ausleger – oder Nietzsche. Wenn man diesem allerdings Kurzschlüssigkeiten nicht unterstellen will, so fällt jede Form einer Beliebigkeitsinterpretation auf die Interpreten selbst zurück.

Um gewissen immer wiederkehrenden Kurzschlüssen der (theologischen) Nietzsche-Literatur zu entkommen, bedarf es, ohne Anspruch auf eine absolute Stellung zu den Dingen, sorgfältiger Klärungen in methodischer und inhaltlicher Rücksicht. – Als Anreiz zur Diskussion gebe ich noch in Grundzügen stichwortartig Elemente meiner eigenen Position[25] methodisch und inhaltlich:

1. Erfordert ist genealogisches, diachrones ‹philologisches› Vorgehen: sagen können, wann in welchem Kontext, in welcher Textart etwas gesagt, entwickelt ist. – Es ist z.B. von erheblicher Wichtigkeit, die frühen und mittleren Aufzeichnungen Nietzsches zu Jesus («Kern ohne alle Schale»; Jesus und sein menschlich-allzumenschlicher Charakter) mit zu berücksichtigen; daraus wird nämlich ersichtlich, daß keineswegs, wie oft überschätzend behauptet wird, Nietzsche erst im Spätwerk zu den wesentlichen und heute ‹überraschenden› Einsichten gelange.
2. Das Spätwerk bzw. die späten Auffassungen verdienen eine gesonderte Beachtung, sind aber nicht von den früheren Aufzeichnungen und Veröffentlichungen abzukoppeln. – So wird die Rolle des Spätwerks z.B., jedenfalls in der hier zur Debatte stehenden Frage nach (dem Gewicht) der Gestalt Jesu, erheblich überschätzt bzw. in seiner charakteristischen Weiterführung bzw. Korrektur früherer Ansätze unterschätzt, weil man die vorausgehenden Reflexionen, Versuche und Andeutungen Nietzsches fast nie wirklich zur Kenntnis genommen hat (Picht, Bucher; dies gilt anders, aber auch für Stegmaier im oben zitierten Aufsatz).
3. Gewisse Widersprüche im Werk Nietzsches lösen sich auf, sobald man das jeweils in Frage stehende Problem kontextuell situiert; sie erweisen sich nur zu oft als aus mangelnder Sorgfalt resultierendes Scheinproblem.

---

25 Zur Verdeutlichung meiner Sicht sei verwiesen auf: Willers, «Die evangelische Praktik allein führt zu Gott, sie eben ist ‹Gott›». Friedrich Nietzsches hintergründige theologische Aktualität (Eichstätter Hochschulreden, 91), Regensburg 1994; Artikel «Nietzsche (Friedrich Wilhelm)»; in: Dictionnaire critique de théologie (éd. J.-Y. Lacoste), Paris (Presses Universitaire de France) 1998, S. 803–805; einige Akzente sind der Übersetzung zuzuschlagen.

4. Direkt damit verbunden: Die Form seines Denkens ist ein echtes Problem der Nietzsche-Hermeneutik: Aphorismus, Torso, Metapher, Parodie ...; Wahnsinn, Übertreibungen, Simplifikationen ...? – Zwischen methodischen Erwägungen der Auslegung und inhaltlicher Erschließung des Typus Jesus steht gleichsam mitteninne Nietzsches grundlegende Überzeugung, die er als ‹seine› ‹Wahrheit› formuliert und die auch die Formen seines Denkens bestimmt: «Das Neue an unserer jetzigen Stellung zur Philosophie ist eine Überzeugung, die noch kein Zeitalter hatte: *daß wir die Wahrheit nicht haben*. Alle früheren Menschen ‹hatten die Wahrheit›: selbst die Skeptiker» (NF Frühjahr 1880, 3 [19]; KSA 9, S. 52).
5. Eine Identifikation des Typus Jesus mit dem (paulinischen) Gekreuzigten führt in die Irre.
6. Es kann keine Rede von ernstlicher, gar (total-)identifikatorischer Jesus-Sympathie bzw. Verehrung sein. – Jesus ist mehr als eine Identifikations- und Projektionsgestalt für Nietzsche, auch wenn er durchaus mit dem Typ Jesu seine eigensten Gedanken subtilisiert, verfeinert; dies tut er aber nicht erst im *Antichrist* und im späten Nachlaß (dem heute häufig wieder eine Sonderbedeutung zugesprochen wird, als handele es sich hier um die eigentliche Philosophie Nietzsches), sondern z.B. schon zur *Zarathustra*-Zeit (etwas «Cäsar mit Christi Seele»).
7. Unverkennbar ist Jesus bei Nietzsche, trotz aller auch zu konstatierenden Nähe, nicht «Personnage ersten Ranges». – Der Typus Jesu hat vielmehr als zusätzliches Indiz für den nihilistischen Charakter des Christentums zu gelten.
8. Der dogmatische Christus, vor allem das im christlichen Glauben heilsbedeutsame Kreuz (samt Auferstehung, die Nietzsche zur «Lüge» vor allem des ‹heiligen› Paulus erklärt) dokumentiert in Nietzsches Augen einen absoluten Tiefpunkt – seiner (nur analog so zu nennenden) anthropologischen Grundkonzeption diametral entgegengesetzt. Jesus als historische Gestalt, wie Nietzsche sie sieht und entsprechend seiner hermeneutischen Maximen sehen will, dient als Kontrastfolie, um das Christentum um so nachdrücklicher zurückweisen zu können.
9. Das Herz der Gedanken Nietzsches trägt den Namen Dionysos, primär verstanden als grenzloses Ja zur Selbstmächtigkeit des Lebens, sekundär als Gegenstellung gegen den ‹Gekreuzigten› bzw. das nihilistische Christentum. – Zu fragen ist immer vorrangig: Worauf will Nietzsche positiv (als jasagender Geist) hinaus?

10. Einer der entscheidenden Leit- und Grundsätze Nietzsches, die seine Erkenntnislogik und alles andere fundieren, die seiner Gegenbewegung gegen den allgemeinen Verfall Ausdruck geben, lautet: «Wer das Große nicht mehr in Gott findet, findet es überhaupt nicht *vor* und muß es leugnen oder – *schaffen*» (NF Juli – August 1882, 1 [86]; KSA 10, S. 32). – «Umgekehrt: läßt man Gott fahren, so fehlt uns ein Typus eines Wesens, das höher ist als der Mensch: und das Auge wird *fein* für die Differenzen *dieses* ‹höchsten Wesens›» (NF Herbst 1885 – Frühjahr 1886, 1 [66]; KSA 12, S. 28). – Diese Gott-Losigkeit Nietzsches ist mehr und anderes als ein banaler Atheismus; sie wendet sich gegen die ‹Guten›, die nicht schaffen können ... Gleichwohl läßt sie sich aber nicht verrechnen mit einer christlichen Interpretation gnadenhafter Einheit von Göttlichem und Menschlichem, läßt sich auch nicht retten durch die Konstruktion einer starken und einer schwachen christlichen Position (wobei Nietzsche die ‹starke› dann akzeptieren würde ...).

Die genannten Prinzipien, methodische und inhaltliche Abgrenzungen, können gewiß nicht auf allgemeinen Konsens hoffen; es würde schon genügen, wenn sie ernsthaft erwogen und am Material überprüft würden. Die Nietzsche-Interpretationen kranken gar nicht selten daran, daß sie sich mit wenigen Belegstellen aus Nietzsches Werk und Nachlaß zufriedengeben (und dann natürlich immer fündig werden und ‹Recht behalten›). Mit wenigem aber kann man im Falle Nietzsches so gut wie alles, was man will, beweisen ...

Mit Nietzsche könnte ich so schließen: «Es giebt keine einzelnen Urtheile! [–] Ein einzelnes Urtheil ist niemals ‹wahr›, niemals Erkenntniß, erst im *Zusammenhange*, in der *Beziehung* von vielen Urtheilen ergiebt sich eine Bürgschaft» (NF Ende 1886 – Frühjahr 1887, 7 [4]; KSA 12, S. 265).[26] – Oder einfacher, im Anschluß an Bernhard Welte: Unsere Ausführungen warten auf weitere Beiträge, die sie zurechtrücken und weiterführen.

---

[26] Viel früher bereits hat Nietzsche dies, durchaus dialogisch, gleichzeitig aber auch ironisch-bitter und skeptisch-kritisch so formuliert: «Einer hat immer Unrecht: aber mit Zweien beginnt die Wahrheit» (FW, 260; KSA 3, S. 517).

Anhang

I. Christsein als Selbstmißverständnis

Die Praktik Jesu als das ‹wahre› Evangelium

«Offenbar hat die kleine Gemeinde gerade die Hauptsache [!] *nicht* verstanden, das Vorbildliche in dieser Art zu sterben, die Freiheit, die Überlegenheit *über* jedes Gefühl von ressentiment: – ein Zeichen dafür, wie wenig überhaupt sie von ihm verstand! An sich konnte Jesus mit seinem Tode nichts wollen als öffentlich die stärkste Probe, den *Beweis* seiner Lehre zu geben ... [...] Gerade das am meisten unevangelische Gefühl, die *Rache*, kam wieder obenauf. [...] Aber damit ist alles missverstanden [...] Das Evangelium war doch gerade das Dasein, das Erfülltsein, die *Wirklichkeit* dieses ‹Reichs› gewesen. Gerade ein solcher Tod *war* eben dieses ‹Reich Gottes› ...» (AC, 40; KSA 6, S. 213f.).

«Es ist falsch bis zum Unsinn, wenn man in einem ‹Glauben›, etwa im Glauben an die Erlösung durch Christus das Abzeichen des Christen sieht: bloss die christliche *Praktik*, ein Leben so wie der, der am Kreuze starb, es *lebte*, ist christlich ... Heute noch ist ein *solches* Leben möglich, für *gewisse* Menschen sogar nothwendig: das echte, das ursprüngliche Christenthum wird zu allen Zeiten möglich sein ... *Nicht* ein Glauben, sondern ein Thun, ein Vieles-*nicht*-thun vor Allem, ein andres *Sein* ... [...] Das Christ-sein, die Christlichkeit auf ein Für-wahr-halten, auf eine blosse Bewusstseins-Phänomenalität reduziren heisst die Christlichkeit negiren. *In der That gab es gar keine Christen.* Der ‹Christ›, das, was seit zwei Jahrtausenden Christ heisst, ist bloss ein psychologisches Selbst-Missverständniss» (AC, 39; KSA 6, S. 211f.).

«[M]an hat aus dem Gegensatz zum Evangelium die *Kirche* aufgebaut ... [–] Wer nach Zeichen dafür suchte, daß hinter dem grossen Welten-Spiel eine ironische Göttlichkeit die Finger handhabe, er fände keinen kleinen Anhalt in dem *ungeheuren Fragezeichen*, das Christenthum heisst. Daß die Menschheit vor dem Gegensatz dessen auf den Knien liegt, was der Ursprung, der Sinn, das *Recht* des Evangeliums war, daß sie in dem Begriff ‹Kirche› gerade das heilig gesprochen hat, was der ‹frohe Botschafter› als *unter* sich, als *hinter* sich empfand – man sucht vergebens nach einer grösseren Form *welthistorischer Ironie* – –» (AC, 36; KSA 6, S. 208).

«Das Leben des Erlösers war nichts andres als *diese* Praktik, – sein Tod war auch nichts andres ... Er hatte keine Formeln, keinen Ritus für den Verkehr mit Gott mehr nöthig – nicht einmal das Gebet. Er hat mit der ganzen jüdischen Buss- und Versöhnungs-Lehre abgerechnet; er weiss, wie es allein die *Praktik* des Lebens ist, mit der man sich ‹göttlich›, ‹selig›, ‹evangelisch›, jeder Zeit ein ‹Kind Gottes› fühlt. *Nicht ‹Busse›, nicht ‹Gebet um Vergebung›* sind Wege zu Gott: die *evangelische Praktik allein* führt zu Gott, sie eben *ist* ‹Gott›» (AC, 33; KSA 6, S. 205f.; vgl. NF November 1887 – März 1888, 11 [356, 357]; KSA 13, S. 155ff.).

«Gerade der Gegensatz zu allem Ringen, zu allem Sich-in-Kampf-fühlen ist hier Instinkt geworden: die Unfähigkeit zum Widerstand wird hier Moral (‹widerstehe nicht dem Bösen› das tiefste Wort der Evangelien, ihr Schlüssel in gewissem Sinne), die Seligkeit im Frieden, in der Sanftmuth, im Nicht-feind-sein-*können*. Was heisst ‹frohe Botschaft›? Das wahre Leben, das ewige Leben ist gefunden – es wird nicht verheissen, es ist da, es ist *in euch*: als Leben in der Liebe, in der Liebe ohne Abzug und Ausschluss, ohne Distanz. [...] Unser ganzer Begriff, unser Cultur-Begriff ‹Geist› hat in der Welt, in der Jesus lebt, gar keinen Sinn. Mit der Strenge des Physiologen gesprochen, wäre hier ein ganz andres Wort eher noch am Platz: das Wort Idiot» (AC, 29; KSA 6, S. 199f.).

II. Dionysos gegen den «Gekreuzigten»

«Dionysos gegen den ‹Gekreuzigten›: da habt ihr den Gegensatz. Es ist *nicht* eine Differenz hinsichtlich des Martyriums, – nur hat dasselbe einen anderen Sinn. Das Leben selbst, seine ewige Fruchtbarkeit und Wiederkehr bedingt die Qual, die Zerstörung, den Willen zur Vernichtung ...
im anderen Fall gilt das Leiden, der ‹Gekreuzigte als der Unschuldige›, als Einwand gegen dieses Leben, als Formel seiner Verurtheilung.
Man erräth: das Problem ist das vom Sinn des Leidens: ob ein christlicher Sinn, ob ein tragischer Sinn ... Im ersten Falle soll es der Weg sein zu einem seligen Sein, im letzteren gilt *das Sein als selig genug*, um ein Ungeheures von Leid noch zu rechtfertigen
Der tragische Mensch bejaht noch das herbste Leiden: er ist stark, voll, vergöttlichend genug dazu
Der christliche verneint noch das glücklichste Los auf Erden: er ist schwach, arm, enterbt genug, um in jeder Form noch am Leben zu leiden ...
‹der Gott am Kreuz› ist ein Fluch auf das Leben, ein Fingerzeig, sich von ihm zu erlösen
der in Stücke geschnittene Dionysos ist eine *Verheißung* ins Leben: es wird ewig wieder geboren und aus der Zerstörung heimkommen» (NF Frühjahr 1888, 14 [89]; KSA 13, S. 266f.).

III. «Dionysos» gegen den «Gekreuzigten»?
Tendenzen der Entwicklung theologischer Nietzsche-Rezeption

BARTH: einzigartige Entdeckung des Evangeliums und speziell des Gekreuzigten; sicherer Griff in die Mitte der christlichen Botschaft

aber: was Nietzsche verwirft – die Christen müssen es festhalten

BENZ: Weg frei für neue Verwirklichung des Evangeliums; der ‹Antichrist› Nietzsche als Lehrer einer imitatio Christi, der verstand, was sonst keiner verstand

aber: Nietzsche als Gegenspieler; Feind als (Fremd-)Prophet

WELTE: Nietzsche als großer Wegweiser, der auf die Botschaft Jesu deutet; Zeiger auf die große Gnade

aber: taumelnd und ohne es zu wissen ... [Welte, der Nietzsche besser versteht als der sich selbst?]

NOLTE: Möglichkeit einer neuen und wirklich ‹frohen› Botschaft. – Jesu proprium: Widerstandslosigkeit und Freiheit vom Ressentiment; Schlüssel zum Christsein ...– «Solche unvermutete imitatio Jesu in einer äußersten Form und Kunst ruft uns zur Rechenschaft in der Theologie.»

BISER: theologische Sachkenntnis Nietzsches – Frage: «Kann Nietzsches kritisches Jesusbild als Beitrag zur Entdeckung Jesu im heutigen Glaubensbewußtsein gelten?»

VALADIER: Letztlich gilt: «Der Christ kann nicht ja sagen zu Dionysos. Die Kluft ist unüberbrückbar.»

IV. Vom Jesusbild zur (Anti)Christologie/Theorie vom Typus Jesu

Zur Nietzsche-Interpretation in der Theologie

– Nietzsche als Feind: Atheist und Antichrist
früheste, weltanschaulich motivierte Auseinandersetzungen; ideologische Grabenkämpfe («Sind wir noch Christen?» – «Hat Zarathustra/Dionysos Christus aus dem Felde geschlagen?»); teilweise bis an die Schwelle der Gegenwart (z.B. G. Siegmund)

– Nietzsche als respektabler Denker: nicht Feind, aber Gegner
zunehmend in der konfessionellen Auseinandersetzung um Nietzsche, der als ‹Problem› erkannt wird; z.B. Karl Barth, Henri de Lubac

– Partner im Ringen um ein neues Gottes- und Menschenverständnis: Nietzsche als ‹Provokation›
neueste Entwicklungen – in Zustimmung und Widerspruch – seit Ende der fünfziger Jahre; z.B. Bernhard Welte, Eugen Biser, Paul Valadier, Johann Figl u.a.

– Beanspruchung des Denkers Nietzsche als maßgeblichen (philosophisch-)theologischen Vordenkers, der nun ‹seine Zeit› hat
Tendenzen seit etwa den siebziger Jahren bis in die Gegenwart. – Ahnung neuer ‹Allianzen›; Grenze zur theologischen (und philosophischen Vereinnahmung) z.T. überschritten ... (‹Komplizenschaft›); äußerste ‹Toleranz› gegenüber Nietzsche, beträchtliche Intoleranz gegenüber andersdenkenden Nietzsche-Interpreten; z.B. bei Josef Nolte, Enno Rudolph/Georg Picht, Elmar Klinger/Rainer M. Bucher u.a. (vgl. auch sogenannte postmoderne, vor allem französische Nietzsche-Deutungen).

Reiz und Anspruch (‹Wahrheit›) der Jesus-Deutung Nietzsches dürften darin liegen, daß sie als Frage wahrgenommen, nicht als Antwort *begriffen* wird.

Nietzsche und wir Christen.
Versuch einer kritischen Rezeption seines Denkens

Horst Georg Pöhlmann

Die Nietzsche-Renaissance im gegenwärtigen Geistesleben fordert die Theologie ganz neu heraus, sich diesem wohl schärfsten Kritiker des Christentums zu stellen. Friedrich Nietzsche scheint Karl Marx abgelöst zu haben. Viele halten ihn für den Philosophen der Postmoderne, andere für den Diagnostiker der postmodernen Bodenlosigkeit und den Visionär des europäischen Nihilismus, den er prophetisch vorausgesehen hat. Mein Ziel ist, Nietzsche gerecht zu werden, dem durch abschätzige christliche Bewertungsklischees viel Unrecht angetan wurde. Ich möchte daher nach der hermeneutischen Grundregel verfahren, einen Text erst einmal stark zu machen, bevor man ihn kritisiert, und ein System bei seiner stärksten Stelle zu packen, nicht seine Schwachstellen aufzuspüren, sich mit dem Mainstream eines Denksystems, nicht mit seinen Sumpftümpeln zu beschäftigen, die es ja auch in unseren eigenen Terrains zur Genüge gibt. Mainstream der Philosophie Nietzsches ist der Vitalismus, der im «Leben» den Grundwert und Zielwert unseres Daseins erblickt.[1] Wilhelm Weischedel sieht in der «Absolutsetzung des Lebens» die «neue Metaphysik» Nietzsches,[2] die die alte christlich-platonische Metaphysik ablöst, welche die Welt durch eine Über- und Hinterwelt verdoppelte. Andere Leitbegriffe Nietzsches wie die «ewige Wiederkehr» und der «Wille zur Macht» sind allem Anschein nach ebenso vitalistisch zu verstehen: Die «ewige Wiederkehr» hat nach Rüdiger Schmidt und Cord Spreckelsen den Sinn, «so zu leben, daß alles wiederkehren kann»,[3] so daß ich mir die Illusion, auf ein besseres Leben zu hoffen, schenken kann; mit dem «Willen zur Macht» ist nach Giorgio Colli nichts anderes als der «Wille zum Leben» gemeint.[4]

---
1 AC, 43, 56, 62 u.ö.
2 Wilhelm Weischedel, Der Gott der Philosophen [1971], Bd. 1, München 1979, S. 452.
3 Rüdiger Schmidt u. Cord Spreckelsen, Nietzsche für Anfänger – Also sprach Zarathustra. Eine Lese-Einführung, München ³1997, S. 26.
4 Giorgio Colli, Nachwort zu JBG/GM; KSA 5, S. 416; Vgl. Za II. Von der Selbst-Ueberwindung; KSA 4, S. 149.

Dabei soll nicht verschwiegen werden, wie unheilvoll sich viele Begriffe Nietzsches auswirkten, die der Nationalsozialismus für seine Ideologie mißbrauchte, wie gerade auch der Begriff «Wille zur Macht». Hier wäre auch der Begriff des «Übermenschen» zu nennen, der freilich nach Wolfram Gramowski ironisch zu deuten ist.[5] Selbst das horribile dictum «[W]as fällt, das soll man auch noch stossen!» bekommt einen vollkommen anderen Sinn, wenn nach dem Kontext ein baufälliges Haus gemeint ist, das «verfällt».[6] Nietzsche war kein Sozialdarwinist, Rassist oder Machiavellist. Er kämpfte zeitlebens gegen den Antisemitismus,[7] ebenso wie gegen den Militarismus und Imperialismus.[8] Seine Entgleisungen über «den Untergang der Mißrathenen, Schwachen, Degenerirten»[9] sind sicher durch nichts zu entschuldigen, ebenso wie die schrecklichen Auslassungen über «das Raubthier, die prachtvolle nach Beute und Sieg lüstern schweifende blonde Bestie», die mordet, schändet, foltert und in verbrecherischen Gewalthandlungen «von Zeit zu Zeit der Entladung» bedarf, damit «das Thier [...] wieder heraus» kann – wobei er nicht nur auf die «Wikinger», «Gothen» und «Vandalen», sondern auch auf den «römischen, arabischen» und «japanischen Adel» sowie die «homerischen Helden» als Beispiele verweist.[10] Françoise Giroud meint, Nietzsches Schwester «Elisabeth hat es geschafft, durch Verstümmlungen und Manipulationen aus dem Werk ihres Bruders ein Lehrbuch des Nationalsozialismus zu machen», und es brauchte viele Jahre, «bis Nietzsche nach dem letzten Krieg von diesem Schandfleck rein gewaschen wurde».[11] Wie dem auch sei! Mainstream und Sumpftümpel sind bei Nietzsche – wie bei jedem Denker – zu unterscheiden, wenn auch nicht zu scheiden. Seine «Werke» «entziehen sich einer Systematisierung», wie Mazzino Montinari feststellt.[12] Karl Jaspers meint gar, «jede Niederschrift, jeder Augenblickseinfall gehören bei Nietzsche zum Werk»,[13] und alles sei bei ihm Mitte. Doch hier werden,

---

5 Wolfram Gramowski, Nachwort zu: Nietzsche, Also sprach Zarathustra, Wiesbaden u. Berlin 1959, S. 294.
6 Za III. Von alten und neuen Tafeln, 20; KSA 4, S. 261f.
7 Walter Gebhard, Nachwort zu: Nietzsche, Der Wille zur Macht, Stuttgart [13]1996, S. 707; Ivo Frenzel, Friedrich Nietzsche, Reinbek bei Hamburg 1966, S. 115.
8 Vgl. Werner Ross, Der ängstliche Adler. Friedrich Nietzsches Leben, Stuttgart 1980, S. 248; Françoise Giroud, Cosima Wagner [1996], München 1998, S. 89f.
9 NF Frühjahr 1888, 15 [110]; KSA 13, S. 470.
10 GM, I, 11; KSA 5, S. 275f.
11 Giroud (Anm. 8), S. 92.
12 Mazzino Montinari, Friedrich Nietzsche. Eine Einführung [1975], Berlin u. New York 1991, S. 80.
13 Karl Jaspers, Nietzsche und das Christentum, München 1963, S. 76.

denke ich, nicht nur existentialistische Augenblickseinfälle aneinandergereiht, sondern so etwas wie ein Denkgebäude errichtet, das sicher ein «Labyrinth» (H.A. Steilberg)[14] ist, in dem man aber trotzdem so etwas wie einen Ariadnefaden entdecken kann.

Viele Widersprüche in Nietzsches Denken können sicher nicht aufgelöst werden, wenn er einerseits für ein «Herren»-Menschentum,[15] andererseits für die «Herrenlosigkeit»[16] plädiert, sich einerseits für eine Ethik der «Härte»,[17] andererseits für das «Princip der *Liebe*»[18], für die Bergpredigt und das Gebot, dem «Bösen» keinen «Widerstand [zu] leisten»[19], stark macht. Sein Glücks- und Lustprinzip reimt sich nicht zusammen mit seinem pessimistischen Fatalismus des *amor fati* der griechischen Tragödie, Schopenhauers und Wagners, seine Verherrlichung des Gesunden und «*Wohlgerathenen*»[20] nicht mit seinem Lobpreis auf den «Schmerz», der unserem Leben erst die «letzte Tiefe» gibt und alles Laue, «Mittlere» von uns abtut.[21] Nietzsche fällt sich ständig selber ins Wort, und das Wohlabgerundete, Wohlgedrechselte üblicher Gelehrtensprache sucht man bei ihm vergeblich. Der sprunghafte Denker Nietzsche ist in seinen Zickzackbewegungen schwer zu fassen und zu beurteilen. Die Ursachen für diese Zerrissenheit seines Denkens sind nicht nur Unglück und Armut, sondern schwere Krankheiten, die sein Leben seit seiner Kindheit verdüsterten, sowie die sich leise anbahnende Umnachtung, die am 3. Januar 1889 ausbrach, als er in Turin auf der Straße unter Tränen ein Pferd umarmte, das von einem Droschkenkutscher mißhandelt wurde. Gottfried Benn fängt die Situation in dem Vers seines Gedichts *Turin* ein, der uns nur betroffen machen kann: «Ich laufe auf zerrissenen Sohlen / schrieb dieses große Weltgenie / in seinem letzten Brief – dann holen / sie ihn nach Jena – Psychiatrie.»[22]

Ich frage mich, warum mich Nietzsche seit meiner Jugend fasziniert, als ich als Sechzehnjähriger in den Sommerferien seinen *Zarathustra* las. Ist es seine geniale Sprache, ist es sein Kampf gegen jede Heuchelei und

---

14 Hays Alan Steilberg, Die amerikanische Nietzsche-Rezeption von 1896 bis 1950, Berlin u. New York 1996, S. 274.
15 NF Frühjahr 1884, 25 [137] u. Herbst 1885 – Herbst 1886, 2 [57]; KSA 11, S. 50 u. KSA 12, S. 87.
16 NF November 1887 – März 1888, 11 [275]; KSA 13, S. 104.
17 Za III. Von alten und neuen Tafeln, 29; KSA 4, S. 268.
18 NF Herbst 1887, 10 [181]; KSA 12, S. 564.
19 NF November 1887 – März 1888, 11 [360]; KSA 13, S. 158.
20 NF Frühjahr 1888, 15 [39]; KSA 13, S. 432.
21 FW. Vorrede zur zweiten Ausgabe, 3; KSA 3, S. 350.
22 Gottfried Benn, Gesammelte Werke, Bd. 3, Wiesbaden 1968, S. 177.

seine demaskierende Aufrichtigkeit, mit der er aufdeckt, was wir verdrängen und vertuschen? Wie auch immer: Nietzsche fordert uns heraus wie vielleicht kein moderner Philosoph. Wir können nicht mehr an ihm vorbei Theologie treiben. An einigen Beispielen möchte ich das aufweisen und mich dabei an dem oben genannten Leitfaden «Vitalismus» zu orientieren versuchen, wohl wissend, daß ich es hier nicht mit einem System, sondern mit einem Niagara zu tun habe.

Der Hauptvorwurf des Pfarrerssohns und Ex-Theologen Nietzsche gegen das Christentum richtet sich gegen dessen Lebensfeindlichkeit und Leibfeindlichkeit, die den Menschen durch seine Vertröstung auf ein illusionäres Jenseits um sein Glück betrügt, und die aus dem Glauben eine unnatürliche Verrenkung macht. Man kann die Schärfe seiner Polemik nur erklären aus der frömmelnden Enge und Muffigkeit seiner Erziehung. Nietzsche schreibt schon in einer Frühschrift: Das «Christenthum war von Anfang an [...] Ekel und Ueberdruss des Lebens am Leben, welcher sich unter dem Glauben an ein ‹anderes› oder ‹besseres› Leben [...] verkleidete [...] Der Hass auf die ‹Welt›, der Fluch auf die Affekte, die Furcht vor der Schönheit und Sinnlichkeit, ein Jenseits, erfunden, um das Diesseits besser zu verleumden [...] weil Leben etwas essentiell Unmoralisches *ist*, – *muss* endlich das Leben [...] als begehrens-unwürdig, als unwerth an sich empfunden werden.»[23] Ähnlich äußert sich der spätere Nietzsche, wenn er die «Zwecke» des Christentums in der «Vergiftung, Verleumdung, Verneinung des Lebens», somit in der «Verachtung des Leibes» und in der «Selbstschändung des Menschen durch den Begriff Sünde» erblickt.[24] Die christliche «Verachtung des geschlechtlichen Lebens», dem das Etikett «unrein» angeheftet wurde, war ein «Verbrechen [...] am Leben» selbst.[25] Mit dem «Dogma von der ‹unbefleckten Empfängniss›» Mariens (1854) hat die Kirche «*die Empfängniss befleckt*».[26] Nicht genug damit! «‹[D]er Gott am Kreuz› ist ein Fluch auf das Leben», während «der in Stücke geschnittene» griechische Gott «Dionysos» «eine *Verheißung* ins Leben» ist: «es wird ewig wieder geboren und aus der Zerstörung heimkommen».[27] «Dionysos» steht «gegen den ‹Gekreuzigten›»,[28] wobei mit dem «Dionysischen» bei Nietzsche nicht orgiastische «Tollheit» gemeint ist, wie ihm

---

23 GT. Versuch einer Selbstkritik, 5; KSA 1, S. 18f.
24 AC, 56; KSA 6, S. 238.
25 EH. Warum ich so gute Bücher schreibe, 5; KSA 6, S. 307.
26 AC, 34; KSA 6, S. 207.
27 NF Frühjahr 1888, 14 [89]; KSA 13, S. 267.
28 Ebenda, S. 266.

die christliche Polemik unterstellte, sondern tiefste «Welt-Bejahung» – so Ciorgio Colli.[29] Gott, den Nietzsche in seinem Gebet zum «unbekannten Gott» als das «letzte Glück» bezeichnet,[30] wurde im gekreuzigten Gott zum Symbol des Unglücks. «Der Begriff ‹Gott›» wurde «erfunden als Gegensatz-Begriff zum Leben [...] Der Begriff ‹Jenseits› [...], um die *einzige* Welt zu entwerthen, die es giebt».[31] Sollen die christlichen «Hinterweltler» an ihre Hinterwelt glauben. «*[B]leibt der Erde treu* und glaubt Denen nicht, welche euch von überirdischen Hoffnungen reden! Giftmischer sind es».[32]

Ob diese plumpe Polemik Nietzsches das biblische Christentum trifft, ist sehr die Frage. Das geschichtliche Christentum trifft sie auf weite Strecken, ebenso wie das Christentum seiner Sozialisation. Wir wissen, wie stark der leibfeindliche und lebensfeindliche Dualismus des Gnostizismus, Manichäismus und Platonismus schon das antike Christentum überfremdet hat und wie er uns zum Teil bis heute prägt. Der Glaube wurde zu einer Jenseitsdressur verfälscht und das Reich Gottes in eine Über- und Hinterwelt verlegt, auf die wir die Menschen vertrösteten, obschon es sich nach der Bibel in dieser Welt verwirklicht, wie nicht zuletzt die Wunderheilungen Jesu zeigen, in denen es sich schon vorweg ereignet (Matthäus 12,28; Lukas 4,18f.; Matthäus 11,5). Es gibt nach der Bibel nur eine einzige Welt: diese unsere Welt, die Gott erneuern wird und die er geschaffen hat, keine Welt Nr. 2 hinter den Wolken. Gott ist das Herz dieser Welt, die er mit seinem Geist durchpulst (Psalm 104, 25–30; Weisheit 12,1), keine Jenseitsillusion. Er erfüllt durch seinen Christus «alles in allem» (Epheser 1,23) und ist keine Fata Morgana. Der Dualismus in der Geschichte des Christentums, wonach es zwei vollkommen verschiedene Welten gibt und der Christ selig, nicht glücklich sein soll, trägt mit die Schuld an unserer Säkularisierung. Ein realitätsnaher Mensch konnte kein Christ mehr sein. Gott wurde, wie Nietzsche richtig formuliert hat, der Gegenbegriff zum Leben, der doch nach der Bibel der Inbegriff des Lebens ist (1. Mose 2,7; Psalm 36,10), von dem alles Leben kommt. Nicht nur im Alten Testament (Sprüche 3,16; Hiob 2,4), auch im Neuen Testament ist das Leben der Höchstwert, Zielwert und Daseinssinn schlechthin (Markus 8,35ff.; Matthäus 6,25; Johannes 3,15f. und 10,10; Römer 1,17; Galater 3,11; Hebräer 10,38). Nicht nur im Alten, auch im Neuen Testament sucht man vergeblich ein spirituali-

---
29 Ciorgio Colli, Nachwort zu: NF 1884 – 1885; KSA 11, S. 721.
30 Za IV. Der Zauberer, «Wer wärmt mich, wer liebt mich noch?»; KSA 4, S. 317.
31 EH. Warum ich ein Schicksal bin, 8; KSA 6, S. 373f.
32 Za I. Vorrede, 3; KSA 4, S. 15.

siertes und dualistisches Lebensverständnis. Natürliches und eschatologisches Leben werden zwar unterschieden (1. Korinther 15,19; 1. Timotheus 4,8), aber nicht geschieden. Nicht umsonst werden dieselben Begriffe für Leben (zoä, zän, psyche) für dieses *und* das neue Leben verwendet. Das kreatürliche und das neue Leben sind identisch (Markus 5,23; Matthäus 6,25, 10,28; Johannes 11,25f. und 40–44; Apostelgeschichte 17,28). Das irdische Leben ist kein Wartezimmer auf ein jenseitiges Leben. Es gibt in der Bibel nicht zwei Leben, sondern nur ein einziges Leben. Das Leben ist in der Bibel kein Unwert, sondern der Grundwert.

Wie wenig der Vorwurf der Leibfeindlichkeit das biblische Christentum trifft, erweist sein Glaube an die Fleischwerdung Gottes (1. Johannes 1,14), durch die Gott selber einen Leib angenommen hat in Jesus Christus. Die Sexualität ist nach der Bibel nichts Unreines, sondern etwas Heiliges, das Gott geschaffen hat, durch sie wird der Mensch zu Gottes «Ebenbild» (1. Mose 1,27); ihre «Feuergluten» werden im Hohen Lied der Liebe des Alten Testaments sogar als «Flamme Gottes» bezeichnet (8,6). Gott vergällt nicht unsere Daseinsfreuden, sondern er schenkt sie und bringt ihren Torso zur letzten Erfüllung. Er ersetzt nicht das Leben vor dem Tod durch das Leben nach dem Tod, sondern er vollendet das Leben vor dem Tod, indem er die Hoffnung des Menschen auf das bessere Leben, das er diesseits des Todes nie erreicht, erfüllt. Der Glaube an Gott bleibt auf dem Boden der Realität, wenn er das volle Glück erhofft, das er diesseits des Todes nur fragmentarisch erreicht, aber in diesem Fragment doch ein Unterpfand für das Ganze in Händen hat, das das Ganze erahnen läßt, wenn es auch ohne das Ganze sinnlos ist. Der Glaube ist also etwas Natürliches, keine unnatürliche Verrenkung. Denn wer will nicht, daß die Puzzleteilchen unseres Lebens sich zu einem Ganzen fügen? Ja, Gott ist selber dieses Ganze, dieses ganze Glück, das sich in jedem Mosaiksteinchen irdischen Glücks schon widerspiegelt, keine unrealistische Fata Morgana. Er ist sicher auch das ganze Glück, das die Fragmente von Glück zum Ganzen fügt und ohne das die Fragmente des Glücks sinnlos sind. Die Bibel umschreibt dieses volle Glück, das Gott gibt und ist, mit dem hebräischen Begriff Schalom und mit dem griechischen Begriff Chará (Johannes 16,20ff.; Matthäus 25,21).

Der gekreuzigte Gott ist kein Fluch auf das Leben, sondern die Quelle des Lebens, weil er am Kreuz mit uns tauscht und unseren Tod auf sich nimmt, um uns sein Leben zu schenken. Nicht nur für Nietzsche, auch nach der christlichen Lehre ist Gott das letzte und volle Glück, das die Puzzleteilchen unseres Glücks zum Ganzen fügt. Der biblische Mensch lebt nicht auf Sparflamme, wie ihm Nietzsche vorwirft, sondern er lebt aus dem vollen, wenn er an Gott oder an das volle Glück glaubt, wenn er sich nicht mit Fragmenten von Glück zufrieden gibt, sondern das ganze Glück ersehnt. Nietzsche kann uns wieder an diese vergessene Wahrheit unseres Glaubens erinnern, von der schon Anselm von Canterbury, Thomas von Aquin und Schleiermacher sprechen[33] und durch die wir dem heutigen Menschen Gott wieder überzeugend vermitteln können, weil wir ihn bei seinen eigenen Hoffnungen abholen. Es war – wie Bonhoeffer zu Recht betont – ein Irrweg der Theologie, zu meinen, Gott brauche ich nur im Unglück, nicht im Glück, nur an der Grenze meines Lebens, nicht in der Mitte meines Lebens, wo mein Herz schneller schlägt vor Freude.[34] «Es geht» nach Bonhoeffer «nichts verloren» von unserem irdischen Glück, «in Christus ist alles aufgehoben, aufbewahrt, allerdings in verwandelter Gestalt, durchsichtig, klar, befreit von der Qual des selbstsüchtigen Begehrens. Christus bringt alles wieder» – so im Anschluß an die aus Epheser 1,10 stammende und von Irenäus vertretene Lehre von der Wiederbringung aller Dinge (Anakephalaiosis).[35] Das Christentum ist eine Glücksreligion, und es will kein Geschäft mit dem Unglück des Menschen machen, wie Nietzsche ihm vorwirft.

Unnötig, darauf hinzuweisen, daß mit Glück mehr gemeint ist als das Glück aus dem Versandhauskatalog – die Liebe, die Hingabe, vor allem Gottes Liebe, die jeden von uns unwiderruflich liebt, indem sie sich für uns am Kreuz preisgab. Verachten wir aber nicht über diesem ganzen Glück die Fragmente von Glück in unserem Alltag, in denen sich das Ganze widerspiegelt. Das können ganz kleine Mosaiksteinchen sein, in denen das Ganze aufleuchtet, ein lachendes Kind, das mir auf der Straße zuwinkt, ein Buchfink, der mir etwas vorzwitschert und dem ich lausche, zwei Menschen, die sich in der Fußgängerzone umarmen, ein Violinspiel, das ich im Vorbeigehen durch ein geöffnetes Fenster höre, eine Blume am Wegrand, die andere übersehen und die mir etwas zu sagen hat.

Doch so einfach kommen wir nicht davon. Der christliche Gott ist nach Nietzsche nicht nur der «*Widerspruch*» zum «*Leben*»,[36] «man hat Gott genannt, was schwächt».[37] «Ich lehre das Nein zu Allem, was

---

33 Anselm von Canterbury, Proslogion, Cap. II, XXII, XXVI; Thomas von Aquin, Summa theologiae 1 q.2 a.3 (quarta via ex gradibus); Friedrich Schleiermacher, Über die Religion (Zweite Rede).
34 Dietrich Bonhoeffer, Widerstand und Ergebung. Briefe und Aufzeichnungen aus der Haft, München 1951, S. 181f., 210f.
35 Ebenda, S. 124ff.
36 AC, 18; KSA 6, S. 185.
37 NF Frühjahr 1888, 15 [13]; KSA 13, S. 412.

schwach macht [...] das Ja zu Allem, was stärkt».[38] Das Christentum ist eine Sklavenreligion, die «die Starken zerbrechen»[39] will und den Menschen zum feigen Duckmäuser und stromlinienförmigen Anpasser erzieht. Ziel dieser Religion ist die «gläubige Speichel-Leckerei, Schmeichel-Bäckerei vor dem Gott der Heerschaaren».[40] Es gibt ja auch glückliche Sklaven. Dabei spekuliert das Christentum auf die «ressentiments» der «Schlechtweggekommenen aller Art»,[41] die es durch «Herzens-Mausefallen» einfängt.[42] Merkmal dieser Sklavenreligion ist: «‹Nur wenn du *bereuest*, ist Gott dir gnädig› [...] Zerknirschung, Entwürdigung, Sich-im-Staube-wälzen – das ist die erste und letzte Bedingung, an die seine Gnade sich knüpft: Wiederherstellung also seiner göttlichen Ehre», die der «ehrsüchtige Orientale im Himmel» verlangt.[43] «[W]ir sind die Erben der Gewissens-Vivisektion und Selbst-Thierquälerei von Jahrtausenden».[44] Religion verkommt zur Geschäftsbeziehung mit Lohn und Strafe: Wenn du nicht ..., dann ... Nietzsche fragt: Was ist das für ein Gott, dieser «Gott unter Bedingungen», wo «alles Glück» «Lohn» und «alles Unglück» «Strafe» ist. «Ein Gott, der *fordert* – an Stelle eines Gottes, der hilft».[45] Man stutzt, wenn Nietzsche diese zur Geschäftsbeziehung herabgekommene Gottesbeziehung als etwas zutiefst Unvornehmes bezeichnet und feststellt: «wahre Güte, Vornehmheit» und «Größe der Seele» gibt nicht, «um zu nehmen», sie verströmt sich selbstlos und schielt nicht auf eine Gegengabe, wie der kleinkarierte Krämergeist des Christentums. «*Verschwendung*» ist ihr Wesen.[46] Wer «liebt», will nichts «haben»,[47] er «liebt jenseits von Lohn und Vergeltung».[48] Der Ex-Theologe Nietzsche denkt sicher an das Bibelwort 1. Korinther 13,5, wonach die Liebe sich «nicht selbst sucht», sondern sich selbstvergessen hingibt, auch die göttliche Liebe. Müssen wir Christen uns das von dem Nichtchristen Nietzsche sagen lassen?

Trifft diese polemische Breitseite Nietzsches nicht ins Schwarze und erinnert sie uns nicht wieder neu an die Mitte unseres christlichen Glaubens, daß Gott uns unbedingt liebt und daß seine Liebe keine Bedin-

---

38 Ebenda.
39 NF November 1887 – März 1888, 11 [55]; KSA 13, S. 28.
40 Za III. Vom Vorübergehen; KSA 4, S. 223.
41 NF Herbst 1887, 10 [184]; KSA 12, S. 566.
42 Za III. Von den Abtrünnigen, 2; KSA 4, S. 228.
43 FW, Nr. 135; KSA 3, S. 486.
44 GM, II, 24; KSA 5, S. 335.
45 AC, 25; KSA 6, S. 194.
46 NF Oktober 1888, 23 [4]; KSA 13, S. 605.
47 NF Frühjahr 1884, 25 [155]; KSA 11, S. 54.
48 Za IV. Ausser Dienst; KSA 4, S. 324.

gungen stellt? Echte Liebe stellt keine Bedingungen, sie liebt unbedingt oder sie liebt nicht. Wir wissen, wie oft die Partnerliebe daran zugrunde geht, daß sie Bedingungen stellt und ständig etwas vom anderen erwartet. Echte Liebe sucht nicht sich selbst, keinen Lohn, keine Leistung. Sie liebt, weil sie liebt, nicht, um etwas zu bekommen. Sie will nichts haben, sondern sich hingeben. Oder mit der Begrifflichkeit der Rechtfertigungslehre des Paulus im Neuen Testament gesagt: Wir werden ohne Werke allein aus Gnaden gerechtfertigt. Gott hat am Kreuz das Gericht, das wir verdient haben, stellvertretend für uns auf sich genommen und dadurch die ganze Lohn-Strafe-Ordnung ad absurdum geführt, die in der Bibel ein vorletztes, nicht das letzte Wort ist. Wenn er mich freispricht, brauche ich nicht mehr auf das Gewissen, den ewig kläffenden Köter, zu hören. Nietzsche hat recht, wenn er meint: Moral darf nie ein «letzter Werth» in der Religion sein, wie es weithin der Fall war.[49] Gott befreit von aller «Moral». Das erinnert an die kühnen Formeln des Paulus: «Christus ist das Ende des Gesetzes, wer an ihn glaubt, der ist gerecht» (Römer 10,4). «Der Buchstabe tötet, der Geist macht lebendig» (2. Korinther 3,6). Nietzsche unterzieht die kirchliche Moral einer vernichtenden Kritik, da sie die Moral zur Formalautorität verfälschte, der ich folgen muß, weil es dasteht. Ist sie doch eine inhaltliche Autorität, der ich folge, weil sie mich überzeugt, nicht eine formale, die gilt, weil sie gilt. Sie wurde so zur lebensfeindlichen «Straf-Maschine», wo es nur noch auf die «Formalien-Genauigkeit» ankam,[50] nicht auf ihren Lebenswert.[51] Sie verkam zur «Menagerie», wo «Thierbändiger» mit «glühenden Eisen» die Menschen dressierten und hinter «eisernen Stäben» einsperrten.[52] Diese Moral war ein «*Capital-Verbrechen am Leben*».[53] Ethik muß «lebensfördernd» sein, und sie darf das Leben nicht einschnüren.[54] Moral wurde Selbstzweck: «*Moral um der Moral willen*»,[55] «aus einem Mittel zum Leben» wurde «ein *Maßstab* des Lebens» gemacht.[56] Wie sagt Jesus? «Der Sabbath ist für den Menschen da, nicht der Mensch für den Sabbath» (Markus 2,27). Das Gebot ist für den Menschen da, nicht der Mensch für das Gebot. Wir kennen die Tyrannei der

---

49 NF Herbst 1887, 10 [194]; KSA 12, S. 572.
50 NF Frühjahr 1888, 15 [42]; KSA 13, S. 435f.
51 NF Frühjahr 1888, 14 [158]; KSA 13, S. 342f.
52 NF Frühjahr 1888, 15 [72]; KSA 13, S. 453.
53 NF Frühjahr 1888, 15 [19]; KSA 13, S. 417.
54 NF Frühjahr 1888, 15 [42]; KSA 13, S. 435.
55 NF Herbst 1887, 10 [194]; KSA 12, S. 572.
56 NF Frühjahr 1888, 14 [158]; KSA 13, S. 342.

Moral, wenn uns Werte beherrschen, aber nicht in uns vibrieren, wenn sie uns aufgezwungen werden, ohne in uns zu leben. Wieder geht es um den Lebenswert der Religion, den Nietzsche einklagt. Ziel dieses Angstapparates der Kirche war nach Nietzsche, den Menschen immer wieder ein schlechtes Gewissen aufzuzwingen und sie klein und schwach zu machen. Man wollte den Menschen klein machen, um Gott groß zu machen, und man vergaß, daß nach der Bibel Gott sich selber in Krippe und Kreuz klein macht, um den Menschen groß zu machen (2. Korinther 8,9; Psalm 8,6ff.), daß Gott selber schwach wird, um den Menschen stark zu machen (1. Korinther 1,24; 2. Korinther 12,9f.), und ihn nicht schwach macht, um selber stark zu sein und den Starken zu spielen. Er tauscht mit uns am Kreuz und gibt uns seine Macht und nimmt dafür unsere Ohnmacht auf sich – aus Liebe zu uns. Er ist kein «Henker-Gott», wie ihn Nietzsche in seinem Gebet zum «unbekannten Gott» tituliert,[57] sondern der Gott der Liebe (1. Johannes 4,16), kein überhöhter orientalischer Despot, an den wir nur aus Angst vor Strafe glauben, der seine Sultanslaunen an uns ausläßt und vor dem wir ständig zu Kreuze kriechen müssen, sondern ein Gott, der selber aus Liebe zu uns ans Kreuz ging und die Strafe auf sich genommen hat, die wir verdient haben. Der Nietzscheaner Thomas Mann hat diese entwürdigende Armesündertheologie der christlichen Tradition in seinen *Buddenbrooks* bloßgestellt, als Toni die Hausandacht ihrer Mutter, der Konsulin Buddenbrook, aus Protest verließ, als gesungen wurde: «Ach, Herr, so nimm mich Hund beim Ohr, wirf mir den Gnadenknochen vor und nimm mich Sündenlümmel in deinen Gnadenhimmel».[58]

Auch wenn man sich über Nietzsches Holzschnittrhetorik ärgert, wird man seiner These ein Korn Wahrheit nicht absprechen: «Man soll das Christentum nicht mit jener Einen Wurzel verwechseln, an die es mit seinem Namen erinnert»: Christus; «die *andern* Wurzeln, aus denen es gewachsen ist, sind bei weitem mächtiger [...] gewesen; es ist ein Mißbrauch ohne Gleichen, wenn [...] Verfalls-Gebilde und Mißformen» des Christentums «sich mit jenem heiligen Namen abzeichnen. Was hat Christus *verneint*? – Alles, was heute christlich heißt»,[59] bei dem allein die «Praxis des Lebens» zählt.[60]

---

57 Za IV. Der Zauberer, «Wer wärmt mich, wer liebt mich noch»?; KSA 4, S. 315.
58 Thomas Mann, Die Buddenbrooks, Frankfurt am Main 1981, S. 283.
59 NF Frühjahr – Sommer 1888, 16 [87]; KSA 13, S. 517.
60 NF November 1887 – März 1888, 11 [365]; KSA 13, S. 162.

Nietzsche ist der Prophet des europäischen Nihilismus, sagten wir anfangs. Er meinte: «Der Nihilismus steht vor der Thür».[61] Kommen wir zu Nietzsches Parabel vom «tollen Menschen», der mit der Laterne Gott sucht und dann feststellen muß, daß er tot ist, aus der *Fröhlichen Wissenschaft* (Nr. 125) von 1882, in der er nach Bonsels die «abendländische Kulturkrisis» und den «Abgrund Mensch», der an seiner Zivilisation krank geworden ist, thematisiert.[62] In dieser Parabel erblickt er in «Gott» nichts weniger als den letzten Halt der Menschheit, ohne den sie in den Abgrund «stürzen» wird. Die Parabel ist kein Manifest des Atheismus, wie oft fälschlich angenommen wurde. Nicht Gott, der Gott der Christen ist für Nietzsche eine Illusion. Nach Pütz ist Nietzsche kein «Atheist», «denn er leugnet nicht jedweden Gott, sondern [...] nur einen solchen, den er durch Partikularisierung und Idealisierung pervertiert sieht», er «sucht» «einen Gott», «der die Totalität des Seienden [...] umfaßt und nicht auf die Belange degenerierter Bedingtheit reduziert wird».[63] Nach Schmidt und Spreckelsen «zielt» «die Provokation des ‹tollen Menschen› nicht in erster Linie darauf ab, den Glauben an Gott zu erschüttern, nicht auf Religionskritik. Die ‹Gottsuche› findet amüsierte Zuschauer vor, die schon längst nicht mehr an Gott glauben. ‹Gott ist tot› ist ... gar keine provokante Behauptung» mehr. «Provozierend ist, daß der ‹tolle Mensch› Mordanklage gegen die Mitmenschen und sich selbst erhebt». «Die Konsequenzen der Tat fallen auf die Täter zurück: durch die Ermordung Gottes entziehen sie allen ihren bisherigen Sinnstiftungen und Wertmaßstäben die Grundlage».[64] Ivo Frenzel meint, mit seiner These, daß «Gott tot ist», «stellt» Nietzsche «den Tod» Gottes lediglich als «Diagnostiker» «fest»; er behauptet aber nicht, «daß durch ihn Gott gestorben sei» oder er «der Mörder Gottes» sei.[65] Er konstatiert lediglich, daß die Menschen Gott getötet haben, will ihn aber nicht selbst töten. Dieser Klagepsalm über «den Tod Gottes und den Kältetod der Menschheit» (Werner Ross)[66] ist ein Dokument des faktischen Atheismus, nicht des theoretischen Atheismus, des bedauernden

---

61 NF Herbst 1885 – Herbst 1886, 2 [127]; KSA 12, S. 125.
62 Bernd H. Bonsels, Einleitung zu: Nietzsche, Die fröhliche Wissenschaft, München 1977, S. 6, 8f.
63 Peter Pütz, Nachwort zu: Nietzsche, Der Antichrist/Ecce homo, München 1979, S. 230; ähnlich richtet sich Nietzsche nach Martin Heidegger nur gegen einen platonisch idealisierten, metaphysischen Gott (Heidegger, Holzwege, Frankfurt am Main 1957, S. 199f.).
64 Schmidt u. Spreckelsen (Anm. 3), S. 56.
65 Frenzel (Anm. 7), S. 108.
66 Ross (Anm. 8), S. 585.

und verzweifelten Atheismus, nicht des militanten Atheismus, wie man fälschlich oft unterstellte.

Die Welt, die sich nach dieser Parabel von «Gott», ihrer wärmenden «Sonne» losgekettet hat, stirbt den Kältetod, und sie stürzt ab ins «Nichts», ins Nichts der Beziehungslosigkeit. Nur die Gottesbeziehung bewahrt sie vor dem Absturz in die Beziehungslosigkeit, nur die Bindung an Gott bewahrt sie vor dem Absturz in die Bindungslosigkeit, nur sie verhindert nach der Parabel den Absturz ins Chaos und ins Dunkel ewiger «Nacht», ist Gott doch nach ihr ihr Hoffnungs-«Horizont». Wenn sie nicht auf ihn, sondern auf sich selber baut, stürzt sie ab, wobei Nietzsche den technischen und gesellschaftlichen Machbarkeits- und Fortschrittsglauben im Auge hat.[67] Diese Deutung des Todes Gottes wird von der 1881 geschriebenen Urfassung der Parabel vom Tode Gottes gestützt, in der nach dem Satz aus der Endfassung von dem «Schwamm», mit dem wir den «ganzen Horizont» Gottes auslöschten, noch der Zusatz steht: «Wie brachten wir dies zu Stande, diese ewige feste Linie wegzuwischen, auf die bisher alle Linien und Maaße sich zurückbezogen, nach der bisher alle Baumeister des Lebens bauten, ohne die es überhaupt keine Perspektive, keine Ordnung, keine Baukunst zu geben schien? Stehen wir denn selber noch auf unseren Füßen?» Dann folgt der Satz der Endfassung: «Stürzen wir nicht fortwährend?»[68]

Die Vorlage von Nietzsches Parabel vom Tode Gottes, der *Siebenkäs*-Roman Jean Pauls von 1795, verdeutlicht noch einen anderen Aspekt. Bei Nietzsche «irren» die Menschen nach dem Absturz durchs «unendliche Nichts». Das «erste Blumenstück» im *Siebenkäs* drückt sich noch viel deutlicher aus, wenn es vom Tode Gottes heißt: Ohne die «Sonne» Gottes «wird» das «ganze [...] Universum» «zerschlagen in zahllose quecksilberne Punkte von Ichs, welche blinken, rinnen, irren [...] ohne Einheit und Bestand»[69] – eine Vision unserer beziehungslosen Ego-Gesellschaft! Nach meinen Recherchen ist dieses «erste Blumenstück» des *Siebenkäs*-Romans Jean Pauls, dessen Schriften Nietzsche sehr gut kannte,[70] die «Rede des toten Christus vom Weltgebäude herab, daß kein Gott sei», die Quelle von Nietzsches Parabel; weniger, wie man oft annimmt,[71] das Diktum vom Tode Gottes bei Hegel[72] und aus der alten Fas-

---

67 Ebenda, S. 584ff.; vgl. S. 580ff.
68 NF Herbst 1881, 14 [25]; KSA 9, S. 631; FW, 125; KSA 3, S. 481.
69 Jean Paul, Siebenkäs, Leipzig 1925, S. 319.
70 Vgl. Ross (Anm. 8), S. 44.
71 So Eberhard Jüngel, Gott als Geheimnis der Welt, Tübingen 1977, S. 83ff.
72 Georg Wilhelm Friedrich Hegel, Vorlesungen über die Philosophie der Religion (1821–1831), hrsg. von Georg Lasson, Bd. II/2, Hamburg 1929, S. 172.

sung des lutherischen Kirchenliedes *O Traurigkeit, o Herzeleid*, das auf Luther zurückgeht und mit dem der gekreuzigte Gott gemeint ist, den Nietzsche doch als lebensfeindliches Symbol bekämpfte. Die Konkordienformel (1577), eine lutherische Bekenntnisschrift, zitiert Luther: «Wo es nicht sollt heißen, Gott ist für uns gestorben, sondern allein ein Mensch, so sind wir verloren. Aber wenn Gottes Tod und Gott gestorben in der Wagschüssel liegt, so sinkt er unter und wir fahren empor als eine leichte, ledige Schüssel».[73]

Diese christologische Deutung des Todes Gottes, die zur offiziellen Lehre der lutherischen Kirche wurde, hat Nietzsche bekämpft. Der Tod Gottes am Kreuz, der stellvertretend in Jesus Christus den Tod des Menschen auf sich nahm, um ihm sein Leben zu schenken, wurde nach Hans Blumenberg von Nietzsche mißverstanden: «Niemand kann Gott morden, es sei denn, er ließe sich. Daß er sich läßt, ist das Allerheiligste der christlichen Heilsgeschichte». «Der Tod Gottes» machte bei Nietzsche «den Weg zum absoluten Selbstvertrauen des Menschen frei. Nur blieb der freigelegte Weg leer» – so Blumenberg weiter. «Die Pointe Nietzsches ist» nach ihm «der Automatismus, mit dem das Ende Gottes auch das des Menschen [...] ist».[74] Daß Nietzsche sich selber ins Wort fällt und später andernorts den für tot erklärten «Gott» als die «höchste Macht» bezeichnen kann, ist charakteristisch für seinen dialektischen Denkstil. Er schreibt dort: «Gott *die höchste Macht* – das genügt! Aus ihr folgt Alles».[75]

Ich will durch diese Interpretation der Parabel vom Tod Gottes aus Nietzsche keinen humanistischen Biedermeier machen oder ihn gar christlich taufen, sondern von ihm lernen – was auch von den vorhergehenden Versuchen der kritischen Rezeption seiner Gedanken gilt.

Am Schluß sollen nochmals en bloc die Kernsätze der Parabel vom «tollen Menschen» und vom Tode Gottes, aus der schon laufend zitiert wurde, angeführt werden. Sie ist eine Vision von bedrückender Aktualität:

> «Habt ihr nicht von jenem tollen Menschen gehört, der am hellen Vormittage eine Laterne anzündete, auf den Markt lief und unaufhörlich schrie: ‹Ich suche Gott! Ich suche Gott!› – Da dort gerade Viele von Denen zusammen standen, welche nicht an Gott glaubten, so erregte er ein grosses Gelächter. Ist er denn verloren gegangen? sagte der Eine. Hat er sich verlaufen wie ein Kind? sagte der Andere. Oder hält er sich versteckt?

---

73 Die Bekenntnisschriften der ev.-luth. Kirche [1930], Göttingen [10]1986, S. 1031; Martin Luther, Werke, Bd. 26, Weimar 2000 (Neudruck), S. 324.
74 Hans Blumenberg, Matthäuspassion, Frankfurt am Main 1988, S. 304ff.
75 NF Herbst 1887, 10 [90]; KSA 12, S. 507f.

Fürchtet er sich vor uns? Ist er zu Schiff gegangen? ausgewandert? – so schrieen und lachten sie durcheinander. Der tolle Mensch sprang mitten unter sie und durchbohrte sie mit seinen Blicken. ‹Wohin ist Gott? rief er, ich will es euch sagen! *Wir haben ihn getödtet,* – ihr und ich! Wir Alle sind seine Mörder! Aber wie haben wir diess gemacht? Wie vermochten wir das Meer auszutrinken? Wer gab uns den Schwamm, um den ganzen Horizont wegzuwischen? Was thaten wir, als wir diese Erde von ihrer Sonne losketteten? Wohin bewegt sie sich nun? Wohin bewegen wir uns? Fort von allen Sonnen? Stürzen wir nicht fortwährend? [...] rückwärts, seitwärts, vorwärts, nach allen Seiten? Giebt es noch ein Oben und ein Unten? Irren wir nicht wie durch ein unendliches Nichts? Haucht uns nicht der leere Raum an? Ist es nicht kälter geworden? Kommt nicht immerfort die Nacht und mehr Nacht? Müssen nicht Laternen am Vormittage angezündet werden? [...] Gott ist todt! Gott bleibt todt! Und wir haben ihn getödtet! Wie trösten wir uns, die Mörder aller Mörder? Das Heiligste und Mächtigste, was die Welt bisher besass, es ist unter unseren Messern verblutet, – wer wischt diess Blut von uns ab? Mit welchem Wasser könnten wir uns reinigen?›»

Und dann bemerkt der «tolle Mensch» ironisch: «Ist nicht die Grösse dieser That» des Gottesmordes «zu gross für uns? Müssen wir nicht selber zu Göttern werden [...]?»[76]

Ist das nicht die Vision vom Machbarkeitswahn des Menschen, der abstürzt, weil er sich selber zum Gott macht, der alles machen kann? Nietzsche sieht den Modernisierungsinfarkt des Immerschneller, Immergrößer, Immermehr voraus. Kafka spinnt den Gedanken weiter, wenn er sagt: «Je mehr Pferde du anspannst, desto rascher gehts, nämlich [...] das Zerreißen der Riemen und damit die leere fröhliche Fahrt»[77] der Pferde, die, ohne es zu wissen, ohne Wagen weiterlaufen. Hat nicht Paulus die Situation der Menschheit in Römer 1–3 ganz ähnlich als leere fröhliche Fahrt ins Verderben geschildert, um aufzuweisen, daß es keine Rettung für die Welt aus der Welt gibt?[78] Wie aktuell ist diese Botschaft von Nietzsche, Kafka und Paulus angesichts des Zusammenbruchs des utopischen Machbarkeitsglaubens des Marxismus und der Technokratie in unserem Jahrhundert! Das wäre der christliche Beitrag für das nächste Jahrhundert und an der Schwelle zu einem neuen Millennium: Der Utopieverzicht, die Verkleinerung des Menschen auf seine natürliche Größe und die Einsicht, daß wir nicht aus dem Raffen und Schaffen, sondern aus dem Geschenk leben – im kleinen und großen, daß das Empfangen dem Machen vorausgeht.

---

76 FW, 125; KSA 3, S. 480f..
77 Zit. bei Michael Trowitzsch, Nietzsche, theologisch; in: Zeitschrift für Theologie und Kirche 94 (1997), H. 1, S. 123; vgl. seine Reflexion zu dem Pferdegleichnis S. 121ff.
78 Vgl. ebenda, S. 115.

Theologie nach Nietzsches *Antichrist?*

Andreas Urs Sommer

Nicht nur die Theologie ist anscheinend leicht fertig geworden mit jenem Text, der nach Nietzsches späten Bekundungen seine vollständige «Umwerthung aller Werthe» beinhalten sollte. Gemeint ist die unter eschatologischem Namen auftretende, 1888 geschriebene Schrift *Der Antichrist*. Die Emsigkeit, mit der man sich seit hundert Jahren bemüht, Nietzsches Antichristentum entweder zu bagatellisieren oder aber Nietzsche für ein wahres, beispielsweise authentisch jesuanisches Christentum in Anspruch zu nehmen – diese Emsigkeit könnte den Eindruck entstehen lassen, hier gebe es wirklich keine Probleme. Das zwanzigste Jahrhundert hat uns mit tiefenpsychologischem Rüstzeug beglückt, das selbst die allerletzten Schwierigkeiten beseitigt – vielleicht auch solche, die vorher (d.h. bei Nietzsche) gar nicht da waren. So lesen wir 1991 bei Alice Miller: «Wie Nietzsche seine Umgebung empfunden hat, läßt sich an den zahlreichen Stellen erkennen, in denen er das Christentum charakterisiert. Man muß nur für das Wort ‹Christentum› ‹meine Tanten› oder ‹meine Familie› einsetzen, und die massiven Angriffe bekommen plötzlich einen Sinn.» «Liest man mit diesem Schlüssel den *Antichrist*, gewinnen die vorher verwirrenden Sätze ihre klare Bedeutung.»[1]

Wie schön! ist man auszurufen versucht – und geht zur Tagesordnung über, weil man sich nun endgültig darüber aufgeklärt wähnt, daß Nietzsches Probleme mit dem Christentum bloß seine höchsteigenen psychischen Probleme waren. Und trotzdem: Weshalb reißt gerade von christlich-theologischer Seite die Kette der Publikationen über Nietzsche und das Christentum nicht ab, wenn man doch schon längst den individualbiographischen Kern des Nietzsche-Christentum-Komplexes erschlossen zu haben meint? Offensichtlich lauert da noch etwas mehr als nur «die Tanten» – etwas, was zur Irritation der Theologen so gut wie der Nicht-Theologen nicht verschwinden will. Diese Irritation möchte ich – als Nicht-Theologe – hier zu verbalisieren versuchen. Über den *Antichrist*

---

1 Alice Miller, Das ungelebte Leben und das Werk eines Lebensphilosophen (Friedrich Nietzsche); in: Miller, Der gemiedene Schlüssel, Frankfurt am Main 1991, S. 9–78, hier S. 55f. und 57f.

ist bei einem Blick in die Sekundärliteratur nicht viel Gutes zu erfahren: «Die Maßlosigkeit bringt sich selbst weithin um die beabsichtigte Wirkung; man überzeugt nicht, wenn man Schaum vor dem Mund hat.»[2] Die Stimmen, die dieser Spätschrift doch etwas abgewinnen können, sind verhaltener: Auch der antitheologische Christentumshistoriker und Nietzsche-Freund Franz Overbeck, der in einem noch unveröffentlichten Brief an Carl Fuchs vom 10. Mai 1891[3] die «Klarheit des Werks» herausstreicht, unterläßt es nicht, «den bisweilen gar zu groben Invectiventon» als «die eigentliche Spur der Entstehungsperiode und der imminenten Umdüsterung des Verfassers» zu deuten. Den Ton des *Antichrist* hat man sehr häufig als Auftakt des sich ankündigenden Wahnsinns vernommen und so überhört, daß der Text zwar das Fortissimo bevorzugt, jedoch im Unterschied zu früheren Auslassungen zum Thema Christentum eine kohärente Argumentationslinie auszieht, die eine konsequente *Delegitimierung* christlicher Moral und Metaphysik durchspielt. Dieser Text verdient es sehr wohl, ernst genommen zu werden, auch wenn man sich zu einer gelassenen Lesart – wie Werner Stegmaier dies in seinem Kommentar zur *Genealogie der Moral* vorgemacht hat[4] – erst hindurcharbeiten muß. Ganz leicht fällt eine solche Lesart uns nach wie vor nicht, was wohl belegt, daß *Der Antichrist* uns mehr angeht als eine Satire Lukians gegen irgendeine weltanschauliche Sekte der Spätantike.

Hier kann keine Kurzfassung einer *Antichrist*-Gesamtinterpretation geboten werden.[5] Man hätte sich bei einem solchen Unternehmen etwa damit zu beschäftigen, ob diese angeblich vollständige «Umwerthung aller Werthe» vielleicht gar nicht in einer positiven neuen Gesetzgebung bestehe, sondern darin, mit travestiert christlichen Mitteln dogmatischen Dekretierens das Christentum ad absurdum zu führen. Hier aber interessiert mich als theologischen Laien nur das sozusagen apriorische Problem, welche von Nietzsches *Antichrist* erhobenen Ein- und Widerreden eine Theologie bedenken müßte, die Nietzsches Maßstab intellektueller Redlichkeit[6] und jener der Theologie nach Nietzsche abgehen-

---

2 Eugen Fink, Nietzsches Philosophie [1960], Stuttgart ⁶1992, S. 134.
3 Manuskript in: Nachlaß Elisabeth Förster-Nietzsche, Goethe- und Schiller-Archiv, Weimar.
4 Siehe Werner Stegmaier, Nietzsches *Genealogie der Moral*, Darmstadt 1994, S. 7.
5 Vgl. dazu Andreas Urs Sommer, Friedrich Nietzsche: *Der Antichrist*. Ein historisch-philosophischer Kommentar, Basel 1999.
6 Siehe auch Ulrich Willers, «Die evangelische Praxis allein führt zu Gott, sie eben ist Gott». Friedrich Nietzsches hintergründige theologische Aktualität, Regensburg 1994, S. 5 (Eichstätter Hochschulreden, Nr. 91). Willers sieht Nietzsches «hintergründige theologische Aktualität» gerade darin, «daß Nietzsche die christliche Welt auf eine neue Stufe der intellektuellen Wahrhaftigkeit zwingt».

den «Kunst, gut zu lesen» (AC, 52 u. 59; KSA 6, S. 233 u. 247) genügen wollte. Ich werde mit anderen Worten nicht den realen Haupt-, Holz-, Um- und Schleichwegen folgen, die die Theologie des zwanzigsten Jahrhunderts bei der Rezeption Nietzsches beschritten hat. Es ist mir auch nicht um die quasi instinktive Fluchtbewegung herausragender Repräsentanten dieser Theologie zu tun, sich aus der Nötigung zu profaner, intellektueller Rechenschaft mit dem billigen Hinweis auf das allen Menschenhorizont und alle Menschenlogik übersteigende «Ganz Andere» davonzustehlen. Ich werde schließlich nicht von jenem Verdacht handeln, Theologen hätten in ‹unserem›, dem zwanzigsten Jahrhundert an kaum etwas so viel Zeit und Scharfsinn verschwendet wie an den Versuch, jene von Nietzsche ausgegebenen antichristlichen Losungen zu hintertreiben, indem man ihren Urheber in möglichst subtiler Weise diskreditiert oder aber indem man diese Losungen historisiert und vorgibt, sie hätten mit der gegenwärtigen theologischen Situation nicht mehr das Geringste zu tun, sondern seien nur auf die damalige, Nietzsche zeitgenössische Theologie gemünzt gewesen. Die zahllosen in diese Richtung zielenden Interpretationen beweisen nach meinem freilich unmaßgeblichen Lektüreeindruck nur eins und dies erst noch unfreiwilligerweise: Daß nämlich an der von Nietzsche herausgestellten «Logik des Priesters» (AC, 49; KSA 6, S. 228), die eine Logik der Selbst- und Machterhaltung ist, etwas dran sein dürfte. Dieter Schellong stellt einmal treffend fest, «Nietzsches Vorwurf gegen den gemeinen Instinkt der Christen» sei «in der theologischen Literatur kaum aufgenommen, ja kaum wahrgenommen» worden.[7]

All das muß ausgeklammert bleiben; mir geht es um *Bedingungen der Möglichkeit*, nach Nietzsches *Antichrist* noch Theologie zu treiben – Theologie, die sich nicht von vornherein auf einen inappellablen Offenbarungsstandpunkt zurückzieht, von dem aus sie sich weder um historische Kritik noch um den Menschen zu kümmern braucht. Theologie verstehe ich hier als eine normative Disziplin, die versucht, Wissen und (christlichen) Glauben zusammenzudenken und theoretische Legitimationen für die Daseinsberechtigung von (christlicher) Religion beizubringen. Theologie meint in unserem Zusammenhang nicht eine interessenlose, zum Beispiel historische Religionswissenschaft unter besonderer Berücksichtigung jüdisch-christlicher Tradition. (An vielen

---

[7] Dieter Schellong, Neue Begegnung mit Nietzsche. Gedanken anläßlich der historisch-kritischen Taschenbuchausgabe des philosophischen Werkes; in: Evangelische Theologie 4 (1981), S. 352–376, hier S. 373.

deutschsprachigen Universitäten muß sich eine solche Religionswissenschaft bekanntlich mit dem Namen «Theologie» schmücken.) Die Theologie, von der ich rede, versteht sich demgegenüber als begriffliche Verdichtung und begriffliche Explikation dessen, was Christentum ausmacht; und ihre Repräsentanten, die Theologen, haben ein vitales (nicht bloß forschungspolitisches oder sentimentales) Interesse am Vorhandensein des von ihrer Theologie verdichteten und explizierten christlichen Glaubens, weil sie sich vor diesem Glauben selbst verantwortlich fühlen. Was ich hier anbiete, sind keine Antworten auf die Frage, *ob* man nach Nietzsches *Antichrist* (oder überhaupt) noch weltbewußte oder gar weltverantwortliche Theologie treiben kann, sondern vielmehr die Fragen selber, denen sich eine solche Theologie zu stellen hätte, wenn sie bereit wäre, sich in Frage stellen zu lassen. Sieben neuralgische Punkte möchte ich, ohne jeden Anspruch auf Vollständigkeit, im Anschluß an Nietzsches *Antichrist* ansprechen. Wir werden, wie Nelson Goodman das einmal ausgedrückt hat, «manchmal denselben Waschbär auf verschiedenen Bäumen oder verschiedene Waschbären auf demselben Baum» aufspüren – «und manchmal auch etwas, was dann am Ende gar kein Waschbär auf keinem Baum ist».[8]

1. *Der «psychologische Typus des Erlösers»* (AC, 29; KSA 6, S. 199). Man hat immer wieder auf die prominente Rolle hingewiesen, die Jesus im *Antichrist* spiele. In der Tat kann einen die oberflächliche Lektüre des Textes zur Ansicht verleiten, Nietzsche wolle eine persönliche Jesus-Frömmigkeit gegen den kirchlichen Überbau in Schutz nehmen. Ja, Nietzsche räumt sogar die fortdauernde Möglichkeit eines Lebens nach der Vorgabe Jesu ein: «bloss die christliche *Praktik*, ein Leben so wie der, der am Kreuze starb, es *lebte*, ist christlich ... Heute noch ist ein *solches* Leben möglich, für *gewisse* Menschen sogar nothwendig: das echte, das ursprüngliche Christenthum wird zu allen Zeiten möglich sein ... *Nicht* ein Glauben, sondern ein Thun, ein Vieles-*nicht*-thun vor Allem, ein andres *Sein* ...» (AC, 39; KSA 6, S. 211). Wer diese Passage mit Alice Miller auf die «Tanten» zurückbuchstabiert, wird leicht darauf verfallen, Nietzsche für eine *praxis pietatis* zu vereinnahmen, die von dessen pietistischer Erziehung gar nicht so weit entfernt zu liegen scheint.[9] Und

---

8   Nelson Goodman, Weisen der Welterzeugung. Übersetzt von Max Looser, Frankfurt am Main ²1993, S. 9.
9   Zur nüchternen Analyse von Nietzsches christlicher Erziehung vgl. demgegenüber Martin Pernet, Das Christentum im Leben des jungen Friedrich Nietzsche, Opladen 1989.

dennoch überliest man bei einer solchen Lektüre geflissentlich, daß nicht etwa das im *Antichrist* mit herrischer Gebärde immer wieder das Wort an sich reißende «Ich» – man wird streiten, inwiefern es mit dem Autor-Ich identisch ist – hier davon redet, es empfehle oder lebe diese jesuanische Existenzform. Sehr klar gesehen hat dies Ulrich Willers: «Isoliert erwecken diese Texte möglicherweise den Eindruck, Nietzsche wolle das wahre Evangelium Jesu gegen das ‹Dysangelium› des Paulus, der Kirche, des Christentums stark machen. Wahr daran ist nur, daß Nietzsche im Kampf gegen das Christentum auch Jesus selbst als Schlag-Waffe gebrauchen kann und daher einsetzt. Falsch daran ist jedoch die mitgeführte Vorstellung, Nietzsche sei so etwas wie der Lehrer einer imitatio Christi.»[10] Jesus, dessen Gestalt jenseits ihrer Erscheinungsform in den als korrupt geltenden Evangelien das antichristliche «Ich» mittels einer divinatorischen «Psychologie des Erlösers» in ein nie geschautes Licht stellen will,[11] ist eine exemplarische *décadence*-Figur: Auf übergroßer «Leid- und Reizfähigkeit» gründeten bei Jesus der «*Instinkt-Hass gegen die Realität*» und die «*Instinkt-Ausschliessung aller Abneigung, aller Feindschaft, aller Grenzen und Distanzen im Gefühl*» (AC, 30; KSA 6, S. 200f.). Diese krankhafte Disposition, alles einem von außen und von innen Widerfahrende als unerträglich zu empfinden, bewältigt dieser seltsame Mann aus Nazareth laut dem *Antichrist* nicht dadurch, daß er sich und seiner Welt moralische, metaphysische oder religiöse Lehren vorschreibt, sondern vielmehr mit Hilfe einer neuen, ganz einfach gelebten «Praktik» (AC, 30 u. 33). Die «Praktik», nämlich alle Distanz zur Welt, zu sich und den Mitmenschen aufzugeben, stellt jenes noch immer «mögliche» Christ-, das heißt Jesuanisch-Sein dar, welches den dazu Disponierten zu allen Zeiten möglich sei. Die vom antichristlichen «Ich» vorgezogene Daseinsform ist dieser jesuanischen Praxis jedoch *genau entgegengesetzt*. Antichrist-Sein heißt Partei- und Distanznehmen, heißt Kriegführen. Was jener angeführte Passus also konzediert, ist mitnichten die gläubige Versenkung in Leben und Sterben des Erlösers, sondern vielmehr eine Praxis der Selbsterlösung, die unter gewissen Dekadenzbedingungen – genau wie die Leidensverwindungs-

---

10 Ulrich Willers, Friedrich Nietzsches antichristliche Christologie. Eine theologische Rekonstruktion, Innsbruck 1988, S. 275.
11 In einer gewissen Spannung zu dieser dem Anspruche nach physiologisch-psychologischen Introspektion Jesu stehen die Andeutungen, die im *Antichrist* der Aphorismus 27 in Richtung einer politischen Deutung Jesu als eines Anarchisten macht. Befreiungstheologisch motivierte Autoren dürften sie durchaus für ihre Zwecke einzuspannen wissen. Dem «psychologischen Typus des Erlösers» fehlt hingegen jede politische Dimension – ja er schließt sie nachgerade aus.

praxis Buddhas[12] – angezeigt scheint, ohne freilich eine vom «Ich» des *Antichrist* privilegierte Praxis zu sein. Wer Christsein als *Selbsterlösung* mittels Aufgeben aller Distanz begreift und verwirklicht, dem wird das Christsein und die Existenzberechtigung zugestanden – jedoch nicht dem, was sich seither als «christlicher Glaube» etabliert hat.

Man kann Nietzsches Einwände gegen ein als Glaube mißverstandenes Christentum nicht entkräften, indem man auf die praktische Wirksamkeit dieses Glaubens rekurriert. Nietzsche will gerade gegen eine sich vornehmlich auf Paulus berufende protestantische Theologie aufdecken, daß das Leben des «Erlösers» überhaupt nichts mit «Glauben» zu tun hatte. Worauf es ihm ankommt, ist nicht eine von irgendeiner transzendenten Instanz erwartete Erlösung, sondern vielmehr die durch Jesu Beispiel vorgegebene Praxis der Selbsterlösung. Auch wenn man einwirft, Nietzsches Jesus-Konstrukt entbehre beinah jedes Anhalts im überlieferten historischen Faktenmaterial, da der Psychologe des «Erlösers» ausdrücklich hinter die vorgeblich verfälschten Berichte der Evangelien zurückgehen will, so ist doch nicht zu übersehen, daß dieses Jesus-Konstrukt gegen vieles gute Karten hat, was sich in der Geschichte des Abendlandes auf jenen Jesus meinte beziehen zu können. Die sich über weite *Antichrist*-Textstrecken hinziehende «Psychologie des Erlösers» verfolgt zur Hauptsache nur *ein Ziel*, nämlich die Berufung der allermeisten Formen postjesuanischen Christentums auf Jesus von Nazareth zu sabotieren. Die «Psychologie des Erlösers» koppelt – wenn man will: in einer Radikalisierung des protestantischen Delegitimierungsfurors – diesen fälschlich für den Welterlöser gehaltenen Selbsterlöser von der ganzen Tradition des Christentums und dessen Kultur ab. Die «Psychologie des Erlösers» macht dem Christentum den Prozeß des Hochverrates.

Die Aufgabe, der sich eine Theologie nach Nietzsches *Antichrist* erstens gegenübersähe, bestünde demnach im Aufweis, daß Jesus und das auf ihn folgende Christentum tatsächlich und genuin zusammengehörten. Dieser Aufweis wird nicht erbracht mit dem Hinweis, alles was wir von Jesus wüßten, verdanke sich erst diesem auf ihn folgenden Christentum, den Evangelien etc., sei mithin schon Zeugnis eines spezifischen Glaubens, einer spezifischen Verkündigung. Nietzsches Folgerung ist ebenso simpel wie unerbittlich: Nur wer das *lebt*, was Jesus gelebt hat, nämlich das Aufgeben aller Distanz, das vollkommene Aufgehen im Anderen, darf auf wahres Christsein Anspruch erheben. Weder Neulu-

---

12 Siehe AC, 20–23.

thertum, Pietismus noch liberaler Kulturprotestantismus, geschweige denn vor- oder nachkonziliarer Katholizismus und eine als Dialektische Theologie firmierende Neuorthodoxie kämen da vermutlich in die Kränze.

2. *Die Jesus-Epigonen und das Ressentiment.* Seit der Rezeption von Albert Schweitzers *Geschichte der Leben-Jesu-Forschung* (1906; erweitert und unter diesem Titel 1913) gilt es als Gemeinplatz, daß man des historischen Jesus biographisch nicht mehr habhaft werden könne.[13] Also bezieht man sich gern auf den Christus des neutestamentlichen Kerygmas, d.h., auf den Christusglauben der frühen Gemeinden, und versucht diesen Glauben – beispielsweise durch «Entmythologisierung» nach dem Rezept Rudolf Bultmanns – für die Gegenwart zu adaptieren. Es ist also nach verbreiteter Anschauung durchaus möglich, christlich zu glauben, ohne über den historischen Jesus (genauer) Bescheid zu wissen – der geglaubte Christus sei wesentlich. Unter solchen Umständen mag man Nietzsche sogar zugestehen, daß Jesus ein ganz anderer war als der Heiland des frühchristlichen oder modernen christlichen Glaubens. Man könnte die antichristliche Delegitimation des Christentums durch die «Psychologie des Erlösers» unterbinden, indem man den Regreß auf den Mann aus Nazareth abschneidet und sich explizit nur auf den Messias-Glauben der Schriften des Neuen Testamentes stützt. Gerade an ihnen läßt *Der Antichrist* jedoch kein gutes Haar, sondern bezichtigt systematisch alle vorgeblichen Jesus-Nachfolger – erst recht die schreibenden – der Verunstaltung, der Falschmünzerei. Was laut Nietzsche bei den ersten Jüngern zunächst noch ein verhältnismäßig harmloses Mißverständnis war – für sie sei es unmöglich gewesen, Jesus nicht als Verkündiger religiöser Lehrsätze, sondern als Praktiker einer neuen Form von Daseinsbewältigung zu begreifen –, das wird nach Jesu schmachvollem Tod zu einem abgefeimten Werk der Entstellung. «Das erschütterte und im Tiefsten beleidigte Gefühl, der Argwohn, es möchte ein solcher Tod die *Widerlegung* ihrer Sache sein, das schreckliche Fragezeichen ‹warum gerade so?› – dieser Zustand begreift sich nur zu gut.

---

13 Immerhin hat Schweitzer selber noch geglaubt, sein ganz und gar von der Reichgotteserwartung erfüllter, eschatologischer Jesus sei der historisch authentische. Freilich ist Schweitzer mit diesem Glauben beinah allein geblieben (vgl. Erich Gräßer, Albert Schweitzer als Theologe, Tübingen 1979, S. 88), auch wenn ihm die sogenannte Berner Schule der Konsequenten Eschatologie (Martin Werner, Ulrich Neuenschwander, Fritz Buri) in einigen Stücken zunächst gefolgt ist. Vgl. Von der Ehrfurchtsethik zum verantwortlichen Selbst. Albert Schweitzer und Fritz Buri im Briefwechsel, hrsg. von Urs Sommer, München 1999.

Hier *mußte* Alles nothwendig sein, Sinn, Vernunft, höchste Vernunft haben; die Liebe eines Jüngers kennt keinen Zufall» (AC, 40; KSA 6, S. 213). Also hätten die Jünger nach den Schuldigen gesucht und sie im jüdischen Establishment gefunden: «Man empfand sich von diesem Augenblick im Aufruhr *gegen* die Ordnung, man verstand hinterdrein Jesus als *im Aufruhr gegen die Ordnung*» (ebenda). Auf diese Weise habe das *Ressentiment*, das Jesus vollkommen fremd gewesen sei, dessen Gefolgschaft in seinen Bann geschlagen und in ihr die gänzlich unjesuanischen Visionen von Vergeltung und Gericht keimen lassen, während Jesu Praxis doch gerade darin bestanden habe, alles zu verzeihen und zu vergeben. Der Rachedurst, das Ressentiment der Zu-kurz-Gekommenen sei in nuce das, was dem Christentum seine Trieb- und Schlagkraft gegeben habe; mit ihm sei durch eine welthistorisch einmalige Verquickung unglückseliger Umstände ein brodelndes Sammelbecken all jenes Pöbels entstanden, der sich gegen das Edel- und Gutgeratene verschworen habe.

Auch wenn man Nietzsches Analyse für allzu einseitig, für allzu verschwörungstheorielastig hält und geltend macht, daß Jesus, soweit wir das wissen können, sehr wohl selber in der ungebrochenen Tradition der spätjüdischen Apokalyptik das Gericht gepredigt hätte, bleibt doch der beunruhigende Eindruck, das Christentum habe trotz der Bergpredigt eine bedenkliche Schlagseite hin zum Ressentiment. Diesem Eindruck begegnet man schwerlich erfolgreich dadurch, daß man jene Ressentiment-Tendenzen als leider unvermeidliche Nebenerscheinungen einer noch nicht ganz die wahre Kirche der Heiligen verkörpernden, irdischallzuirdischen Institution verharmlost. Es verhält sich bei einer nüchternen Betrachtung offenkundig keineswegs so, daß das Ressentiment bloß Bestandteil der realen Kirche wäre, aber sozusagen in ihrem Idealtypus fehlte. Die ganzen eschatologischen Lehren des Christentums – nicht bloß die aus der Mode gekommenen Topoi vom Jüngsten Gericht und Höllensturz des Fürsten dieser Welt, sondern überhaupt die grundlegende Vorstellung jenseitiger Kompensation für erlittenes Ungemach – scheinen aus dem Ressentiment, aus der Unfähigkeit, sich mit dem Hier und Jetzt versöhnlich abzufinden, geboren zu sein. Nach Nietzsches Diagnose geht mit dieser Unfähigkeit eine prinzipielle Abwertung, ja Unwerterklärung des Hier und Jetzt – ‹dieser Welt› – einher, die er unter der Formel *Nihilismus* faßt.

Zweitens hätte also eine sich selbst aufklärende Theologie zu erkunden, wie sie es mit dem Ressentiment halte und wie sehr sie bereit sei, als eine über das Religiöse systematisch nachdenkende Disziplin, sich mit dem Gegebenen abzufinden. Falls das reale Christentum tatsächlich vom Ressentiment bestimmt sein sollte, hätte es nach Nietzsche das Urteil über sich selbst schon gesprochen – wäre in jeder Hinsicht minderwertig, gerade weil es die von seinem «Typus des Erlösers» geübte Praktik des Nicht-Feind-sein-Könnens, des Nicht-Widerstehens verrät, indem es sich oder seinem Gott die Rache vorbehält. Freilich könnte eine Theologie, die die Ressentimentlast des Christentums nicht nur anerkennt, sondern als notwendig ansieht, sich gegen Nietzsche auf die Fruchtbarkeit des Ressentiments besinnen und konstatieren, daß Handeln durch das Sich-nicht-abfinden-Können mit dem Gegebenen und Vorhandenen erst angestachelt wird. Ist nicht letztlich – gegen die Erste Abhandlung der *Genealogie der Moral* gefragt – jedes Handeln reaktiv? Auch dann – wenn man also auf die kulturschaffende Kraft des Ressentiments aufmerksam machte – bliebe für eine Theologie im eminenten Sinne des Wortes freilich ein kleines Problem bestehen: nämlich der Umstand, daß sich Genese und Bestand des Christentums dem menschlich-allzumenschlichen Bedürfnis verdankte, das Ressentiment sowohl abreagieren als auch kanalisieren zu können. Damit aber drohte sich Theologie in Anthropologie aufzulösen. Die wesentliche Entstehungsursache des Christentums wäre dann nicht supranaturaler, sondern ‹existentieller› Art. Dies sicherte dem Christentum nicht eben eine privilegierte Stellung neben anderen Daseinsbewältigungsmodellen.

3. *Verjenseitigung.* Die Lehre von Vergeltung und Gericht, bei den unmittelbaren Jesus-Jüngern noch unausgegoren und in der Fassungslosigkeit über den Tod des Meisters erstickt, wird laut *Antichrist* systematisch ausgebaut vom «Genie im Hass» (AC, 42; KSA 6, S. 215), dem selbsternannten Apostel Paulus.[14] «*Was* hat dieser Dysangelist Alles dem Hasse zum Opfer gebracht! Vor allem den Erlöser: er schlug ihn an *sein* Kreuz. Das Leben, das Beispiel, die Lehre, der Tod, der Sinn und das Recht des ganzen Evangeliums – Nichts war mehr vorhanden, als dieser Falschmünzer aus Hass begriff, was allein er brauchen konnte» (AC, 42; KSA 6, S. 216). Das von Paulus angewandte Verfahren sieht nach Nietzsche denkbar einfach aus: Er habe «das Schwergewicht jenes ganzen Daseins *hinter* dies Dasein» verlegt, «in die *Lüge* vom ‹wiederauferstandenen› Jesus» (ebenda). Damit wird ein weiteres Mal eine zentrale Vorhaltung angezeigt, die Nietzsche dem sich kirchlich etablieren-

---

14 Zu Nietzsches Paulusbild vgl. Jörg Salaquarda, Dionysos gegen den Gekreuzigten. Nietzsches Verständnis des Apostels Paulus [1974]; in: Nietzsche, hrsg. von J. Salaquarda, Darmstadt ²1996, S. 288–322.

den Christentum macht: nämlich durch Verjenseitigung dem Leben, der Welt ihren Wert zu rauben. Diese Welt ist für die Christen wert, daß sie zugrunde geht. Alles Tun richtet sich bloß noch auf eine dereinst zu erlangende Seligkeit, anstatt nach Jesu Vorbild diese Seligkeit im Aufgeben aller Grenzen schon hienieden zu realisieren oder aber auf Seligkeit ganz Verzicht zu leisten und sich in der großen Bejahung des Daseins nach zarathustraischem Muster zu versuchen.

Die dritte systematische Anfrage, die eine Theologie nach Nietzsches *Antichrist* zu gewärtigen hätte, bestünde folglich darin, wie man es mit dieser Welt halte und wie man verhindere, daß sie ganz der Verachtung anheimfalle. Obschon die Theologie dieses und des letzten Jahrhunderts nur noch selten in Bachs Kantatenworte «Ich habe genug / Nun wünsch' ich noch heute mit Freuden von hinnen zu scheiden» (BWV 82) einstimmt, sondern sich gewöhnlich optimistisch, ‹weltoffen› und in eschatologicis möglichst unbestimmt gibt, sind damit die Bedenken nicht ausgeräumt (in dieser Weltoffen- und Unbestimmtheit mag mancher ohnehin mit Overbeck eine Degeneration des ursprünglich schroffen Pessimismus, der ursprünglich christlichen Weltflucht erblicken). An Nietzsches Adresse ließe sich freilich auch zurückfragen, weshalb es denn ausgemacht sei, daß man die Welt um jeden Preis, sozusagen zwanghaft bejahen solle und nicht auch einen quasi-gnostischen Vorbehalt ihr gegenüber kultivieren dürfe, ohne gleich zum Weltverteufler zu werden: Womit sollte diese Welt sich denn das ihr von Nietzsche zugeschriebene Schwergewicht verdient haben? Eine nachantichristliche Theologie bräuchte nicht in vorauseilendem Gehorsam gegenüber dem Nietzsche-Trendsetting blinde Weltbejahung zu mimen. Überdies ist es sonderbar, daß *Der Antichrist* die sozialdisziplinatorische Funktion der christlichen Jenseitslehren nirgends positiv in Rechnung stellt: Man könnte in ihnen doch gerade einen gelungenen Versuch sehen, die Macht des Ressentiments bei den Zu-kurz-Gekommenen in Schranken zu halten, indem die Genugtuung der Ressentimentgelüste in eine andere Welt, gewissermassen ad calaendas graccas vertagt wird. Beim Gesetz des Manu (AC, 56 u. 57) kalkuliert Nietzsche solche Aspekte sehr wohl ein, während er beim Christentum großzügig darüber hinwegschaut, weil er nun einmal beschlossen hat, ganz in schwarz-weiß zu malen und im nachjesuanischen Christentum einzig die abgründliche Inkarnation des Schlechten zu erkennen.

4. *Sklavische Werte und «priesterliche» Selbstermächtigung.* Nietzsches Pauschalvorwurf an alle nachjesuanischen Formen von Christentum lautet zum einen, es wäre dort zugunsten plebejischer Werte eine voll-

ständige Umkehrung jener aristokratischen Wertordnung vor sich gegangen, die in der vorchristlichen (vorjüdischen und vorsokratischen) Antike geherrscht habe.[15] Zum andern hätten die «Priester», die sich schon im Judentum gegen die physisch Starken mittels Geschichtsklitterung und Vermoralisierung der Lebenswelt durchgesetzt haben sollen, nun endgültig die Oberhand gewonnen: «der Priester *herrscht durch die Erfindung der Sünde*» (AC, 49; KSA 6, S. 229). Man kann daran zweifeln, ob Nietzsches Rede von der sklavenmoralischen Verkehrung aller Werte historische Plausibilität hat. Aber auch wenn man diese Plausibilität probehalber einmal zugesteht, ist damit noch keineswegs dargetan, weshalb denn die zeitlich frühere Hierarchie der Werte, diejenige der starken Individuen, die normativ bessere und adäquatere sein soll, bloß weil sie dem Vernehmen nach eine nicht-reaktive ist.[16] Wenn mit dem Christentum die Zu-kurz-Gekommenen tatsächlich ihren zunächst ohnmächtigen Willen zur Macht gegen die wenigen «von Natur» Starken durchgesetzt haben sollten, so ließe sich das doch auch als ein Entwicklungsprozeß, ja als ein Fortschritt deuten für den Fall, daß man statt der nietzscheanischen beispielsweise aufklärerische Prämissen teilte. Es ist mit andern Worten von den axiomatischen Voreinstellungen abhängig, wie man den Transformationsprozeß bewertet, der laut *Antichrist* vom Christentum zu verantworten ist. Zwar beklagt das antichristliche «Ich» ständig den durch das Christentum verschuldeten Realitätsverlust und seine Verleugnung aller «Natur», kann aber nicht deutlich aufweisen, weshalb es selber der «Natur» oder «Wirklichkeit» näher sein sollte – zumal dann nicht, wenn man den *Perspektivismus* mit einbezieht, der es laut Nietzsche unmöglich macht, auf irgendeine faktische Realität zuzugreifen: Alles, was wir wahrnehmen, denken, glauben und tun, ist durch unsere je eigenen Perspektiven bedingt. Die Schrift *Der Antichrist* artikuliert nun sehr bewußt und sehr gezielt eine mögliche Perspektive und drapiert sie, in vielleicht und hoffentlich ironischer Imitation christlicher Offenbarungsverkündigung, mit einem «priesterlichen» Absolutheitsanspruch, der keinen Widerspruch zu dulden scheint. Damit führt der Text vor Augen, daß man genauso und ungestraft das schiere Gegenteil von dem für absolut wahr halten könnte, was das Christentum für wahr hielt. Der Befund wird dann aporetisch, die Verunsicherung total – auch und gerade dann, wenn man die Dogmen des Antichristentums nicht teilt.

---

15 Vgl. JGB, 46.
16 Vgl. GM, I.

Als viertes Traktandum einer nachantichristlichen Theologie ergibt sich daraus gleichwohl die Frage, wie sie sich zum «priesterlichen» Absolutheits- und Machtanspruch stelle und wie zu den dem Vernehmen nach sklavischen Werten, die im Christentum überhandgenommen hätten. Niemand wird von einer christlichen Theologie ernstlich verlangen wollen, daß sie sich etwa in der Manier der «Deutschen Christen» auf Herrenmenschentum besinne und den egalitären Werten abschwöre, so sie ihnen denn huldigt. Aber sie wird sich immerhin Gedanken machen müssen, wie sie es mit der Macht und wie mit den Werten halte – die hier gängige Unverbindlichkeit ist da wohl kein guter Ratgeber.

> «Wir wissen, unser *Gewissen* weiss es heute –, *was* überhaupt jene unheimlichen Erfindungen der Priester und der Kirche werth sind, *wozu sie dienten*, mit denen jener Zustand von Selbstschändung der Menschheit erreicht worden ist, der Ekel vor ihrem Anblick machen kann – die Begriffe ‹Jenseits›, ‹jüngstes Gericht›, ‹Unsterblichkeit der Seele›, die ‹Seele› selbst; es sind Folter-Instrumente, es sind Systeme von Grausamkeiten, vermöge deren der Priester Herr wurde, Herr blieb ... Jedermann weiss das: *und trotzdem bleibt Alles beim Alten*» (AC, 38; KSA 6, S. 210f.).

5. *Heteronomie und Autonomie.* Verquickt mit dem Wertproblem ist, letztlich schon seit der Aufklärung, die Diskrepanz zwischen Fremd- und Selbstbestimmung. Das Christentum gilt im *Antichrist* als eine Bewegung, die dem Individuum keinen Freiraum der Selbstgestaltung und Selbsterschaffung läßt, sondern es in ein Korsett tradierter Werte einspannnt, die eine Entfaltung der eigenen Kräfte schlechterdings verunmöglicht. Im Christentum würden alle gleichgemacht, wodurch die große Nivellierung der Welt eingesetzt habe. *Der Antichrist*, so er denn die «Umwerthung aller Werthe» verkörpern sollte, scheint als Effekt nicht mehr (aber auch nicht weniger) als die Befreiung zur Freiheit der Selbsterschaffung zeitigen zu wollen. (Wobei sehr fraglich ist, ob Nietzsche allen Angehörigen der menschlichen Gattung diese Freiheit zugebilligt hätte.)

Selbstreflexive Theologie sollte also fünftens darüber nachdenken, wie sie es mit Selbst- und Fremdbestimmung halte. Es ist klar, daß sie, wenn sie Regeln christlichen Lebens absteckt, nicht gänzlicher und schrankenloser ‹Selbstverwirklichung› das Wort reden kann. Zum andern ist sie schlecht beraten, individuelle Verantwortung im Keime zu ersticken – wie sie es dort zu tun pflegte und noch pflegt, wo sie sich auf objektive «Offenbarung» beruft.

6. *Pathos der Distanz*. Etwa ein halbes Dutzend Mal beschwört Nietzsche in seinen von ihm fertiggestellten Werken die Formel «Pathos der Distanz». Sie meint, nach der *Genealogie der Moral*, «das dauernde und dominirende Gesammt- und Grundgefühl einer höheren herrschenden Art im Verhältniss zu einer niederen Art, zu einem ‹Unten›»,[17] gründet also auf sozialen Gegensätzen. Nietzsche benutzt die Wendung, um die Abgrenzung höhergearteter Menschen gegen die breite Masse zu beschreiben. «Pathos der Distanz» bedeutet im *Antichrist* (vgl. 43 u. 57) zunächst das Selbstbewußtsein der vornehmen Menschen, von andern Menschen geschieden zu sein und dieses Sich-Unterscheiden als notwendig anzuerkennen. Die Vornehmen finden nur zu sich selbst, indem sie sich von Ihresgleichen und erst recht von den Unvornehmen unterscheiden. Identität beruht auf Abgrenzung. Abgrenzung heißt Leiden und Leidenschaft. Gerade der gänzliche Mangel an «Pathos der Distanz» zeichnet den «Typus des Erlösers» aus; er verzichtet auf Individualität, auf alle «Grenzen und Distanzen im Gefühl», weil er daran zu sehr litte. Jesus ist also Inbegriff des Unvornehmen. In einer Nachlaßaufzeichnung von 1887/88 nimmt Nietzsche für sich in Anspruch, «das christliche», soll hier heißen: jesuanische «Ideal wieder *her*gestellt» zu haben, und versucht, «seinen *Werth zu bestimmen*»: «Welche Werthe werden durch dasselbe *negirt*: was enthält das *Gegensatz-Ideal*? [–] Stolz, Pathos der Distanz, die große Verantwortung, den Übermuth, die prachtvolle Animalität, die kriegerischen und eroberungslustigen Instinkte, die Vergöttlichung der Leidenschaft, der Rache, der List, des Zorns, der Wollust, des Abenteuers, der Erkenntniß ... [–] das vornehme Ideal wird negirt: Schönheit, Weisheit, Macht, Pracht und Gefährlichkeit des Typus Mensch: der Ziele setzende, der ‹zukünftige› Mensch».[18] Diese Elemente sind präsent bei der Evokation des «Pathos der Distanz» in AC, 43 u. 57. *Distanz ist ohne Pathos, ohne Leiden und Leidenschaft nicht zu haben* – es gibt keine ‹Apathie der Distanz›. Distanz schaffen heißt deswegen die Devise – Distanz zuallererst gegenüber dem Christentum – auch dem jesuanischen.

Das «Pathos der Distanz» macht zwar deutlich, daß das Subjekt keine für sich bestehende, ontologische Substanz ist, hält aber (gegen postmodernistische Nietzsche-Adaptionen) gerade aus dieser Einsicht heraus am *Postulat* der Individualität und Subjektivität unbedingt fest: Das Subjekt muß sich generieren, indem es Distanz herstellt, gegen außen –

---

17 GM, I, 2; KSA 5, S. 259.
18 NF November 1887 – März 1888, 11[363]; KSA 13, S. 159f.

und gegen innen. Individualität und Subjektivität sind nichts Gegebenes, wie Christentum und Metaphysik anzunehmen geneigt sind, sondern etwas *Aufgegebenes*. «Pathos der Distanz» ist die Formel für den Auftrag an sich selbst, dieses Selbst zu konstituieren.

Ist aber, als sechste Anfrage an die Adresse nachantichristlicher Theologie, «Pathos der Distanz» mit einem wie auch immer verstandenen Christentum zusammenzudenken? Ist die Konstitution von Individualität durch Abgrenzung möglich, falls Christsein entweder bedeutet, in der Herde der Gleich-Gläubigen und Gleich-Gültigen aufzugehen oder aber in der Ausübung jesuanischer Praxis alle Grenzen und also den Anspruch auf ein Selbst aufzugeben? Oder sind ganz einfach Nietzsches Prämissen falsch, die Christentum letztlich nur unter diesen beiden Gesichtspunkten des Herdendaseins und der Selbstpreisgabe wahrhaben wollen? Ist der einsam mit seinem Gott ringende Protestant kein Pathetiker der Distanz? Aber zweifelsohne: Zwischen der jesuanischen Lehre der Liebe qua Offenheit zur Selbstpreisgabe, der kirchlichen Lehre von der Gleichheit aller vor Gott und Nietzsches Lehre der Distanz klafft ein sehr breiter, garstiger Graben.[19]

7. *Skepsis und Überzeugungen*. Abschnitt 54 des *Antichrist* unterbricht mit einem auf den ersten Anhieb merkwürdigen Einschub die auf Dauer strapaziöse Eintönigkeit des antichristlichen Schauprozesses: Im Rahmen einer «Psychologie des Glaubens» wird ein Hohelied auf die Skepsis angestimmt.

> «Die Stärke, die *Freiheit* aus der Kraft und Überkraft des Geistes *beweist* sich durch Skepsis. Menschen der Überzeugung kommen für alles Grundsätzliche von Werth und Unwerth gar nicht in Betracht. Überzeugungen sind Gefängnisse. [...] Ein Geist, der Grosses will, der auch die Mittel dazu will, ist mit Nothwendigkeit Skeptiker. Die Freiheit von jeder Art Überzeugungen *gehört* zur Stärke, das Frei-Blicken-*können* ... Die grosse Leidenschaft [...] giebt ihm Muth sogar zu unheiligen Mitteln; sie *gönnt* ihm unter Umständen Überzeugungen. Die Überzeugung als *Mittel*: Vieles erreicht man nur mittelst einer Überzeugung. Die grosse Leidenschaft braucht, verbraucht Überzeugungen, sie unterwirft sich ihnen nicht, – sie weiss sich souverän. – Umgekehrt: das Bedürfniss nach Glauben, nach irgend etwas Unbedingtem von Ja und Nein [...] ist ein Bedürfniss der *Schwäche*. Der Mensch des Glaubens, der ‹Gläubige› jeder Art ist nothwendig ein abhängiger Mensch, – ein Solcher, der *sich* nicht als Zweck, der von sich aus überhaupt nicht Zwecke ansetzen kann. Der ‹Gläubige› gehört *sich* nicht, er kann nur Mittel sein, er muss *verbraucht* werden, er hat Jemand nöthig, der ihn verbraucht» (KSA 6, S. 236).

---

19 Das ist auch gegen Fritz Buri (Kreuz und Ring. Die Kreuzestheologie des jungen Luther und die Lehre von der ewigen Wiederkunft in Nietzsches *Zarathustra*, Bern 1947, S. 111) zu sagen, der Zarathustras Weltbejahung mit christlicher Liebe gleichsetzt. Buris interessanter Strukturvergleich zwischen Luther und Nietzsche ist wenigstens in der Nietzsche-Forschung kaum zur Kenntnis genommen worden.

Diese Passage fügt sich schlecht ein ins Klischee von einem schäumenden, atemlos schimpfenden, halb wahnsinnigen *Antichrist*-Autor. Vielmehr gewährt sie einen Einblick in das Konstruktionsprinzip des ganzen Textes: Er führt exemplarisch vor, wie man «Überzeugungen verbraucht» – d.h. instrumentalisiert. Das «Ich», das im *Antichrist* das Wort führt, spielt quasi experimentell die dem Christentum genau entgegengesetzten Überzeugungen durch, um damit das Christentum ad absurdum zu führen. Es wäre verfehlt, aus dem dogmatischen Reden des *Antichrist*-Textes die «Überzeugungen» seines Verfassers eins zu eins ableiten zu wollen. Nietzsche projiziert sich selber in ein Jenseits des Kampfes zwischen den «Überzeugungen» oder Weltanschauungen; er stellt sich – kraft «Pathos der Distanz» – auf einen Metastandpunkt, von dem aus alles Wahre und Gesicherte nur noch mit Ironie und Spott quittiert werden kann. Die Bestimmung des großen Individuums besteht gerade darin, sich von keinem «Glauben» einnehmen zu lassen, sondern in «grosser Leidenschaft» souverän zu bleiben.

Was folgt daraus, siebtens und letztens, für nachantichristliches Theologisieren? Die ernste Frage, wie es sich legitimieren lasse, jemandem «Glauben» und «Überzeugungen» anzusinnen und ihn damit gar nicht nur potentiell daran zu hindern, seine eigene Welt zu entwerfen. Zwischen fundamentaler Skepsis und Glaube läßt sich keine Brücke bauen; es kann keine skeptische, mit antichristlichen Wassern gewaschene christliche Theologie geben – außer der Glaube bediene sich der Skepsis als Mittel oder vice versa (wie in AC, 54).[20] Wer im religiösen oder weltanschaulichen Sinne glaubt, muß sich vorhalten lassen, es gebreche ihm an Mut zur Freiheit von allen Überzeugungen. Dieser Vorwurf läßt sich auch nicht mit dem Argument entschärfen, es sei nicht menschenmöglich, gar keine Glaubensüberzeugungen zu haben – und gerade Nietzsches sogenannte metaphysische Hauptlehren von der Ewigen Wiederkunft und vom Übermenschen bewiesen, daß es auch Nietzsche nicht möglich gewesen wäre. Einmal abgesehen davon, daß die Wiederkunftslehre in den Schriften von 1888 keine Rolle mehr spielt, streitet AC 54 ja nicht grundsätzlich den Wert von Überzeugungen ab. Nur seien sie eben nicht als Letztes zu betrachten, sondern nur als Mittel zur Erreichung von – Freiheit. Dies indiziert einen Nihilismus der Stärke im Unterschied zum christlichen Nihilismus der Schwäche: Es handelt sich

---

20 Wobei – historisch – nicht zu vergessen ist, daß Skepsis jeweils für krasse Formen des Fideismus prädisponierte; vgl. die Auflistung bei Odo Marquard, Schwierigkeiten mit der Geschichtsphilosophie, Frankfurt am Main 1982, S. 150f., Anm. 42.

um einen Nihilismus, der individuell werterschaffend tätig sein will, ohne den hybriden Anspruch, diese Werte für andere absolut verbindlich zu machen. Hierin verbirgt sich freilich auch das Dilemma von Nietzsches «Umwerthung aller Werthe»: Da das Hauptgewicht auf der radikalen Selbstbestimmung liegt, kann Nietzsche seine Herrenmoral auch keinem anderen Menschen mehr vorschreiben, fiele er dann doch in jene herdenmoralische Fremdbestimmung zurück, die er dem Christentum vorwirft. Allerdings ist Nietzsche ja nicht der Ansicht, alle Menschen seien zur Selbstbestimmung aufgerufen, sondern gesteht eine solche nur einigen auserwählten, höheren Individuen zu, während der großen Masse vorzuschreiben ist, was sie glauben und tun soll. An dieser Stelle hätte er im Christentum, wie schon erwähnt, ein ideales Instrument erblicken können, die «viel zu Vielen» zu domestizieren. Bloß hat nach seiner Lesart dieses Christentum ja auch die Wenigen und Starken unter das Joch seines Moraldiktates zwingen wollen. Und dagegen macht *Der Antichrist* Front.

Wenn ich mich gefragt habe, welche Einwände eine sich selbst aufklärende Theologie sich von seiten des *Antichrist* gefallen lassen muß und über welche sie mit Vorteil nachdenken sollte, kann dies natürlich nicht bedeuten, daß irgendeine Synthese zwischen Christentum und nietzscheanischem Antichristentum gefunden werden kann oder gar gefunden werden sollte. Es gibt keine solche Synthese, wenn man Nietzsche ernst nehmen will.[21] Bloß könnte sich nicht einmal ein Nietzscheaner um den vielleicht paradoxen Sachverhalt herumdrücken, daß nach dem *Antichrist* noch Christentum und christliche Theologie existieren – daß das Problem, das Nietzsche hoffte und meinte erledigt zu haben, noch keineswegs erledigt ist –, wenn es denn ein Problem ist. Aus dem *Antichrist* sind keine christlichen Erbaulichkeiten abzuleiten, auch nicht ex negativo. Wohl aber sind, soweit ich das beurteilen kann, die Theologietreibenden durch diesen Text vor einige Fragen gestellt, die sich in einer redlichen, vielleicht irdisch-allzuirdischen Auseinandersetzung nicht mit dem Rekurs auf supranaturale Gegebenheiten vom Tisch wischen lassen. Worauf könnte sich ein Christentum gründen, das mit dem *Antichrist* Ernst macht, falls es seine Sache nicht wortwörtlich auf Nichts

---

21 So ist es beispielsweise unangebracht, in Nietzsche mit Fritz Buri ein Erlösungsdenken hineinzulesen, das dem christlichen gleich sei und nur die christliche Etikette verabscheue. Vgl. Buri (Anm. 19), S. 104: «Trotz dieses leidenschaftlichen Widerspruchs Nietzsches zur Christusverkündigung haben wir aber feststellen müssen, daß Nietzsche seinen Zarathustra – wenn auch unter ganz anderen Formen – so doch prinzipiell gleich Erlösung finden läßt.»

– auf ein credo quia absurdum – bauen will? *Der Antichrist* geht die Theologie, wenn sie über die Möglichkeitsbedingungen von Religion im allgemeinen und christlicher Religion im besonderen nachdenkt, mehr an, als sie sich einzugestehen pflegt. Es geht um sehr viel mehr als um Nietzsches Tanten.

Die Autoren

Eugen Biser, Prof. Dr. Dr., geboren 1918. Studium der katholischen Theologie an der Universität Freiburg. Zwischen 1946 und 1964 Religionslehrer, 1956 Promotion zum Doktor der Theologie, 1961 zum Doktor der Philosophie. Seit 1965 Professor für Fundamentaltheologie an der Philosophisch-Theologischen Hochschule in Passau, ab 1969 an der Universität Würzburg. Von 1974 bis zur Emeritierung 1986 Inhaber des renommierten Romano-Guardini-Lehrstuhls für Christliche Weltanschauung und Religionsphilosophie an der Universität München. Seither Leitung des Seniorenstudiums der Universität München. *Veröffentlichungen:* Glaubenskonflikte. Strukturanalyse der Kirchenkrise. Freiburg i.Br. u.a. 1989; Glaubensprognose. Orientierung in postsäkularistischer Zeit. Graz u.a. 1991; Paulus. Zeuge, Mystiker, Vordenker. München und Zürich 1992; Hat der Glaube eine Zukunft? Düsseldorf 1994; Der Mensch – das uneingelöste Versprechen. Entwurf einer Modalanthropologie. Düsseldorf 1995; Einweisung ins Christentum. Düsseldorf 1997.

Hermann Braun, Prof. Dr., geboren 1932. 1958 Staatsprüfung für das Lehramt an Höheren Schulen in Heidelberg. 1960 Promotion zum Dr. phil. in Heidelberg. 1961 wissenschaftlicher Assistent und 1971 akademischer Rat am Philosophischen Seminar der Universität Heidelberg. 1973 Professor der Philosophie an der Kirchlichen Hochschule Bethel. *Veröffentlichungen:* Natur und Geschichte, (Hrsg. gem. mit Manfred Riedel). Festschrift Karl Löwith (1967); Realität und Reflexion – Studien zu Hegels Philosophie der Natur (1960); Mitarbeit am Historischen Lexikon zur politisch-sozialen Sprache in Deutschland: Geschichtliche Grundbegriffe, Art.: Materialismus und Idealismus (1982) und Art.: Welt (1992); Die Anfälligkeit des Prinzipiellen. Existenzphilosophie und philosophische Anthropologie vor und nach 1933, in: Perspektiven der Philosophie 1991.

Hermann-Peter Eberlein, Dr., geboren 1957. Promotion 1989 in Heidelberg mit einer Arbeit über Franz Overbeck. Pfarrer und zeitweise Lehrbeauftragter für Kirchengeschichte in Wuppertal. Wissenschaftliche

Interessengebiete: Theologiegeschichte der Aufklärung und des 19. Jahrhunderts, Regionalgeschichte. Seit 1998 mehrere selbständig erschienene Editionen zur rheinischen Kirchengeschichte seit der Reformation. Daneben biographische Essays, Feuilletons und publizistische Tätigkeit in Berlin. In Arbeit ist eine Biographie über den Linkshegelianer Bruno Bauer. *Veröffentlichungen:* Theologie als Scheitern? Franz Overbecks Geschichte mit der Geschichte. Essen 1989; Flamme bin ich sicherlich! Friedrich Nietzsche, Franz Overbeck und ihre Freunde. Köln 1999.

Gerd Günther Grau, Prof. Dr. Dr. h.c., geboren 1921. Studium der Chemie, 1949 Promotion zum Dr. rer. nat., 1949–1967 wiss. Mitarbeiter am Institut für physikalische Chemie der Universität Heidelberg, 1964 Honorarprofessor für Philosophie ebd., 1967–1987 o. Professor für Philosophie an der Universität Hannover. 1992 Dr. phil. h.c. der Universität Hannover. *Veröffentlichungen:* Christlicher Glaube und intellektuelle Redlichkeit. Eine religionsphilosophische Studie über Nietzsche. Frankfurt 1958; Probleme der Ethik. Freiburg/München 1972; Vernunft, Wahrheit, Glaube. Neue Studien zu Nietzsche und Kierkegaard, Würzburg 1997; Die ‹Selbstaufhebung aller großen Dinge›. Philosophieren mit Nietzsche. Würzburg 2004.

Daniel Mourkojannis, Dr., geboren 1963. Studium der Evangelischen Theologie und Philosophie an den Universitäten Bonn, Tübingen und San Juan, Puerto Rico. Von 1993–1998 wissenschaftlicher Angestellter am Lehrstuhl für Systematische Theologie und Sozialethik an der Universität Kiel. Dort 1998 Promotion mit einer Arbeit zum Thema: Ethik der Lebenskunst. Zur Nietzsche-Rezeption in der evangelischen Theologie (Münster u.a. 2000). Von 1998–2001 Pfarrer z.A. im Kirchenkreis Köln-Süd, seit 2002 Pastor in Kiel-Holtenau. Lehrbeauftragter für Systematische Theologie an den Universitäten Hamburg und Kiel.

Horst Georg Pöhlmann, Prof. Dr., geboren 1933. Studium der Philosophie, Philologie und Theologie in Freiburg, Erlangen und Heidelberg. Promotion zum Doktor der Theologie 1963, 1969 Habilitation in Heidelberg. Seit 1979 Professor für systematische Theologie und Religionsphilosophie an der Universität Osnabrück. *Veröffentlichungen:* Analogia entis oder analogia fidei. Die Frage der Analogie bei Karl Barth (1965); Rechtfertigung. Die gegenwärtige kontroverstheologische Problematik der Rechtfertigungslehre zwischen der evangelisch-lutheranischen Kirche und der römisch-katholischen Kirche (1971); Der Atheismus oder der Streit um Gott (^{7}1996); Wer war Jesus von Nazareth? (^{8}2002);

Gottesdenker (1984); zusammen mit Milan Machovec, Gibt es einen Gott? Ein Atheist und ein Christ im Streitgespräch (1990); Abriss der Dogmatik (⁶2002).

Rüdiger Schmidt-Grépály, Dr., geboren 1952. Studium der Philosophie, Literatur und Politikwissenschaft in Kiel, Freiburg i.Br. und Marburg. Promotion 1980 mit einer Dissertation zum Frühwerk Friedrich Nietzsches. Zusammenarbeit mit Mazzino Montinari, 1983–1985 Stipendiat des DAAD und des italienischen Außenministeriums für einen Forschungsaufenthalt bei Montinari in Florenz. Ab 1986 Lehrbeauftragter für Philosophie zunächst in Kiel und dann in Oldenburg, von 1989–1994 philosophischer Geschäftsführer der Karl-Jaspers-Vorlesung zu Fragen der Zeit an der Universität Oldenburg. Von 1994–1999 freier Mitarbeiter der Stiftung Weimarer Klassik und seit 1999 Leiter des Kollegs Friedrich Nietzsche. *Veröffentlichungen:* Ein Text ohne Ende für den Denkenden. Zum Frühwerk Friedrich Nietzsches (²1989); Nietzsche für Anfänger. Also sprach Zarathustra. Eine Lese-Einführung von Rüdiger Schmidt und Cord Spreckelsen. München 2000; Nietzsche für Anfänger. Ecce homo. Eine Lese-Einführung von Rüdiger Schmidt und Cord Spreckelsen. München 2000; Friedrich Nietzsche. Schreibmaschinentexte. Vollständige Edition. Faksimiles und kritischer Kommentar. Aus dem Nachlass herausgegeben von Stephan Günzel und Rüdiger Schmidt-Grépály. Weimar 2002; Mitherausgeber der Schriften des Kollegs Friedrich Nietzsche.

Andreas Urs Sommer, PD Dr. habil., geboren 1972. Studium der Philosophie, Kirchen- und Dogmengeschichte und Dt. Literaturwissenschaft in Basel, Göttingen und Freiburg i.Br. Lic. phil. 1995, Dr. phil. 1998. Seit Sommersemester 2000 wissenschaftlicher Assistent am Philosophischen Institut der Universität Greifswald. 2004 Habilitation dort im Fach Philosophie. Venia legendi: Philosophie, mit besonderer Berücksichtigung der Philosophiegeschichte. Seit 1999 Redakteur der Nietzsche-Studien, regelmäßiger freier Mitarbeiter bei der ZEIT (Hamburg) und beim MAGAZIN des Tagesanzeigers (Zürich). *Veröffentlichungen:* Der Geist der Historie und das Ende des Christentums. Zur «Waffengenossenschaft» von Friedrich Nietzsche und Franz Overbeck. Mit einem Anhang unveröffentlichter Texte aus Overbecks «Kirchenlexicon». Berlin 1997; Friedrich Nietzsches «Der Antichrist». Ein philosophisch-historischer Kommentar. Basel 2000 (Beiträge zu Friedrich Nietzsche, Bd. 2); Die Kunst, selber zu denken. Ein philosophischer Dictionnaire. Frankfurt a.M. ²2003 (Die Andere Bibliothek, hrsg. von Hans Magnus Enzensberger, Bd. 214).

Werner Stegmaier, Prof. Dr., geboren 1946. Studium der Philosophie, Germanistik und Latinistik. 1974 Promotion in Tübingen bei Karl Ulmer und Josef Simon, 1978–1984 Lehrauftrag an der Universität Stuttgart, 1984–1989 wissenschaftlicher Mitarbeiter an der Universität Bonn und Redakteur der Allgemeinen Zeitschrift für Philosophie. 1990 Habilitation in Bonn. 1991–1994 Lehrstuhlvertretungen an der Kirchlichen Hochschule Berlin und der Universität Greifswald; seit 1994 Gründungsprofessor und Direktor des Instituts für Philosophie der Universität Greifswald und Ordinarius für Philosophie mit dem Schwerpunkt Praktische Philosophie. 1995–2002 Aufbau und Leitung des Nord- und Osteuropäischen Forums für Philosophie. Seit 1999 Mitherausgeber der Nietzsche-Studien und der Monographien und Texte der Nietzsche-Forschung. *Veröffentlichungen:* Der Substanzbegriff der Metaphysik. Aristoteles – Descartes – Leibniz. Diss. Tübingen 1974. Unverändert erschienen unter dem Titel: Substanz. Grundbegriff der Metaphysik. Stuttgart/Bad Cannstatt 1977 (problemata, Bd. 63); Gemeinsam mit Karl Ulmer und Wolf Häfele: Bedingungen der Zukunft. Ein naturwissenschaftlich-philosophischer Dialog. Stuttgart/Bad Cannstatt 1987 (problemata, Bd. 111); Philosophie der Fluktuanz. Dilthey und Nietzsche (Habilitationsschrift Bonn 1990). Göttingen 1992 (Neue Studien zur Philosophie, Bd. 4); Nietzsches ‹Genealogie der Moral›. Werkinterpretation. Darmstadt 1994 (Reihe Werkinterpretationen); Interpretationen. Hauptwerke der Philosophie. Von Kant bis Nietzsche, unter Mitwirkung von Hartwig Frank. Stuttgart 1997; Levinas. Reihe Meisterdenker. Freiburg/Basel/Wien 2002.

Ulrich Willers, Prof. Dr. M.A., geboren 1949. Seit 1990 Professor für Philosophie und Fundamentaltheologie an der Katholischen Universität Eichstätt, Fakultät für Religionspädagogik und Kirchliche Bildungsarbeit (FHSt). Studium der kath. Theologie, der Philosophie und Pädagogik/Erwachsenenbildung. 1981/82–1986 wissenschaftlicher Mitarbeiter am Seminar für Dogmatik der Universität Mainz. 1986 theologische Promotion in Tübingen bei Peter Hünermann und Walter Kasper. 1986–1990 Hochschulassistent am Seminar für Fundamentaltheologie und Religionswissenschaft der Universität Mainz. *Veröffentlichungen:* «‚Aut Zarathustra aut Christus'. Die Jesus-Deutung Nietzsches im Spiegel ihrer Interpretationsgeschichte: Tendenzen und Entwicklungen von 1900–1980». In: *ThPh* 60 (1985) H. 2, S. 239–256; H. 3, S. 418–442. In *ThPh* 61 (1986) H. 2, S. 236–249; Friedrich Nietzsches antichristliche Christologie. Eine theologische Rekonstruktion. Innsbruck 1988 (ITS, 23); «Destruktive Montage oder Analyse der Wirklichkeit. Friedrich Nietzsches Rede vom finis christianismi». In: Michael von Brück, Jürgen Werbick (Hrsg.). Traditionsabbruch – Ende des Christentums? Würzburg 1994, S. 27–54; «Rezeption – Interpretation – Wirkung. Zu Friedrich Nietzsches Herausforderung. Aus der Sicht heutiger Theologie». In: Klaus Müller (Hrsg.). Natürlich: Nietzsche!: Facetten einer antimetaphysischen Metaphysik Münster 2002 (Forum Religionsphilosophie, 1), S. 138–174; Nietzsches anthropologisch-geschichtsphilosophische Grundentscheidung – ihre Durchführung im Spätwerk: Anmerkungen zur Selbstkonstitution des Menschen. In: Nietzsche und die Kultur – ein Beitrag zu Europa? Hrsg. von Georges Goedert und Uschi Nussbaumer-Benz. Hildesheim/Zürich/New York 2002 (Europaea memoria: Reihe 1, Studien; 21), S. 189–214.

Namenregister

Aischylos 71
Allen, Woody 60
Althaus, Paul 85, 94
Altizer, Thomas J.J. 56
Anselm von Canterbury 27, 123
Arendt, Dieter 14
Aristipp 64
Aristoteles 53
Arnobius 27
Arnold, Gottfried 80
Aschheim, Steven E. 8
Augustinus, Aurelius 27, 45–49, 99

Bach, Johann Sebastian 140
Barth, Karl IX, 83–98, 103, 115f.
Barth, Heinrich 89
Bataille, Georges 99
Bayle, Pierre 81
Becker, Carl 20
Behler, Ernst 21
Benn, Gottfried 119
Benz, Ernst 16, 104f., 107, 115
Bernoulli, Carl Albrecht 66, 75
Besnard, Franz Anton von 27
Biser, Eugen IX, 23, 25, 49, 56, 105f., 108, 115f.
Bloch, Ernst 49
Blondel, Eric 4
Blumenberg, Hans 3, 51, 129
Blumhardt, Christoph Friedrich 88
Blumhardt, Johann Christoph 88
Bonhoeffer, Dietrich 123
Bonsels, Bernd H. 127

Booth, David 4
Borgia, Cesare 92
Brahms, Johannes 66
Brandes, Georg 10
Braun, Hermann IX, 51
Bretano, Bernard von 105
Bucher, Rainer M. 6, 105f., 110, 116
Bultmann, Rudolf 137
Burckhardt, Jacob 65, 87
Buri, Fritz 137, 144, 146
Busch, Eberhard 87, 89
Busche, Hubertus 12

Cäsar 111
Calvin, Johann 37, 85
Cancik, Hubert 63
Cancik-Lindemaier, Hildegard 63
Cohen, Hermann 86
Colli, Giorgio 103, 117, 121
Cullberg, John 94

Dante Alighieri 37
Deleuze, Gilles 99, 107f.
Derrida, Jacques 99
Descartes, René 27
Dietzsch, Steffen IX
Dilthey, Wilhelm 10
Djurie, Mihailo 12
Dostojewski, Fjodor M. 41, 86

Eberlein, Hermann-Peter IX, 63, 69, 81
Epikur 64, 72

Faber, Richard 63
Feuerbach, Ludwig 5, 24, 56,
Fichte, Johann Gottlieb 101
Figal, Günter 15
Figl, Johann 1, 4, 108, 116
Fink, Eugen 132
Förster-Nietzsche, Elisabeth 63–65, 132
Foucault, Michel 99
Franz von Assisi 92
Frenzel, Ivo 118, 127
Fuchs, Carl 132

Gander, Hans-Helmuth 15
Gast, Peter 65
Gebhard, Walter 118
Gersdorff, Carl von 25
Giroud, Françoise 118
Goedert, Georges 4
Goerdt, Wilhelm 14
Gogarten, Friedrich 94
Goodman, Nelson 134
Goud, Johan F. 94
Gräßer, Erich 137
Graf, Friedrich Wilhelm 84
Gramowski, Wolfram 118
Grau, Gerd-Günther IX, 61
Groddeck, Wolfram 21

Habermas, Jürgen 55
Härle, Wilfried 87
Hartmann, Eduard von 69
Hase, Karl August 64
Hegel, Georg Wilhelm Friedrich 12, 21, 41, 52, 56, 99, 128
Heidegger, Martin 7, 15, 105, 107, 127
Heine, Heinrich 27
Henke, Dieter 4
Herkules 97
Hesiod 71

Hiob 42f., 121
Hippolyt von Rom 64
Hölscher, Gustav 43
Hoffmann, David Marc 65, 71
Horaz 62

Ibsen, Henrik 86, 89
Irenäus von Lyon 123

Jacob, Manfred 106
Janz, Curt Paul 2, 71
Jaspers, Karl 28, 33, 107, 118
Jefferson, Thomas 59
Jesus von Nazareth 12, 15f., 20, 25, 32, 34f., 77, 94, 98, 102–105, 107, 110f., 113–115, 121–123, 125f., 134, 136–140, 143
Johannes (Evangelist) 121
Jüngel, Eberhard 5, 56, 87, 90, 128

Kafka, Franz 130
Kant, Immanuel 8, 11, 27, 46–48, 50f., 61, 99
Kienzler, Klaus 104
Kierkegaard, Søren 31f., 35–39, 42f., 84, 86, 89
Klinger, Elmar 105, 116
Köckert, Heidelore 84
Köselitz, Heinrich 65f., 79
Köster, Peter 15, 34, 96, 101
Krötke, Wolf 84
Krüger, Gerhard 50
Kühneweg, Uwe 16
Kuhn, Elisabeth 14
Kutter, Herrmann 88

Lagarde, Paul de 68
Lasson, Georg 128
Leibniz, Gottfried Wilhelm 41, 99
Lessing, Gotthold Ephraim 81
Levinas, Emmanuel 94

Lichtenberg, Georg Christoph 81
Löwith, Karl 20, 45, 49, 107
Looser, Max 134
Louis XIV 82
Lubac, Henri de 27, 107, 116
Lüdemann, Hermann 35
Luhmann, Niklas 4
Lukas (Evangelist) 121
Lukian 132
Luther, Martin 37, 40f., 85, 129, 144

Mann, Thomas 126
Margreiter, Reinhard 6
Maria, Mutter Jesu 120
Markus (Evangelist) 121f., 125
Marquard, Odo 145
Marx, Karl 32, 117
Matthäus (Evangelist) 121f.
Maurer, Reinhart 6
Meckel, Markus 18
Meslier, Jean 82
Meyer, Katrin 63
Michel, Karl Markus 21
Miller, Alice 131, 134
Moldenhauer, Eva 21
Montinari, Mazzino 2, 28, 118
Moses 121
Mourkojannis, Daniel IX, 132
Müller-Lauter, Wolfgang 14

Napoleon I. 92
Neuenschwander, Ulrich 137
Nolte, Josef 104–106, 115f.
Nowack, Kurt 84

Oehler, Richard 66
Overbeck, Franz 35, 43, 63–82, 89, 109, 132, 140
Overbeck, Ida 63, 65

Pascal, Blaise 32, 47, 50f., 99
Paul, Jean (Jean Paul Friedrich Richter) 128
Paulus (Apostel) 20, 33–37, 85, 88, 107, 111, 125, 130, 135f., 139
Pernet, Martin 1, 134
Peter, Niklaus 79, 84, 87f., 90, 94
Picht, Georg 100, 105, 110, 116
Plato 42, 53, 57, 71, 75, 99
Pöhlmann, Horst G. IX
Post, Werner 107
Pütz, Peter 127

Rade, Martin 87
Ragaz, Leonhard 88
Reibnitz, Barbara von 63
Reimarus, Hermann Samuel 81
Reinhardt, Karl 20
Rendtorff, Trutz 84f.
Riedel, Manfred 55
Rohde, Erwin 63
Romundt, Heinrich 64
Rorty, Richard 59
Ross, Werner 118, 127
Rothpletz, Ida 64
Rudolph, Enno 105, 116
Rupke, Jörg 63

Salaquarda, Jörg 4, 20, 35, 99, 107, 139
Salomé, Lou von 1f., 10, 12
Sappho 71
Sauter, Gerhard 106
Schäfer, K. 106
Schellong, Dieter 133
Schiller, Friedrich 53
Schirmer, Andreas IX
Schlechta, Karl 63
Schlegel, August Wilhelm von 21
Schlegel, Karl Wilhelm Friedrich von 21

Schleiermacher, Friedrich Daniel Ernst   80, 100, 123
Schmidt, Hermann Josef   1
Schmidt, Rüdiger   IX, 117, 127
Schmidtchen, Gerhard   9
Schopenhauer, Arthur   5, 41, 61f., 66, 71, 119
Schweitzer, Albert   IX, 35, 79, 137
Siegmund, G.   116
Simmel, Georg   80
Simon, Josef   11f.
Sölle, Dorothee   56
Solon   71
Sommer, Andreas Urs   IX, 132, 137
Sophokles   71
Spinoza, Baruch Benedictus de   61, 99
Spreckelsen, Cord   117, 127
Stauffacher-Schaub, Marianne   63
Stegmaier, Werner   IX, 8, 10f., 15, 17, 20, 100, 110, 132
Steilberg, Hays Alan   119
Strauß, David Friedrich   67f.

Tertullian   27, 32
Theognis   71
Thomas von Aquin   123
Thurneysen, Eduard   82, 86, 89

Tillich, Paul   IX
Timm, Hermann   51
Titus   95
Tolstoi, Leo N.   89
Treitschke, Heinrich von   63
Troeltsch, Ernst   84
Trowitzsch, Michael   130

Valadier, Paul   107, 115f.
Vischer, Eberhard   67

Wagner, Cosima   66, 118
Wagner, Falk   84
Wagner, Richard   66, 119
Wein, H.   108
Weischedel, Wilhelm   117
Welte, Bernhard   104, 108, 112, 115f.
Werner, Martin   137
Wetz, Franz Josef   51
Wiehl, Reiner   58
Willers, Ulrich   IX, 16, 99f., 104f., 107f., 110, 132, 135
Wittgenstein, Ludwig   7
Wünsch, Georg   94

Yovel, Yirmiyahu   61

Beiträge zu Friedrich Nietzsche

Band 1
Albert Vinzens
Friedrich Nietzsches Instinktverwandlung
1999. 245 Seiten

Band 2
Andreas Urs Sommer
Friedrich Nietzsches «Der Antichrist»
Ein philosophisch-historischer Kommentar
2000. 783 Seiten

Band 3
Andrea Bollinger, Franziska Trenkle
Nietzsche in Basel
Mit einem Geleitwort von Curt Paul Janz
Mit einem Basler Stadtplan aus dem Jahre 1845
2000. 100 Seiten mit 31 Abbildungen

Band 4
William H. Schaberg
Nietzsches Werke
Eine Publikationsgeschichte und kommentierte Bibliographie
Aus dem Amerikanischen von Michael Leuenberger
2002. 328 Seiten mit 54 Abbildungen

Band 5
Eduard His
Friedrich Nietzsches Heimatlosigkeit
Hans Gutzwiller
**Friedrich Nietzsches Lehrtätigkeit
am Basler Pädagogium 1869–1876**
Reprint aus der Basler Zeitschrift für Geschichte
und Altertumskunde 1941 und 1951
2001. 120 Seiten

BEITRÄGE ZU FRIEDRICH NIETZSCHE

Band 6
Nietzsches «Also sprach Zarathustra»
20. Silser Nietzsche-Kolloquium 2000
Im Auftrag der Stiftung Nietzsche-Haus in Sils-Maria
herausgegeben von Peter Villwock
Mit einem Vorwort von Karl Pestalozzi
2001. 241 Seiten mit 15 Abbildungen

Band 7
Hauke Reich
Nietzsche-Zeitgenossenlexikon
Verwandte und Vorfahren, Freunde und Feinde,
Verehrer und Kritiker von Friedrich Nietzsche
2004. 248 Seiten mit zahlreichen Abbildungen
und zwei beigelegten Stammbäumen

Band 8
Daniel Mourkojannis
Rüdiger Schmidt-Grépály (Hrsg.)
Nietzsche im Christentum
Theologische Perspektiven
nach Nietzsches Proklamation des Todes Gottes
2004. 160 Seiten